Kullmann

Selbst-Supervision
in der Schule

Praxishilfen Schule
Pädagogik

Volker Jost E. Kullmann

Selbst-Supervision in der Schule

Luchterhand

Die Deutsche Bibliothek – CIP-Einheitsaufnahme

Kullmann, Volker Jost E.:
Selbst-Supervision in der Schule / Volker Jost E. Kullmann
Neuwied; Kriftel: Luchterhand, 2000
(Praxishilfen Schule: Pädagogik)
ISBN 3-472-04416-0

www.luchterhand.de

Umschlagentwurf: Ute Weber GrafikDesign, Geretsried
Umschlagsatz: Henzgen und Schommer, Andernach
Satz: KompetenzCenter Urban, Düsseldorf
Papier: Permaplan von Arjo Wiggins Spezialpapiere, Ettlingen
Druck: Neuwieder Verlagsgesellschaft mbH, Neuwied
Printed in Germany, Juni 2000

∞ Gedruckt auf säurefreiem, alterungsbeständigem und chlorfreiem Papier

Inhalt

Für alle, denen persönliches Wachstum
und die Entfaltung ihrer
beruflichen Kompetenz und Professionalität
ein Anliegen ist
und die nicht so naiv sind anzunehmen,
dass dies ohne eigene Mühen geschieht.

Vorwort

Dieses Buch möchte Hilfen für Lehrerinnen und Lehrer geben, ihren beruflichen Alltag leichter und erfolgreicher zu bewältigen. Meine Erfahrungen entstammen dem Unterricht in der Sek. II und meine Hinweise sind primär für diese gemeint, haben mit Sicherheit aber auch Relevanz für andere Schulstufen, bzw. lassen sich dort umsetzen.Unterricht ereignet sich zu einem hohen Prozentsatz als »pädagogischer Einmannbetrieb«. Die Vorteile, die in relativ großer Unabhängigkeit und Entscheidungsfreiheit, in der pädagogischen Freiheit bezüglich methodisch-didaktischem Vorgehen bestehen, werden aber in der Regel sehr teuer erkauft.

Der heute gängige Lehrbetrieb kennt so gut wie keine Teamarbeit und besitzt wenig Gelegenheiten zum Austausch über inhaltlich-methodisches Vorgehen, ganz zu schweigen vom Austausch über persönliche Aspekte wie Erwartungen, Enttäuschungen, Betroffenheiten und Befindlichkeiten. Damit fehlen ganz generell Möglichkeiten der gegenseitigen Unterstützung. Die Folge sind Gefühle von Isolation und auf sich selbst Zurückgeworfensein – selbst wenn der oder die Betreffende sich im Kollegium gut integriert fühlt. Häufig ist diese Situation gepaart mit der Fantasie, bei Kolleginnen und Kollegen laufe im Unterricht alles viel besser und nur man selbst habe Probleme mit Schülern im Unterricht. Da regelmäßige Supervision oder Fallbesprechungen im kleineren Kollegenkreis, anders als im Bereich der Sozialarbeit, nicht institutionalisiert sind und – wenn überhaupt – nur auf Grund von Eigeninitiative stattfinden, bleibt Lehrerinnen und Lehrern nichts anderes übrig, als die Aufarbeitung ihrer beruflichen Praxis selbst zu leisten, was ohne unterstützende Maßnahmen nicht leicht ist.

In langjähriger kollegialer Supervision und Fallbearbeitung, ebenso wie bei der Ausbildung von Moderatorinnen und Moderatoren wurde mir deutlich, wie wichtig es für den einzelnen ist, Strategien der Problembearbeitung und -bewältigung bzw. zunächst einmal Strategien der Aufarbeitung von Erfahrungen zu haben, die es ermöglichen, eigenes und fremdes Verhalten besser zu verstehen und dadurch angemessener handeln zu können, was immer zugleich auch Entlastung bedeutet.

Bei meiner eigenen Lehrtätigkeit und meiner Arbeit mit Gruppen ist für mich selbst immer wesentlich zu sehen, dass ich mit Schwierigkeiten und unerwarteten Reaktionen von einzelnen und Gruppen umso besser umgehen kann, je mehr Kenntnisse ich über psychologische und gruppenpädagogische Hintergründe menschlichen Verhaltens habe und je mehr ich die voraufgegangenen Erfahrungen in der Lage war, zu reflektieren und aufzuarbeiten. Insofern möchte ich versuchen, mit dem Buch Lust zu machen, eigenes Verhalten und soziale Interaktionen sehr genau zu beobachten und sich bewusst zu machen; gleichzeitig versuche ich, gruppenpädagogische Erkenntnisse – sicherlich sehr geprägt aus meiner Sicht, – d. h. aus Sicht der humanistischen Psychologie – einfließen zu lassen.

Letztendlich versuche ich mit dem Buch zu einer stärkeren Professionalisierung im Bereich beruflichen Handelns beizutragen, was für mich immer auch persönliches Wachstum und die Steigerung der Berufszufriedenheit miteinschließt.

Einleitung

Wie ich in dem Kapitel »Unterricht« noch weiter ausführen werde, bin ich der Ansicht, dass die Aufgabe von Lehrerinnen und Lehrern heute nicht so sehr in der Vermittlung von Fach- und Sachwissen besteht, sondern viel mehr in der »Moderation«, d. h. in der Anleitung, Begleitung und Unterstützung von Lern- und Arbeitsprozessen.

Moderation von Lern- und Arbeitsprozessen bedeutet, Unterricht als Prozess zu verstehen und den Blick stärker auf die Lernenden, sowie auf das Gruppen- und Interaktionsgeschehen zu richten und zu unterstützenden Interventionen in der Lage zu sein. Das wiederum setzt voraus, das Interaktionsgeschehen einschließlich des eigenen Verhaltens sehr genau zu beobachten und die Erfahrungen am besten mit fremder Unterstützung z. b. durch einen Supervisor oder eine kleine Kollegengruppe gründlich aufzuarbeiten.

Die Begriffe Coaching und Supervision werden in vielen Fällen synonym verwendet und meinen die berufliche bzw. berufsrollenbezogene Beratung durch einen externen speziell ausgebildeten Berater. Im allgemeinen spricht man im Bereich der Wirtschaft von Coaching oder Beratung, im Bereich der helfenden und heilenden Berufe (Ärzte, Seelsorger, Sozialarbeiter, Lehrer) von Supervision.

In der Fachliteratur wird aber gelegentlich auch mit Supervision die auf längere Zeiträume angelegte Beratung von einzelnen oder Gruppen bzw. Teams – auch im Bereich der Wirtschaft – bezeichnet, während Coaching eher die kurzfristige Beratung mit dem Ziel der schnelleren Entscheidungsfindung oder Klärung eines begrenzteren Problems meint.

Supervision ist eine Beratungsmethode zur Reflexion beruflichen Handelns. Grundlage der reflektierenden, klärenden Arbeit ist die als problematisch erlebte Realität, wie sie sich im Verhalten und im Erleben des Ratsuchenden darstellt. Im Wesentlichen geht es dabei um das Verstehen von eigenen und fremden Handlungsweisen sowie von Interaktionsprozessen mit dem Ziel der Erweiterung der beruflichen Handlungskompetenz. Supervision ist damit vor allem ein Lernprozess, der dazu beitragen soll, rollen- sowie organisationsbedingte Störungen, Barrieren und Beeinflussungen zu erkennen und zu beseitigen, um den Gesprächspartner (wieder) besser handlungsfähig zu machen. Diese Störungen und Beinträchtigungen des beruflichen Handelns finden vor allem auf 3 Ebenen statt: auf der

■ Individualebene (eigene Berufsrolle und das eigene Handeln),
■ Beziehungsebene (Interaktionsebene, Beziehungen zu Kollegen und Kolleginnen, Schülern und Schülerinnen),
■ Sachebene (Inhalte, Methoden, Sachaspekte).

Durch Stress und Hektik in der täglichen Arbeit schleifen sich schnell Gewohn-heit und Routine ein und bestimmen die Art, wie Unterricht gestaltet wird, wie Probleme und Schwierigkeiten gesehen und wie Entscheidungen getroffen wer-den. Häufig entsteht auch Resignation, wenn trotz hohen Arbeitseinsatzes und positiver Grundeinstellung gegenüber Schülern die Ergebnisse nicht wie er-wünscht ausfallen. Die Ereignisse und Prozesse werden nicht gründlich genug analysiert und schlimmstenfalls werden die Misserfolgserlebnisse entweder via Selbstzuschreibung (= das ist mir eben danebengegangen) oder Fremdzuschrei-bung (=»die Schüler sind eben sehr desinteressiert und zum großen Teil über-fordert«) verarbeitet, was über kurz oder lang zu einer Verringerung der Moti-vation auf beiden Seiten führt.

Statt mit Erklärungen, Entschuldigungen oder Schuldzuweisungen zu arbeiten, sollten zunächst einmal die Ergebnisse, Abläufe und die Verhaltensweisen der verschiedenen daran beteiligten Personen bzw. Gruppen – besonders aber die eigene Verhaltensweise – sehr genau betrachtet und untersucht werden.

> »Echtes Verstehen entsteht dadurch,
> dass Sie über Ihre Erfahrungen nachdenken.«
>
> *(Bennis)*

Supervision dient vor allem der fachlichen Kompetenzerweiterung, indem sie dem Betreffenden die Möglichkeit gibt, Auswirkungen seines Handelns besser zu ver-stehen, die förderlichen und hinderlichen Anteile seines Verhaltens in den Blick zu nehmen, ist aber durch ihren Beitrag zur persönlichen Weiterentwicklung und zum persönlichen Wachstum zugleich personenorientierte Fortbildung.

Dies ist sicherlich am leichtesten mit Unterstützung eines Supervisors zu errei-chen, der den Sachverhalt aus einem unparteiischen und neutralen Blickwinkel betrachtet und Hilfe leistet, die eigenen »blinden Flecken« zu erkennen.

Das Kollegium ist in aller Regel nicht der Ort, an dem pädagogische Probleme wirklich analysiert werden; selbst mit Kolleginnen oder Kollegen, die zum ver-trauteren Kreis eines einzelnen gehören, haben Gespräche über Schüler oder Klassen, meist auf die Pausen am Vormittag beschränkt, eher Entlastungsfunk-tion: es wird über die schwierige Situation mehr oder weniger geklagt, ohne dass eine Klärung oder Lösung des Problems erreicht wird.

Da berufliche Supervision Lehrenden nicht zur Verfügung steht, bleibt die re-flektierende und klärende Bearbeitung der beruflichen Praxis jedem einzelnen selbst überlassen. Selbst-Supervision bedeutet, bewusst an sich zu arbeiten, sich als lernfähig anzusehen und in der beruflichen Arbeit die Chance zu persönli-chem Wachstum zu sehen. Es handelt sich um ein »training on the job«, das aber erst dann zu einer wirklichen persönlichen Weiterentwicklung und zu einem Zu-gewinn an beruflicher Kompetenz führt, wenn es nicht nur beim beruflichen Handeln – mit einem Sammeln von Erfahrungen – bleibt, sondern wenn die Erfahrungen verarbeitet und als Einsichten und Verhaltensänderungen in das persönliche Verhalten integriert werden, d. h., dieses entscheidend verändern. Selbst-Supervision bedeutet zunächst besseres Verständnis von Realität durch Bewusstmachung.

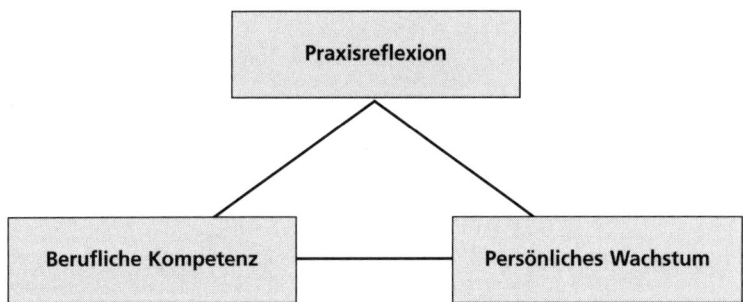

Bei der Klärungsarbeit durch Selbst-Supervision sollen die Übungen zur intensiveren Selbstwahrnehmung, die offenen Fragen und die Fragen mit den Skalierungsmöglichkeiten Unterstützung leisten und die zumeist vorausgehenden knappen Problemaufrisse möglicherweise neue Sichtweisen anbieten bzw. Anregungen geben.

Klärung setzt bewusstes Erleben durch vertiefte Wahrnehmung und gedankliche Durchdringung voraus, dadurch etwa, dass man sich die richtigen Fragen stellt und schwierigen Fragen nicht ausweicht.

Wenn ich Ihnen als Leser oder Leserin dabei ein paar Anregungen und ein wenig Unterstützung geben könnte, so würde mich das sehr freuen. Und bevor ich Ihnen viel Spaß und hoffentlich inneren Gewinn bei der Lektüre wünsche noch ein Hinweis auf eine Haltung, die ich hilfreich finde:

»Ich beginne meine Arbeit
immer mit zwei Grundsätzen:
sie soll mir Freude bereiten – und:
ich will für mich selbst sorgen.«

(Kopp, Triffst Du Buddha unterwegs …)

1. Selbstklärungen und Personalmanagement

1.1 Training on the job – oder: aus Erfahrungen lernen

»Erfahrung ist für mich die höchste Autorität. Der Prüfstein für Gültigkeit ist meine eigene Erfahrung. Keine Idee eines anderen und keine meiner eigenen Ideen ist so maßgeblich wie meine Erfahrung. Ich muss immer wieder zur Erfahrung zurückkehren, um der Wahrheit, so wie sie sich mir als Prozess des Werdens darstellt, ein Stück näher zu kommen.«

(Carl R. Rogers)

»Nicht auf Erfahrungen kommt es an, sondern darauf, was man aus ihnen macht.«

(Marie v. Ebner-Eschenbach)

Berufliche Kompetenz und Professionalität wird zu einem überwiegenden Teil nicht durch Studium, Ausbildung und die Aneignung von Fachwissen erworben, sondern durch die berufliche Tätigkeit selbst, durch die Praxis und vor allem durch deren kritische Einschätzung und Reflexion. »Learning by doing« und »training on the job« ereignen sich nicht zwangsläufig und nebenher, sondern setzen die gründliche Wahrnehmung des Erlebten voraus und das Verstehen der Ereignisse als Grundlage für zukünftiges Handeln.

»Auf dem kurzen Weg zwischen Klassenraum und Lehrerzimmer destruiert der normale Lehrer unablässig seinen wertvollsten Besitz, seine Erfahrungen. Die Absicht Ärger so schnell wie möglich zu vergessen, verhindert, dass wir aus Ärger lernen und unsere Handlungsfähigkeit gerade aus Anlass misslicher Ereignisse weiterentwickeln. Gelungene und positive Erfahrungen zu vergessen, stellt einen geringschätzigen Umgang mit unseren Stärken dar, der verhindert, sie weiterzuentwickeln und in späterer Handlung auf ihnen aufzubauen.«

(Altrichter, S.3.)

Selbstklärungen vorzunehmen, sich Klarheit zu verschaffen über das, was man erlebt bzw. erlebt hat, sich eigene und fremde Verhaltensweisen bewusst zu machen, um andere und vor allem sich selbst besser zu verstehen, sollte ein ganz wesentliches Anliegen für jeden Menschen sein, der sich weiterentwickeln möchte. Die dafür notwendige Selbstreflexion geht aber sehr häufig im Alltag aus verschiedenen Gründen unter. Besteht Selbstreflexion in »Grübeln« oder »Nachkarten« und im Hadern mit den Ereignissen, das mit Vorwürfen und Schuldzuweisungen sich selbst und anderen gegenüber verbunden ist, dann ist sie unproduktiv und sollte besser unterbleiben. Problematisch ist aber nicht die Reflexion als solche, sondern die an ihr festgemachte Bewertung und Beurtei-

lung von Fakten und Personen. Es geht nicht um die Dimension »richtig –
falsch« oder »gut – schlecht«, sondern es geht um das Verstehen von eigenem
und fremdem Verhalten, von Motiven und Zusammenhängen; es geht letztlich
um Verstehen und Lernen.

Für den von Altrichter angesprochenen Missstand sind viele äußere Faktoren
wie kurze Pausen, in die Pause hineinreichende Schülergespräche und gelegentlich längere Wege von einem Klassenraum zum anderen verantwortlich, doch
fehlt manchmal auch die Grundeinsicht, dass Erfahrungen mit und im Unterricht einer Bearbeitung und Klärung bedürfen. In vielen Fällen spielt sicherlich
auch ein Vergessen-Wollen eine Rolle oder das »Prinzip Hoffnung«: die Überzeugung, dass es diesmal halt »dumm gelaufen« ist, aber in der nächsten Stunde
alles viel besser wird.

Welche Möglichkeiten gibt es nun Erfahrungen zu reflektieren und aus ihnen zu
lernen?

■ Nehmen Sie sich während des Tages Zeit und machen Sie sich zu ausge-
wählten Stunden (beschränken Sie sich, jedenfalls am Anfang, auf 1–2) Notizen; schreiben Sie eine Art Tagebuch in Stichworten; konzentrieren Sie sich
auf die wesentlichsten Punkte der Stunde, auf das, was gut und was nicht so
gut gelaufen ist; notieren Sie sich, was dem unmittelbar vorausging und welche Reaktionen erkennbar waren. Notieren Sie Fakten, vermeiden Sie Bewertungen, aber halten Sie auch Ihre Gefühle und Empfindungen fest, die Sie
während der Stunde an den angenehmen oder kritischen Stellen hatten.
■ Suchen Sie sich eine kleine Gruppe von Kolleginnen und Kollegen, um mit
diesen in regelmäßigen Abständen Unterrichtserfahrungen zu reflektieren.
Grundlage könnte das sehr erprobte und häufig praktizierte Modell der »kollegialen Fallberatung« sein. Die Kenntnisse sind vielleicht im Kollegium vorhanden, ansonsten können Sie sie sich auch auf einer Fortbildung erwerben
oder Sie suchen sich einen Referenten dafür, der Ihre Kollegengruppe anlei-
ten könnte oder Sie eignen sich die Kenntnisse in der Gruppe selbst an. (vgl.
Kap. 2.11).
■ Besprechen Sie Unterrichtsstunden mit Ihren jeweiligen Klassen. Sprechen Sie
problematische Situationen an, aber würdigen Sie auch gelungene Stunden.
Achten Sie darauf, dass Sie und Ihre Schüler auf der Erlebnisebene bleiben
(sprechen Sie gemeinsam über ihre Erfahrungen) und vermeiden Sie Bewer-
tungen. Nutzen Sie die Möglichkeiten von *direkter* Kommunikation über das
Erlebte und vermeiden Sie eigene Deutungen, Erklärungen und Interpreta-
tionen von Schülerverhalten.
(Näheres siehe unter Unterrichtsreflexion im Kapitel Unterricht.)
■ Nehmen Sie sich die Zeit, die Übungen dieses Buches zu machen und lesen
Sie nicht nur den Text.

1.2   Die Bedeutung der Wahrnehmung für das Erfahrungslernen

Erfahrungslernen setzt einerseits die Offenheit voraus, sich auf Neues, auf neue Erfahrungen einzulassen, andererseits aber auch die Konzentration auf das Geschehen und eine geschulte Wahrnehmung.

Nutzen Sie im Alltag Zeiten des Wartens, Fahrten in Verkehrsmitteln, o. ä. und schulen Sie Ihre optische, akustische und kinästhetische Wahrnehmung, nehmen Sie Ihren Körper wahr und das, was um Sie herum vor sich geht.

Wir erleben uns selbst, unsere Mitmenschen und unsere Umwelt ausschließlich durch unsere ganz persönliche Wahrnehmung, was zugleich bedeutet, dass jedes Individuum die Welt unterschiedlich erlebt. Dieser Gedanke ist uns sehr fremd, weil wir unser Erleben in der Regel nicht in Frage stellen, sondern es für die Widerspiegelung der objektiven Wirklichkeit, d. h. einer einzig vorhandenen Wirklichkeit ansehen, die von anderen genauso erlebt wird. Dass dem nicht so ist erfahren wir in Meinungsverschiedenheiten, in unterschiedlichen Wahrnehmungen gleicher Situationen, doch halten uns solche Unterschiede meist nicht von der Auffassung ab, dass wir die Situation »richtig« wahrgenommen haben. Wir können leichter verstehen und akzeptieren, dass es keine zwei identischen Menschen auf der Welt gibt, dass bei ihnen weder äußere Erscheinung noch Fingerabdruck oder DNA übereinstimmen, als dass es nicht die von allen gleichermaßen erlebte Wirklichkeit gibt, weil wir uns dann eingestehen müssten, dass unsere Sicht der Welt eben nur eine von vielen möglichen ist.

Die Vertreter des Konstruktivismus gehen davon aus, dass es *die* Welt nicht gibt, sondern, dass wir uns die Welt konstruieren, entsprechend unserer Erfahrungen, Einstellungen, Erwartungen und Interessen.

Folgende kleine Fabel soll diese Auffassung verdeutlichen:

Fünf Weise aus Indien, die alle blind waren, wollten Wesen und Eigenart eines Elefanten erkunden. Einer, der eines seiner Beine zu fassen bekam, sagte: »Ein Elefant ist wie eine mächtige Säule«. Ein anderer, der den Rüssel in der Hand hielt, entgegnete: »Ein Elefant ist wie eine bewegliches Rohr« und der, der den Schwanz befühlt hatte, kam zu dem Ergebnis: »Ein Elefant ist wie starkes Tau«. »Ein Elefant ist wie ein borstiger Teppich«, sagte der vierte, der auf den Rücken des Tieres geklettert war, »aber nein, ein Elefant ist wie ein riesiger Lappen« entgegnete der fünfte, der eins der Ohren des Elefanten befühlte. So sehr sich die Weisen auch bemühten, ihre Wahrnehmung zu intensivieren, sie konnten sich über die Natur des Elefanten nicht einigen.

Wir sind auf unsere Wahrnehmung angewiesen und von ihr abhängig, doch sind die Eindrücke, die wir durch sie gewinnen, nie objektiv, sondern immer nur relativ. Unsere Wahrnehmung unterscheidet sich nicht nur von der anderer, sie ist auch je nach situativem Kontext oder beeinflusst von der jeweiligen Vorerfahrung von Mal zu Mal unterschiedlich. Die Wahrnehmung von Wassertemperatur mit der Hand in einem Gefäß ist sehr unterschiedlich, je nach dem, ob Sie vorher in ein Gefäß mit wärmerem oder kälterem Wasser gefasst haben.

Wahrnehmung ist aber auch von unserem Unbewussten und von unseren Interessen beeinflusst; das meinen die Begriffe »selektive Wahrnehmung« und »Wahrnehmungs-Raster«

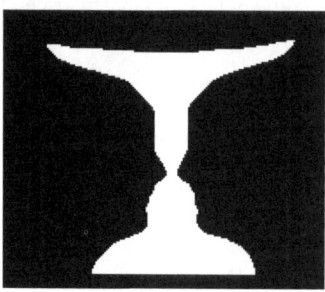

Schauen Sie sich die Abbildung an und entscheiden Sie sofort, was Sie sehen. Wenn Sie die Abbildung noch nicht kennen, werden Sie entweder 2 Gesichter oder eine Vase bzw. Schale sehen, je nachdem, was sie als Vordergrund ansehen, während das andere zum Hintergrund wird. Nach ein paar Sekunden werden Sie vielleicht plötzlich das jeweils andere erkennen. Was auch immer Sie sehen, Sie können nicht beides gleichzeitig sehen. Vordergrund und Hintergrund sind nicht eindeutig festgelegt, sie entstehen durch die Art unseres Interesses, durch die Art unserer Wahrnehmung. (Dieses Prinzip beschränkt sich übrigens nicht auf die optische Wahrnehmung, sondern gilt für alle Formen sinnlicher Wahrnehmung.) So machen wir das zum Vordergrund, was im Augenblick am Wichtigsten, Interessantesten für uns ist, während anderes Geschehen, andere Personen, Aussagen in den Hintergrund treten, weil sie unsere Aufmerksamkeit mit anderem beschäftigt ist. In der Gestaltpsychologie wird dieses Phänomen als Figur-Grund-Phänomen bezeichnet: die Figur hebt sich vom Hintergrund ab, ja kommt erst durch ihn zur Geltung, d. h., wird zur erkennbaren Figur.

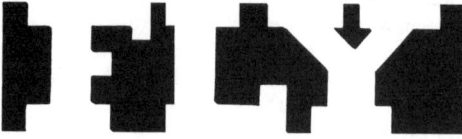

Im zweiten Bild werden Sie vielleicht einen Hut, einen Pfeil, Hieroglyphen, Häusergrundrisse oder mehrere verschiedene geometrische Figuren erkennen, vielleicht sehen Sie aber auch die Buchstaben, F.L.Y. Im allgemeinen ist unsere Sehgewohnheit so sehr daraufhin geprägt, das Schwarze als Buchstaben und daher als das Wesentliche oder Sinntragende anzusehen und das Weiße als Hintergrund, dass uns eine Veränderung dieser Konvention schon sehr schwerfällt.

Suche nach einem Sinn und Zuschreibung einer Bedeutung.

Es gibt nachweislich ein starkes generelles Bedürfnis, das Wahrgenommene zu verstehen, um es begreifen oder einordnen zu können; wir suchen die Bedeutung dessen, was wir sehen, hören, mit unseren Sinnen aufnehmen; wir suchen nach dem sinnbildenden Ganzen. Die Gestaltpsychologie spricht in diesem Zusammenhang von »geschlossenen Gestalten«, wenn diese Suche erfolgreich ist und von dem »Ganzen«, das »mehr ist, als die Summe seiner Teile«. So füllen wir bei der Betrachtung Lücken aus, bis wir Portrait, Hund und Reiter erkannt haben. Dies ist aber nur erfolgreich, wenn es sich um Wiedererkennen handelt, d. h., wenn wir das Dargestellte bereits kennen.

Oft ist aber die Bedeutung nicht eindeutig, dann wird dem Wahrgenommenen aufgrund der subjektiven Wahrnehmung bzw. »Gestaltbildung« ein Sinn, eine Bedeutung zugeschrieben. Dieses Phänomen lässt sich sehr gut an dem bekannten Gesellschaftsspiel »Stille Post« aufzeigen, wenn von einem zum anderen Mitspieler Sinnveränderungen stattfinden.

Je nach der momentanen Verfassung und entsprechend der unterschiedlichen Mentalität von Menschen fällt diese Wertung sehr unterschiedlich aus, wie die folgende kleine Episode zeigt: Zwei Steinmetz-Gesellen sind auf der Baustelle eines mittelalterlichen Doms an der Arbeit. Ein Besucher, der sie beim Arbeiten beobachtet, fragt sie, was sie tun. Da sagt der erste: »Ich behaue einen Stein«; der zweite sagt: »Ich baue eine Kathedrale«.

1.3   Konzentration und Bewusstheit

Klient zum Psychotherapeuten: »*Das muß doch sehr anstrengend sein, Ihren Klienten den ganzen Tag lang zuzuhören; dass Sie das können!*« *Psychotherapeut (gedankenversunken) nach einer ganzen Weile zum Klienten:* »*Äh, wie bitte, haben Sie gerade eben etwas gesagt?*«

Sinnliche Wahrnehmung ist in der Tat anstrengend, sie ist ein aktiver Prozess, der Konzentration, Aufmerksamkeit und Bewusstheit voraussetzt. Einen großen Teil unserer täglichen Tätigkeiten erledigen wir mehr oder weniger mechanisch und daher ziemlich unbewusst, d. h., nicht mit voller Konzentration auf die Tätigkeit. Wir hören nur mit »einem Ohr« hin, wie der Volksmund ganz bezeichnend sagt und bekommen vieles überhaupt nur sehr oberflächlich mit. Häufig sind wir auch mit mehr als einer Sache gleichzeitig beschäftigt, lesen z. B. die Zeitung beim Frühstück und sind so nicht aufnahmebereit für die sinnlichen Wahrnehmungen des Frühstücks. Sich einen ganzen Tag lang jeden Eindruck, jede Wahrnehmung mit voller Konzentration bewusst zu machen, ist überhaupt nicht möglich, weil es eine Überforderung darstellen würde, doch ist Ihnen sicherlich schon einmal aufgefallen, dass Sie über eine längere Zeit eine Tätigkeit ziemlich unbewusst ausübten. Vielleicht sind Sie eine recht lange Strecke mit dem Auto gefahren (als Fahrer) und haben nach einer ganzen Weile mit Erstaunen oder leichtem Erschrecken festgestellt, dass Sie sich an so gut wie nichts mehr erinnern konnten, was Sie gesehen hatten, weil Sie in Gedanken ganz woanders waren. Sie haben zwar auf optische oder akustische Signale reagiert, haben sie sich aber nicht bewusst gemacht.

Die englische Sprache unterscheidet diese beiden Formen von sehen: to see und to watch, wobei to see eher den physiologischen Vorgang meint und to watch ein aktives, bewusstes Sehen.

Sich auf eine Tätigkeit konzentrieren

Um die Bedeutung der Konzentration auf das eigene Handeln, auf die ich in Kapitel 5 (Wie Sie besser arbeiten) eingehen werde, geht es in folgender kleiner Episode, die von einem Menschen im fernen Osten berichtet wird, der dadurch aufgefallen war, dass sein Verhalten von großer Ruhe und Gelassenheit geprägt war und der in schwierigsten Situationen die Übersicht behielt und Probleme überzeugend meisterte. Auf die Frage, wie er das bewältige, antwortete er: » Wenn ich sitze, dann sitze ich, wenn ich stehe, dann stehe ich, wenn ich gehe, dann gehe ich.« »Aber das tun wir doch auch«, entgegneten daraufhin die anderen. »Nein«, sagte er, »wenn ihr sitzt, dann steht ihr schon, wenn ihr steht, dann geht ihr schon und wenn ihr geht, dann seid ihr schon am Ziel.«

Welche Folgen das Vorauseilen der Aufmerksamkeit hat, schildert Pirsig in seinem Buch »Zen und die Kunst ein Motorrad zu warten« sehr anschaulich.

»Festsitzen. Darüber will ich heute sprechen. Das erste davon ist das Festsitzen, ein geistiges Festsitzen, das immer dann auftritt, wenn an dem Gegenstand, an dem man gerade arbeitet, physisch etwas festsitzt. Dasselbe Übel, an dem Chris eben gelitten hat. Beispielsweise kann eine Schraube in einem der Seitendeckel Ihres Motorrads festsitzen. Sie schauen im Werkstatthandbuch nach, um festzustellen, ob es einen besonderen Grund dafür gibt, dass diese Schraube sich nicht lösen lässt, aber da steht nur »Seitendeckel abnehmen«, in jenem bewundernswert lakonischen technischen Stil, der einem nie sagt, was man wissen will. Sie haben auch bei der bisherigen Arbeit nichts übersehen, was schuld daran sein könnte, dass die Schrauben des Deckels so fest sitzen.

Wenn Sie viel Erfahrung haben, werden Sie wahrscheinlich in dieser Lage ein Rostlösemittel und einen Schlagschrauber nehmen, Aber gesetzt den Fall, Sie sind unerfahren, klemmen die Klinge Ihres Schraubenziehers in einen verstellbaren Schraubenschlüssel und drehen aus Leibeskräften, ein Verfahren, mit dem Sie bisher immer Erfolg hatten, das aber diesmal nur dazu führt, dass der Schlitz der Schraube deformiert wird.

Sie waren in Gedanken schon viel weiter und haben überlegt, was Sie tun würden, wenn der Seitendeckel ab ist, und deshalb dauert es eine Zeit, bis Ihnen aufgeht, dass dieses lästige kleine Missgeschick eines zerstörten Schraubenkopfes nicht bloß eine lästige Kleinigkeit ist. Sie sitzen fest. Können nicht mehr weiter. Aus und vorbei. Auf einmal ist es völlig unmöglich geworden, das Motorrad zu reparieren.

Das ist nicht etwa ein seltenes Ereignis in Wissenschaft oder Technik. Es ist das allerhäufigste. Man sitzt einfach *fest*. In der herkömmlichen Motorradwartung ist das der schlimmste aller Momente, so schlimm, dass man lieber gar nicht daran denkt, bevor er eintritt.

Ihr Werkstatthandbuch hilft Ihnen jetzt auch nicht weiter. Wissenschaftliche Vernunft ebenso wenig. Sie brauchen kein wissenschaftliches Experiment anzustellen, um herauszufinden, wo der Fehler liegt. Sie wissen ja genau, wo der Fehler liegt. Was sie brauchen, ist eine Hypothese dafür, wie Sie die schlitzlose Schraube da rauskriegen, und die wissenschaftliche Methode liefert keine solchen Hypothesen. Sie funktioniert erst, wenn die Hypothesen schon vorliegen.

Das Moment Null des Bewusstseins. Man sitzt fest. Keine Antwort. Alles aus. Fix und fertig. Es ist ein Tiefschlag fürs Selbstbewusstsein. Man verliert Zeit. Man ist unfähig. Man weiß nicht, was man tut. Man sollte sich über sich selbst schämen. Man sollte die Maschine zu einem *richtigen* Mechaniker bringen, der sich mit solchen Sachen auskennt.

Es ist ganz normal, wenn in solch einem Augenblick das Angst-Wut-Syndrom auftritt und man diesen Seitendeckel am liebsten mit Hammer und Meißel bearbeiten oder mit einem Vorschlaghammer abschlagen würde. Man überlegt, und je länger man überlegt, um so größer wird die Versuchung, die Maschine auf eine hohe Brücke zu schaffen und sie in den Fluss zu schmeißen. Es ist ja auch wirklich nicht einzusehen, dass man an so einem winzigen Schlitz in einer Schraube so restlos scheitern soll.

In Wirklichkeit steht man vor der großen Unbekannten, der Leere allen abendländischen Denkens. Man braucht irgendeine Idee, irgendwelche Hypothesen. Die herkömmliche wissenschaftliche Methode hat es leider nie so weit gebracht, dass sie einem sagen würde, wie man es anstellen soll, neue Hypothesen zu finden. Die herkömmliche wissenschaftliche Methode ist seit jeher überwiegend nach rückwärts gewandt. Sie ist brauchbar, wenn man wissen will, wo man gewesen ist. Sie ist brauchbar, wenn man die Wahrheit dessen überprüfen will, was man zu wissen glaubt, aber sie kann einem nicht sagen, wohin man gehen soll, es sei denn, man braucht nur in der bisherigen Richtung weiterzugehen. Kreativität, Originalität, Erfindungsreichtum, Intuition, Phantasie – mit anderen Worten: alles, was verhindern könnte, dass man immer wieder einmal »festsitzt« – liegen völlig außerhalb ihrer Reichweite.

Aus: Robert M. Pirsig: Zen und die Kunst ein Motorrad zu warten, Ffm, 1978 (S. 287 ff)

(vgl. dazu: »Tun Sie eins nach dem anderen, tun Sie nur eine Sache zur jeweiligen Zeit« in: Kap. 5)

1.4 Voraussetzungen für erfolgreiches Handeln – der 3-Schritt:

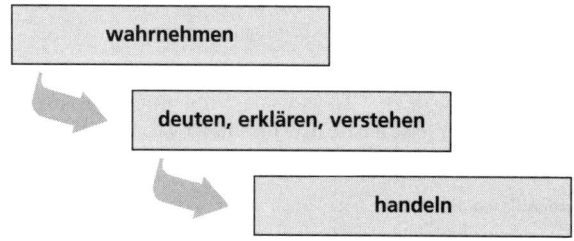

Ich habe der Darlegung der Bedeutung von Wahrnehmung und Bewusstheit, so wie sie sich mir darstellt, einen breiten Raum eingeräumt, weil ich der Ansicht bin, dass die beiden Bereiche in einer Zeit, die von Zeitdruck, Schnelligkeit und Effizienzbestrebungen gekennzeichnet ist, Nachdenken, Nachspüren und sich Zeit lassen, gegenüber der Notwendigkeit bzw. dem Druck zu handeln, in der Regel eher zu kurz kommen. Ich habe diesen Bereichen aber auch den breiten Raum gewidmet, weil sie m. E. die unabdingbare Grundlage für sinnvolles und erfolgreiches Handeln sind, während Handeln, das wie oben angedeutet, aufgrund von Zeitdruck oder aus Routine geschieht, nicht zum Erfolg führt.

Ein intensives Wahrnehmen führt oft ganz von allein zum angemessenen Handeln, zur Veränderung der Aktion, die die Grundlage der Wahrnehmung war, vorausgesetzt, das Handeln wurde Ihnen wirklich völlig bewusst und Sie sind nicht ganz zufrieden mit der Ausführung.

Nehmen wir einmal an, Sie konzentrieren sich morgens intensiv auf die Art, wie Sie Ihre Zähne putzen: zum ersten Mal in Ihrem Leben stellen Sie fest, dass Sie die Zahnbürste so festhalten, dass Ihre Fingerknöchel weiß werden und die Hand mit der Zahnbürste mit soviel Spannung und Druck hin- und herbewegen, dass sich Ihre Schulter sehr angespannt anfühlt. Wenn Sie die Details Ihrer Aktion nur genau genug wahrnehmen und Ihnen dabei solche oder ähnliche Symptome auffallen, so werden sich bei Ihnen Veränderungen hinsichtlich der Art und Weise, wie Sie demnächst Ihre Zähne putzen, einstellen, ohne dass Sie sich bewusst vornehmen, ab jetzt mit weniger Krafteinsatz Ihre Zähne zu putzen.

(Auf die alleinige Kraft der Wahrnehmung setzt der amerikanische Mediziner Kabat-Zinn in seiner Stress-Klinik, der zur Selbstheilung empfiehlt: »Tun Sie nichts, aber seien Sie achtsam!« (Womit Gewahrsein, Bewusstheit gemeint ist und nicht Vorsicht.)

Dem Wahrnehmen, Erfahren, Erleben folgt in aller Regel das Bedürfnis nach Einordnung und Verständnis des Erlebten. Gemeint ist hier nicht das rationale Ergründen von Kausal- (Ursache-Wirkung-) Zusammenhängen, sondern zunächst ein Verstehen, dessen, was geschah bzw. erlebt wurde; ein Reflektieren (lat. Zurückwerfen, Zurückspiegeln) mit dem Ziel Abstand zu gewinnen und so den Sachverhalt besser verstehen zu können.

Wahrnehmung und bewusstes Erleben sind der erste Schritt, auf den die gedankliche Verarbeitung, das Deuten, Einordnen und Verstehen folgen sollte, woraus sich die Einsicht in das der Situation angemessene Handeln ergibt und im Idealfall die Energie für die Umsetzung des Vorhabens erwächst.

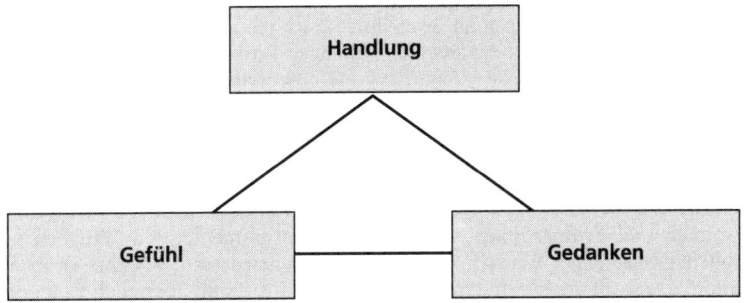

Diese 3 Bereiche repräsentieren die philosophisch-pädagogische Forderung des ganzheitlichen Charakters menschlichen Handelns durch Berücksichtigung von Herz, Kopf und Hand. Erfolgreiches Handeln, d. h., solches, das Bestand hat, das getragen wird von der Person des Handelnden erfordert eine ausgewogene Berücksichtigung dieser 3 Bereiche.

Viele Menschen sind der Überzeugung, dass Gefühle im beruflichen Sektor keine Existenzberechtigung haben. Für sie gehören Gefühle eindeutig in den Freizeit- und Privatbereich, während der Arbeitsbereich durch sachlich-rationale Analysen und Entscheidungen gekennzeichnet ist.

Dies würde aber bedeuten, dass berufliche Tätigkeit nicht von der Gesamtpersönlichkeit des betreffenden geleistet wird, sondern von einer Teilpersönlichkeit.

Gefühle als zum menschlichen (und beruflichen) Leben dazugehörig anzuerkennen, bedeutet nicht, ihnen stets nachzugeben oder ihnen ausgeliefert zu sein – dann wären die 3 Bereiche ja gerade nicht ausbalanciert – sondern bedeutet, sie zunächst einmal als in der eigenen Person vorhanden wahrzunehmen und sie nicht zu übergehen, sondern sie als wichtige Wegweiser und Leitpunkte zu nutzen.

Gerade in letzter Zeit ist mit der Entdeckung der »emotionalen Intelligenz« die Bedeutung von Emotionalität und Intuition für alltägliches und »intelligentes« Handeln erkannt worden.

Warren Bennis, ein sehr bekannter amerikanischer Unternehmensberater widmet in seinem Buch »Führen Lernen« ein ganzes Kapitel der Forderung »Sich auf seinen Instinkt verlassen«.

»Die amerikanische Geschäftswelt ist eine Kultur, die einseitig die linke Gehirnhemisphäre entwickelt,d.h., sie ist logisch, analytisch, technisch, kontrolliert, konservativ und administrativ. Da wir ihrem Einfluss unterliegen, sind auch wir von den gleichen Eigenschaften geprägt und beherrscht. Unsere Kultur braucht mehr rechtshemisphärische Eigenschaften, d.h., sie muß intuitiver, konzeptioneller, synthetischer und künstlerischer werden. Das gilt natürlich auch für uns selbst. Als ich mit den Personen sprach, die ich für dieses Buch interviewte, beeindruckte mich immer wieder die Tatsache, dass sie sich unabhängig von ihrer Tätigkeit genauso auf ihre intuitiven und konzeptionellen Fähigkeiten wie auf ihre logischen und analytischen Begabungen verließen. Sie sind ganzheitliche Menschen, die beide Gehirnhälften einsetzen.« (S. 100)

Ursprung einer Handlungsabsicht kann ein Gefühl sein, das in einem Gespräch oder aus dem Verhalten eines Menschen entsteht und das gesteigert wird durch Gedanken und Erinnerungen, die in diesem Zusammenhang auftauchen und möglicherweise einen Wunsch zu handeln entstehen lassen. »Nichts ist in den Köpfen, das nicht vorher in den Sinnen war«. Häufig sind aber auch Gedanken der Ursprung einer Handlungsabsicht. Der späteren Handlung geht dann eine Idee, eine Vorstellung von der »gedachten« Realisierungsmöglichkeit voraus. Gedanken mobilisieren Gefühle, Empfindungen, Erwartungen, Hoffnungen, die die Gedanken weiter anregen und sie evtl. intensivieren bis letztlich die Handlung erfolgt.

Doch damit ist der Prozess noch nicht beendet; der Zyklus beginnt von Neuem: die Handlung wird gedanklich überprüft und auch hinsichtlich ihrer gefühlsmässigen »Stimmigkeit« bewertet. Ideal ist eine Handlung, die dieser kritischen Überprüfung standhält, weil sie in diesem Fall wirklich von der handelnden Person getragen wird.

Ist dies nicht der Fall, so werden sich Zweifel und Unsicherheiten einstellen, die viel Energie absorbieren, weil der »Fall« nicht abgeschlossen ist, sondern immer wieder in Gedanken durchgegangen und durchgearbeitet werden muss.

1.5 Übungen zur Selbst-Supervision

Unser Alltagshandeln ist häufig von Gewohnheit und Routine bestimmt und bleibt in vielen Fällen unbewusst.

Wir sind uns oft nicht über die Wirkungen unseres Handelns auf uns selbst und auf andere bewusst und werden so oft von den Reaktionen auf unser Tun überrascht. In den vorausgegangenen Kapiteln habe ich versucht, deutlich zu machen, wie wesentlich die Wahrnehmung des Geschehens (physischer wie psychischer Art) und das Verstehen- und Erklären-Können des Geschehens ist, um sich weiterzuentwickeln und um aus dem Geschehen und dem Verhalten der betroffenen Personen lernen zu können. Verhaltensänderungen sind nur erfolgreich, wenn sie auf dem 3-Schritt:

■ wahrnehmen,
■ erklären, deuten, verstehen,
■ handeln.

und nicht auf Vorsatzbildung beruhen. Wie erfolgreich Vorsätze sind, die ohne Wahrnehmung, Bewusstmachen und Verstehen auszukommen versuchen, wissen wir alle, die wir uns schon einmal zu Sylvester wichtige Änderungen in unserem Leben vorgenommen haben.

Anhand der folgenden Übungen können Sie auch erkennen, in welchen Situationen Ihres beruflichen Handelns Sie möglicherweise Energie verbrauchen, die sich nur wenig auszahlt oder wie Sie sich selbst besser unterstützen können. Hierunter fallen für mich, um nur einige Faktoren zu nennen, vor allem das Ausschalten von Störfaktoren wie z. B. von »Zeitfressern«, die Rhythmisierung von Arbeit durch die Berücksichtigung von biologisch ungünstigen Arbeitszeiten und das Einstreuen von Pausen und die Einübung von Entspannungsmethoden. Als ganz wesentlich sehe ich die Schaffung von Erfolgserlebnissen (z. B. Erreichtes würdigen) und die Selbststärkung und Selbstbekräftigung an.

1.5.1 Arbeitsverhalten

Tagesrückblick

Intention, Anlass:

Unzufriedenheit während des Tages bzw. nach Arbeitsschluss entstehen z. T. dadurch, dass Sie sich nach getaner Arbeit müde und abgespannt oder auch gestresst fühlen und dabei den Eindruck haben, wenig geleistet oder nur Nichtigkeiten erledigt zu haben. Dann sollten Sie sich Zeit nehmen und den Tag noch einmal Revue passieren lassen und sich bewusst machen, was Sie im einzelnen alles erledigt haben, etwa durch folgende Übung:

Wie fühle ich mich heute nach getaner Arbeit?
(zufrieden, unzufrieden, müde, frisch, frustriert, angeregt ?)

. . . .

Wie lang war mein Arbeitstag?
(kürzer, länger, normal lang, wie viele Stunden?)

. . . .

Mit welcher Grundstimmung begann ich heute meinen Arbeitstag?

. . . .

Inwiefern änderte sich meine Stimmung? Wann bzw. weshalb?

. . . .

Welches Ereignis, welches Vorkommnis war für mich heute wichtig?

. . . .

Welche Person, welche Personen fanden mein besonderes Interesse? Weshalb?

. . . .

Was fand ich heute erfreulich oder positiv in meinem Tätigkeitsbereich?

. . . .

Was fand ich heute besonders anstrengend, kräftezehrend?

. . . .

Wie schätze ich das Ergebnis meines heutigen Arbeitstages ein? Wie zufrieden war ich mit meiner Leistung?

. . . .

Erhielt ich heute in irgendeiner Form Rückmeldung zu meiner Arbeit, meinem Verhalten (Lob, Kritik, etc.)?

. . . .

Wie gut gelang es mir heute, meine Arbeit zu strukturieren, Herr meiner Zeit zu bleiben?

. . . .

Anmerkungen:

Beantworten Sie die Fragen stichwortartig. Machen Sie den Tagesrückblick möglichst an mehreren Tagen hintereinander Jedenfalls nicht mit zu langen Pausen dazwischen). Achten Sie darauf, inwieweit sich ähnliche Ereignisse, Stimmungen, etc. wiederholen.

Tageszwischenbilanz: Die eigenen Leistungen würdigen

Intention, Anlass:

Schaffen Sie sich sichtbare Erfolgserlebnisse, indem Sie sich das, was Sie während des Tages in Angriff genommen haben oder bereits erledigt haben, z. B. durch eine Auflistung deutlich vor Augen halten. Es wird Ihnen leichterfallen weiterzuarbeiten, ohne sich antreiben zu müssen.

Durchführung:

Vergegenwärtigen Sie sich mindestens 1–2 mal am Tag, was Sie bearbeitet haben. Nehmen Sie sich 5 Minuten vor der Kaffee- oder Mittagspause und vor Ihrem Feierabend Zeit und notieren Sie sich mit je einem Stichwort, was Sie erledigt haben.

Schauen Sie während der Arbeit nicht immer nur vor sich, d. h. auf das, was noch zu tun ist, sondern auch hin und wieder zurück auf das, was was Sie im Laufe des Tages oder bis zum entsprechenden Zeitpunkt vollbracht haben und würdigen Sie das Vollbrachte.

Machen Sie sich nach Möglichkeit morgens eine Aufstellung über die Angelegenheiten, die Sie während des Tages erledigen wollen. Unterscheiden Sie zwischen solchen, die Sie unbedingt in Angriff nehmen wollen und solchen, die Sie im Anschluss daran bearbeiten werden, weil sie nicht so dringlich sind.

Machen Sie sich bewusst, dass einiges Unvorhergesehene dazukommen wird und nehmen Sie sich nicht unrealistisch viel vor.

Wenn Sie eine kleine Aufstellung gemacht haben, können Sie die erledigten Punkte durchstreichen und sich Ihre Leistung gut optisch sichtbar machen.

Treiben Sie sich nicht an durch Vergegenwärtigen dessen, was Sie noch tun müssen, sondern loben Sie sich dafür, was Sie schon erreicht haben.

Haben Sie keine Befürchtung, Sie könnten träge und selbstzufrieden werden, wenn Sie sich loben, anstatt sich anzutreiben; das Gegenteil wird der Fall sein, wenn Sie über längere Zeit einmal anders mit sich umgehen und sich mehr Anerkennung für das, was sie leisten geben.

Probieren Sie es aus, Sie werden von der Wirkung überrascht sein; nur erwarten Sie nicht, dass es schon nach dem ersten Mal funktioniert.

Selbsterkundung

Intention, Anlass:

Überprüfen Sie Ihr Arbeitsverhalten; versuchen Sie herauszufinden, wie zufrieden Sie damit sind.

Durchführung:

Wie gehe ich mit mir selbst bzw. mit meiner Arbeitskraft um?

. . . .

Wie gut gelingt mir die Balance von Belastung und Erholung?

. . . .

Wie häufig erlebe ich meine berufliche Tätigkeit als stressig?

. . . .

Wie gut gelingt es mir, meine Arbeit zu strukturieren, mache ich regelmäßige und sinnvolle Pausen oder verbeiße ich mich in meine Arbeit?

. . . .

Wie gut gelingt es mir, an einer Sache dranzubleiben und wann lasse ich mich gern durch Vielerlei ablenken und weiche der Aufgabe aus?

. . . .

Fühle ich mich eher als Herr meiner Zeit oder erlebe ich mich als oft unter Zugzwang stehend?

. . . .

Wie gut gelingt es mir, nur Aufgaben zu übernehmen, die mich nicht überfordern?

. . . .

Wie gut gelingt es mir in Fällen, in denen niemand die Aufgabe übernehmen will oder in denen ich gefragt werde sie zu übernehmen, Nein zu sagen, wenn es meiner Verfassung entspricht?

. . . .

Wie geht es mir, wenn ich mich breitschlagen lasse?

. . . .

(Falls es Ihnen schwerfällt, Nein zu sagen, könnte es sein, dass andere wissen, dass Sie sich leicht in die Pflicht nehmen lassen?)

. . . .

Energiebilanz

Intention, Anlass:

Überprüfen Sie von Zeit zu Zeit die Balance von Energieverbrauch und Energiegewinn.

Was gibt mir Energie?   **Was nimmt mir Energie?**

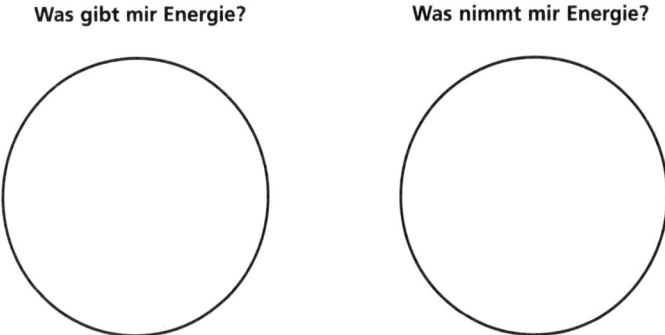

Durchführung:

Zeichnen Sie in den ersten Kreis Segmente (Tortenstücke) ein und machen Sie sich so den prozentualen Anteil der Tätigkeiten in Ihrem beruflichen und privaten Alltag (Freizeit, Familie) deutlich, aus denen Sie Energie schöpfen; verschiedenen Belastungen

Machen Sie dann in einem 2. Schritt dasselbe für den Bereich »Belastungen«, »Energieverbrauch«.

Auswertung:

Schauen Sie sich die beiden Kreisdiagramme genau an und lassen Sie sie auf sich wirken:

■ Wie schätzen Sie die prozentuale Verteilung in den Kreisen ein?
■ Wie balanciert erscheint Ihnen das Verhältnis der einzelnen Bereiche zwischen Energie-Verbrauch und Energie-Gewinn oder überwiegt im 1. Kreis eher der familiäre und Freizeit-Bereich?
■ Versuchen Sie herauszufinden, an welchen Ursachen, Bedingungen, Situationen es liegt, dass die Tätigkeiten energiezehrend bzw. energiespendend sind.
■ Überlegen Sie, was dazu beitragen könnte, dass Sie einen bestimmten Bereich oder Teilbereich nicht mehr so anstrengend und kraftraubend empfinden bzw. wie Sie aus Ihrer beruflichen Tätigkeit mehr Kraft schöpfen können.

Energie bündeln

Intention, Anlass:

Machen Sie für sich Ihre Energie sichtbar. Überraschen Sie sich mit der Wahrnehmung Ihrer Kraft und Ihres Durchsetzungsvermögens.

Durchführung:

Besorgen Sie sich im Baumarkt oder in einer Holzhandlung 5–6 Brettchen (Fichte oder Kiefer) mit den Abmessungen 20 x 20 x 2 cm oder nehmen Sie ein längeres Brett von 20 cm Breite (sehr gängig ist eine Stärke von 18 mm, was auch in Ordnung geht) und schneiden Sie sich Stücke von 20 cm Länge ab. Sie brauchen mindestens 3 Stück. Stellen Sie 2 davon auf die Stirnseite und legen Sie das dritte Brett (mit auf Sie zulaufender Maserung!) darüber, so, dass es mit seinen Rändern bündig mit den beiden »Ständer«-Brettern abschließt. Bauen Sie das Ganze auf einem soliden Tisch auf oder auf dem Fußboden auf. Ein Teppich oder Teppichboden ist insofern günstig, als Sie beim Durchschlagen des Brettes mit der Vorstellung arbeiten sollen, nicht auf das Brett zu schlagen, sondern durch das Brett hindurch. Schlagen Sie mit der Handkante der offenen Hand oder mit der Faust, wobei dann auch die Handkanten- bzw. Kleinfingerseite auf das Brett trifft. Stellen Sie sich wirklich bildhaft vor, dass das Brett beim Aufschlag bricht und dass Sie durch das Brett in den Teppich schlagen. Nehmen Sie sich Zeit, sich genügend zu konzentrieren und bauen Sie die Überzeugung auf, dass das Brett Ihnen keinen deutlichen Widerstand entgegensetzen wird, d. h., dass Sie erfolgreich sein werden. Halten Sie Ihren Krafteinsatz so gering wie möglich und versuchen Sie statt dessen das Brett durch Konzentration und den Aufbau einer inneren Überzeugung und vor allem mit Hilfe eines inneren Bildes des geborstenen Brettes zu durchschlagen. Und koordinieren Sie den Schlag mit dem Ausatmen.

Sollte Ihnen die Aufgabe insgesamt zu leicht erscheinen, so schlagen Sie mit der Schwächeren Hand (links) oder versuchen Sie sich an 2 übereinandergelegten Brettern.

Zeit-Management

Intention, Anlass:

Diese Übung will Anregungen geben, wie Sie Aufgaben leichter und mit geringerem Zeitaufwand bewältigen.

Durchführung:

■ Listen Sie auf, was Sie erledigen wollen.
■ Finden Sie »Zeitfresser« heraus und notieren Sie sie.
■ Bringen Sie die Aufgaben ihrer Wichtigkeit nach in eine Reihenfolge bzw. markieren Sie die besonders wichtigen Aufgaben.
■ Teilen Sie sich die Arbeiten grob für den Tag ein und achten Sie dabei auf Ihre Bio-Kurve: nehmen Sie sich keine Aufgaben, die hohe Konzentration erfordern, für die Zeit nach dem Mittagessen vor.
■ Fangen Sie mit den Aufgaben an, die
  ■ am dringlichsten sind,
  ■ schnell zu erledigen sind bzw. zu schnellen oder sichtbaren Ergebnissen führen,
  ■ Ihnen leichterfallen.
■ Streichen Sie die Aufgaben, die Sie erledigt haben, auf der Auflistung durch, machen Sie sichtbar, was Sie schon erledigt haben.
■ Gehen Sie dann an die schwierigeren Dinge heran.
■ Schützen Sie sich vor Ablenkung, »Davonlaufen«, Ausweichen.
■ Zwingen Sie sich aber auch nicht krampfhaft zum Durchhalten. Machen Sie eine kleine Pause, sorgen Sie für eine kurze Entspannung und arbeiten Sie dann weiter.
■ Konzentrieren Sie sich auf eine Aufgabe, machen Sie nicht Mehreres gleichzeitig (vgl. S. 170), schützen Sie sich davor, sich in einer Aufgabe zu verlieren, investieren Sie nicht mehr Zeit als nötig, versuchen Sie die Angelegenheit abzuschliessen; unfertige Projekte und nicht abgeschlossene Aufgaben sind »Energiezehrer«.

1.5.2 Selbstsicherheit und Selbstaffirmation

Selbsterkundung					
	trifft zu				trifft nicht zu
Ich verliere nicht so schnell die Ruhe	1	2	3	4	5
Ich kann Ambiguitäten, offene Situationen gut aushalten	1	2	3	4	5
In schwierigen Situationen verlasse ich mich auf meine Fähigkeiten	1	2	3	4	5
Ich brauche Druck, um gut arbeiten zu können	1	2	3	4	5
Konflikte gehören zum Leben	1	2	3	4	5
Entscheidungen treffe ich oft intuitiv	1	2	3	4	5

	trifft zu			trifft nicht zu	
Ich ärgere mich sehr über ungerechtfertigte Kritik	1	2	3	4	5
Bei Herausforderungen an mich blühe ich auf	1	2	3	4	5
Vielen beruflichen Situationen vermag ich die komische Seite abzugewinnen	1	2	3	4	5
Ich achte darauf, genug Zeit für mich zu haben	1	2	3	4	5
Ich finde es reizvoll, mehrere Lösungen für ein Problem zu finden	1	2	3	4	5
Ich vergesse oft die Zeit, weil ich so in die Aufgabe eintauche	1	2	3	4	5
Bevor ich eine Entscheidung treffe, denke ich sehr genau über die Konsequenzen nach	1	2	3	4	5

Stärken-Schwächen-Analyse

Intention, Anlass:

Mit dieser Übung können Sie überprüfen, welche positiven und negativen Eigenschaften Sie sich selbst zuschreiben und welches Bild Sie von sich haben.

Durchführung:

Listen Sie alle Fähigkeiten und Eigenschaften auf, die Sie glauben zu besitzen bzw. die andere Ihnen zuschreiben und die Sie als Ihre Stärken ansehen.

Schreiben Sie ganz spontan, ohne längeres Nachdenken oder Abwägen alle Eigenschaften auf, die Ihnen in den Sinn kommen.

Machen Sie dann das Gleiche mit der 2. Spalte; schreiben Sie alles auf, von dem Sie glauben, dass es eine kleine oder größere Schwäche von Ihnen ist.

Stärken	Schwächen

Auswertung:

Welche Auflistung ist länger; die der Stärken oder die der Schwächen?

Was sagt das Ihnen über Ihr Selbstbewusstsein?

Ist die zweite Auflistung länger, was bei vielen Menschen der Fall ist, so sollten Sie sich nicht nur immer klar machen, was Sie noch besser machen könnten, sondern auch den Blick auf das lenken, das Sie gut können. Dazu soll die nächste Übung beitragen.

Selbstplädoyer
(sich der eigenen Stärken bewusst werden)

Intention, Anlass:

Überprüfen Sie, wie überzeugt Sie von Ihren Fähigkeiten sind; oder gehören Sie zu den Menschen, denen anerzogen wurde, bescheiden zu sein und sich nicht selbst zu loben?

Ich bin gut geeignet, die neue berufliche Aufgabe als . . . .
zu übernehmen.
(Ich bin . . . . **/ ich kann** . . . . **/ ich habe** . . . . **)**

Durchführung:

Denken Sie an eine ganz konkrete Situation, an eine Position, die Sie im Augenblick innehaben oder die Sie anstreben und um die Sie sich bewerben wollen. Oder aber denken Sie einfach an Aufgaben, die Ihr Beruf mit sich bringt oder die Sie im Augenblick zu bewältigen haben.

Versuchen Sie nun sich alle Eigenschaften bewusst zu machen, die Sie haben und die sich – und sei es auch nur im entferntesten – als förderlich dafür erweisen könnten und schreiben Sie diese auf.

Lassen Sie sich Zeit und notieren Sie alle positiven Eigenschaften, die Sie bei sich kennen oder erahnen; auch oder gerade solche, die Sie vielleicht gar nicht als positive Eigenschaften einstufen. (z. B.: Ich kann gut zuhören, abwarten, ich wirke ausgleichend, ich lasse mir Zeit mit Entscheidungen, ich frage andere um Rat/um ihre Meinung.)

Lesen Sie sich zum Schluss alle Sätze laut vor. (Wenn Sie ganz mutig sind, lesen Sie die Sätze Ihrer Frau, Ihrer Patrnerin oder einer Person Ihres Vertrauens vor.)

Achten Sie darauf, wie Sie sich fühlen, wenn Sie sich quasi selbst loben, bzw. wie die einzelnen Aussagen auf Sie wirken.

Ich bin / ich kann / ich habe

1...

2...

3...

4...

5...

6...

7...

8...

9...

10..

1.5.3 Ziele ergründen und festlegen

Zielklärung

Intention, Anlass:

Von Zeit zu Zeit sollten Sie überprüfen, welche Ziele Sie im beruflichen, aber auch persönlichen, privaten und familiären Bereich haben. Falls Sie Veränderungen anstreben, so wird Ihnen das umso eher gelingen, je klarer Ihnen die Ziele, die Sie anstreben, sind.

Wie steht es im Augenblick um meine berufliche Zufriedenheit?

....

Von welchen äusseren Bedingungen ist sie abhängig?

....

Welche größeren beruflichen Veränderungen schweben mir vor?

....

Welche Erwartungen verknüpfe ich mit meiner jetzigen beruflichen Tätigkeit?

....

Was suche ich? Was brauche ich, um beruflich erfolgreich zu sein?

....

Was sind meine langfristigen/kurzfristigen beruflichenZiele?

....

Inwiefern habe ich sie wirklich im Blick?

....

Was tue ich, um sie zu erreichen?

....

Was habe ich heute/in letzter Zeit getan, um meinem Ziel ein Stück näher zu kommen?

....

Welcher Einsatz, welche Opfer sind dafür notwendig?

....

Will ich meine Ziele unter diesen Bedingungen wirklich noch erreichen?

....

Welche Ziele außer den beruflichen habe ich? (z. B. körperliche, gesundheitliche, emotionale, die persönliche Entwicklung betreffend?)

....

Passt es zu meinem Selbstbild zielstrebig Ziele zu verfolgen?

....

Was halte ich von Menschen, die klare Ziele vor Augen haben und sie verfolgen?

....

Inwiefern spielen bei meinen Zielen Lebensfreude, persönliches Wachstum, Beziehungen zu anderen Menschen eine Rolle?

....

Anmerkungen:

Geben Sie Ihrer Energie eine Richtung, formulieren Sie Ziele und versuchen Sie sie umzusetzen. Energie, der die Zielrichtung fehlt, tendiert leicht dazu, destruktiv zu wirken.

Und: Zielstrebige, ehrgeizige Menschen wirken nicht deshalb »verbohrt«, weil sie ihre Ziele verfolgen, sondern weil sie *ausschließlich* das tun und ihnen ein ausgleichendes Gegengewicht fehlt.

Zielbestimmung

Intention, Anlass:

Sie haben eine Entscheidung getroffen und streben ein bestimmtes Ziel bzw. bestimmte Ziele an. Das wird Ihnen umso eher gelingen, je mehr die folgenden Bedingungen erfüllt sind.

Damit Ziele erfolgreich umgesetzt werden können, ist folgendes zu beachten:

Die Zielbestimmung sollte im eigenen Kompetenzbereich liegen und selbstinitiierbar sein.

Häufig wünschen wir uns, dass ein anderer sein Verhalten ändert; (Ich will, dass meine Schüler mehr Selbständigkeit zeigen und zu eigenverantwortlichem Arbeiten fähig sind«). Die Erreichung eines solchen Ziels ist jedoch von vielen Faktoren abhängig, auf die Sie nur sehr begrenzten Einfluss haben. Eine Veränderungsarbeit kann nur da erfolgreich sein, wo die Zielerreichung Resultat des Einsatzes ausschließlich der eigenen Kraft und der eigenen Mittel ist. Die Frage müsste also lauten:»Was kann *ich* tun, damit meine Schüler mehr Selbständigkeit und gössere Fähigkeiten zu eigenverantwortlichem Arbeiten entwickeln?«

Die Ziele sollten konkret und genau festgelegt bzw. realistisch und kleinschrittig sein.

Im obigen Fall könnte das Ziel heißen: ich werde in den nächsten 4–6 Wochen Raum für Kleingruppenarbeit und Referatschreiben geben.

Unrealistisch kurze Zeitspannen zur Erlangung der Ziele führen nur zu Misserfolgserlebnissen und Frustration.

Die Ziele sollten selbst kontrollierbar sein.

Nur dann ist das Ziel richtig gewählt, wenn Sie die Möglichkeit haben, das Erreichen des Ziels selbst zu beeinflussen und zu überprüfen; Veränderungen, die Sie anstreben, müssen sich in Ihrem eigenen Unterricht zeigen.

Die Zielbestimmung muß positiv formuliert sein.

Ziele, die nicht abstrakt bleiben, sondern bildhaft, bzw. sinnlich vorstellbar sind, besonders, wenn sie den Charakter einer Vision besitzen, werden sehr viel eher erreicht, als wenn dies nicht der Fall ist.

Gedanken-Gefühl-Handlung-Pyramide

Wenn Sie mit Entscheidungen, deren Umsetzung in Handlung und deren Ergebnissen nicht zufrieden sind, überprüfen Sie, mit welcher Seite der Pyramide Sie am ehesten Probleme haben, welche Seite der Förderung bedarf.

Gedanken

Welche Gedanken tauchen bei mir im Zusammenhang mit dem Vorhaben auf?
Wie schätze ich die Angelegenheit ein, wie bewerte ich sie?
Wie bewerte ich die Planung des Vorhabens?
Wie gründlich war die Analyse des Problems?
Welche Personen betrifft die Angelegenheit? Wie stehen sie dazu?
Wie wichtig ist mir die Meinung anderer bezüglich des Vorhabens?
Wie viel Gedanken habe ich mir hinsichtlich der Möglichkeiten und Schwierigkeiten bei der Umsetzung des Vorhabens gemacht?
Welche notwendigen Klärungen stehen noch an?
Zögere ich noch mit der Realisierung des Vorhabens?

Gefühl

Wie stehe ich zu dem Vorhaben?
Welche Gefühle löst der Gedanke daran aus?
Wie wichtig ist für mich der Gesichtspunkt, dass ich mich bei einer anstehenden Umsetzung eines Vorhabens wohlfühle?
Welche Gefühle habe ich gegenüber Personen, die an der Angelegenheit beteiligt sind/waren?
Welche Gefühle werden bei anderen, die damit zu tun haben, ausgelöst werden bzw. wurden ausgelöst? Wie geht es mir damit?
Wie wichtig nehme ich die Gefühle, die im Zusammenhang mit diesem Vorhaben bei mir auftreten?
In wiefern kann ich akzeptieren, dass Arbeit auch mit Gefühlen zu tun hat?

Handeln

Zögere ich noch mit der Realisierung des Vorhabens oder bin ich jetzt dazu bereit?
Warte ich noch auf einen günstigeren Zeitpunkt?
Bin ich bereit, die Verantwortung für das Ergebnis zu übernehmen?
Habe ich die beiden anderen Aspekte (Gedanken, Gefühle) genügend berücksichtigt oder bin ich der Auffassung, dass jetzt einfach gehandelt werden muss?

1.5.4 Inner Coaching

Inner Coaching

Inner Coaching geht zum einen auf die Vorsatzbildung des »Autogenen Trainings« zum anderen auf das »Mentale Training« bzw. auf das »Innere Spiel« im Sport zurück. Eine der ersten und grundlegenden Darstellungen des letzteren Trainings-Prinzips dürfte in Gallwey's Buch »Inner Tennis« zu finden sein. Gallwey kommt bei der Untersuchung von Reaktionen einer sehr großen Zahl von guten bis sehr guten Tennisspielern zu dem Ergebnis, dass sie alle ihre Aktionen und Leistungen innerlich kommentierten: »Los, triff den Ball vor dem Körper, ... Schau den Ball an, ... Beuge deine Knie«, und er fragt sich, wer da eigentlich mit wem sprach, wenn ein Spieler sagte: »Ich spreche mit mir selbst«. Aber wer ist »Ich« und wer ist »Selbst«? Für Gallwey sind diese beiden Instanzen zwei getrennte Einheiten: das »Ich« (Selbst 1) scheint Anweisungen zu geben, das »Selbst« (Selbst 2) scheint die Anführungen auszuführen. Darauf tritt das »Ich« wieder in Erscheinung mit der Bewertung der Handlung. (vgl. S 19) »Um den Einklang der beiden Selbst herzustellen, muß man das Denken beruhigen. Das bedeutet weniger zu denken, zu berechnen, zu beurteilen, sich weniger zu ärgern, zu befürchten, zu hoffen, sich weniger anzustrengen, zu bedauern, zu kontrollieren, weniger nervös oder zerstreut zu sein.« (S.27)

Gallwey schlägt vor, dass man mit der Selbstbeobachtung – und vor allem mit der Selbstbewertung – aufhört, weil sich die Selbstbewertung in vielen Fällen ausweitet, indem sie über die ursprüngliche Aktion, wie z.B. das Tennisspiel, hinausgeht: »Das war ein mieser Aufschlag –––– Ich schlage heute schlecht auf –––– Mein Aufschlag ist schrecklich –––– Ich bin ein miserabler Tennisspieler –––– Ich tauge zu überhaupt nichts. (S. 30)

Um dem entgegenzuwirken, muß Selbstaffirmation/Selbstbekräftigung an die Stelle von Selbstkritik treten, statt über Vergangenes (den Fehler) zu klagen, sollte die Aufmerksamkeit nach vorn (auf den nächsten Ball) gerichtet werden.

Spätestens durch Boris Becker und seine Tenniserfolge sind die Begriffe »Mentalkraft« und »mentales Training« einer breiten Öffentlichkeit bekannt geworden.

Wie »mentales Training« funktioniert, ist mittlerweile gut erforscht und durch Beispiele belegt. Psyche und Geist scheinen das Bestreben zu haben, klare, innere Vorstellungen in Form wirklicher Überzeugungen zu verwirklichen. Dabei müssen 2 Voraussetzungen erfüllt sein:

die Botschaft muß positiv formuliert sein und sie muß **in Form eines inneren Bildes, einer Vision plastisch vorstellbar sein.**

Wenn Sie aufgefordert werden, sich keinen grünen Elefanten vorzustellen bzw. nicht an einen grünen Elefanten zu denken, so wird Ihnen das kaum möglich sein. Vielleicht werden Sie sich einen grauen Elefanten vorstellen, dann produzieren Sie aber immer noch das Bild »Elefant« oder Sie werden an einen Baum oder an einen Hund denken, was Ihnen aber nur möglich ist, nachdem Sie für sich definiert haben, dass ein Hund oder Baum kein »grüner Elefant« ist. Damit haben Sie aber trotzdem durch Ihren Vermeidungsversuch an einen Elefanten gedacht.

Sich keinen »grünen Elefanten« vorzustellen geht deshalb nicht, weil es für »kein«, wie für jede andere Negation, keine sinnliche Vorstellung gibt. Wir können also gar nicht anders, als das zu Negierende zu denken.

Das ist von großer Bedeutung bei jeglicher Vorsatzbildung, die wir im Alltag vornehmen. Ein Vorsatz wie: »Ich lasse mich nicht unterkriegen« oder »ich bin nicht nervös und aufgeregt«, bleibt nicht nur erfolglos, sondern führt zu seinem genauen Gegenteil, d. h., zu Nervosität und Aufgeregtsein, weil das Unterbewußtsein nicht mit »nicht« arbeiten kann und nur die Signalwörter »unterkriegen« bzw. »nervös« und »aufgeregt« einprogrammmiert werden.

Mentalkraft / Suggestibilität / Visualisation

Wie gehen Sie normalerweise vor, wenn Sie ein schwieriges Vorhaben umzusetzen oder eine neue Aufgabe zu bewältigen haben? Nun, wahrscheinlich werden Sie der Sache Ihre volle Aufmerksamkeit widmen, Ihre Kräfte mobilisieren, Ihre Anstrengungen verdoppeln und mit Willenskraft Ihr Ziel zu erreichen suchen. Diese Strategie führt sicher auch in vielen Fällen zum Erfolg, häufig jedoch nicht. Doch dazu Genaueres später.

Zunächst möchte ich Sie zu zwei kleinen Experimenten einladen.

Zeigefinger-Experiment

Schütteln Sie Ihre Hände bzw. Finger etwas aus; Legen Sie beide Hände zusammen und verschränken Sie Mittel-, Ring- und Zeigefinger beider Hände. Lassen

Sie die beiden Zeigefinger gestreckt nach vorn weisen und legen Sie die beiden Daumen überkreuz. Versuchen Sie die Anspannung in den Händen möglichst gering zu halten, stellen Sie sicher, dass die Zeigefinger nicht auf die Mittelfinger niedergedrückt und damit unbeweglich sind.

Schauen Sie nun intensiv auf Ihre Hände und stellen Sie sich vor, dass sich die Fingerspitzen Ihrer beiden Zeigefinger langsam, aber doch unaufhaltsam aufeinanderzu bewegen. Versuchen Sie, willentlich nichts zu tun, sondern stellen Sie sich die Annäherung nur gedanklich, d. h. bildhaft vor.

Nun, was ist geschehen? Waren Sie erfolgreich oder haben Sie sich gegen das Experiment gestäubt?

Vielleicht haben Sie Interesse daran, sich auf ein 2. Experiment einzulassen.

Das Pendel-Experiment

Stellen Sie sich einen einfachen Pendel her, indem Sie ein kleines Gewicht, einen Ring, eine kleine Schraube oder Büroklammer oder ähnliches an einem ca. 25 cm langen Faden befestigen.

Zeichnen Sie sich nun einen Kreis mir ca. 3 cm Durchmeser auf ein Blatt Papier und malen Sie ein Kreuz, das aus einer horizontalen und einer vertikalen Linie besteht, in den Kreis.

Nehmen Sie den Pendel, d. h. die Schnur zwischen Daumen und Zeigefinger und stützen Sie den Ellenbogen so neben der dem Blatt Papier auf, dass der Pendel über dem Schnittpunkt des Kreuzes hängt.

Vielleicht kennen Sie den Einsatz von Pendeln – sozusagen als Wünschelrute – zum Aufspüren von Wasseradern oder geomagnetischen Feldern oder zur Vorhersage zukünftiger Ereignisse und stehen daher der Sache skeptisch gegenüber. Seien Sie unbesorgt, um all das geht es hier nicht, sondern lediglich um die Überprüfung Ihrer Beeinflußbarkeit. Zunächst aber weiter zum Ablauf: Halten Sie die Hand so ruhig wie möglich und stellen Sie sich vor, dass der Pendel eine Kreisbewegung (nach links oder nach rechts) oder eine Pendelbewegung (horizontal oder vertikal) ausführt ohne dass Sie diese Bewegung auslösen, unterstützen oder verstärken.

Wenn Sie dem Versuch nicht allzu skeptisch gegenüberstehen, wird sich der Pendel schnell in jede von Ihnen bildhaft vorgestellte Richtung bewegen.

Versuchen Sie nun einmal den Pendel aktiv durch kleinste Bewegung der Fingerspitzen zu bewegen. Sie werden sofort den Unterschied bemerken und erkennen, dass Sie den Pendel vorher nicht aktiv, also durch bewußte Muskelbewegung beinflußt bzw. bewegt haben.

Anmerkungen:

Was soll dieser Versuch nun deutlich machen?

Er verdeutlicht das nach dem englischen Arzt W. B. Carpenter als »Carpenter-Effekt« bezeichnete Phänomen, dass eine starke bildhafte Vorstellung einer Bewegung diese bereits auslöst. Das Phänomen ist als sog. »Mitbewegung« bei Zuschauern von Sportveranstaltungen – wegen ihrer Unbefangenheit am deutlichsten oft bei Kindern, aber auch bei Erwachsenen – zu beobachten, die sich so stark mit dem Geschehen identifizieren, dass sie kleinere Bewegungen und Muskelkontraktionen mitausführen. Tepperwein kleidet den Sachverhalt in drei Gesetze:

Das erste Gesetz:

»Jede bildhafte Vorstellung, die uns erfüllt, hat das Bestreben, sich zu verwirklichen.«

Sie kann sich aber nur verwirklichen, wenn keine andere bildhafte Vorstellung dagegen steht und sich die beiden Wirkungen aufheben. Ist dies nicht der Fall, weil wir unsere Gedanken diszipliniert in eine Richtung lenken, dann wird sich jede unserer Vorstellungen mit absoluter Sicherheit erfüllen.

Das zweite Gesetz:

Wenn der Wille und der Glaube einander feindlich gegenüber stehen, unterliegt immer und ausnahmslos der Wille.

Das erkennen wir beim Pendeln ganz leicht, weil wir ja die Hand ganz still halten wollen, aber da wir glauben, dass der Pendel die gedachte Bewegung ausführen wird, geschieht es auch.

Das dritte Gesetz:

Es ist das Gesetz von der das Gegenteil bewirkenden Anstrengung.

Jede willensmäßige Anstrengung ohne bildhafte Vorstellung bleibt nicht nur erfolglos, sie bewirkt oft sogar das Gegenteil von dem, was wir erreichen wollen. (S. 48 f)

Sie sehen, Suggestibilität, also geistige Beinflußbarkeit und bildhafte Vorstellungskraft haben eine ganz wesentliche Auswirkung auf unser Handeln.

In Japan wird schon seit vielen Jahren die Vorstellungskraft von Führungskräften bei Bewerbungen u. a. durch Tests, die dem Zeigefinger- oder Pendel-Experiment sehr ähnlich sind, überprüft.

Menschen, die wir als Visionäre bezeichnen und die durch ihre Ausstrahlung und innere Kraft oft so eindrucksvoll zu überzeugen wissen, beziehen diese Kraft aus ihrer ausgeprägten Vorstellungskraft – hinsichtlich des von ihnen angestrebten Ziels sowie auch hinsichtlich des einzuschlagenden Wegs.

1.5.5 Nervosität, Aufregung, Lampenfieber

Umgang mit Nervosität, Aufregung, Lampenfieber

Intention, Anlass:

Sie halten einen Vortrag oder leisten einen mündlichen Beitrag in einer grösseren Gruppe oder vor einer grösseren Zuhörerschaft. Sie spüren eine Nervosität oder erwarten von ihr ergriffen zu werden, sobald Ihnen das Wort erteilt wird. Was können Sie tun?

Vorbemerkungen:

Es gibt eine Auffassung, die besagt, dass Nervosität, Erregung und Angst nur eine Projektion auf die Zukunft sind und in der Gegenwart nicht existieren; erst die Frage: Wie werde ich mit der Aufgabe fertig? Was passiert, wenn ich meine Nervosität nicht in den Griff bekomme? Wie stehe ich am Ende da? zusammen mit Vorstellungen eigener Unzulänglichkeit, lassen Angstgefühle entstehen. Sie sind der angemessene Ausdruck von Vorstellungen des Scheiterns, von »Katastrophenvorstellungen«.

Andererseits ist Lampenfieber Ausdruck und Folge einer Körperreaktion, die ihrem Wesen nach eine physiologisch sinnvolle Anpassungsreaktion des Körpers auf zu erwartende erhöhte Leistungsanforderungen darstellt. Dies geschieht durch die Erhöhung der Herz- und Atemfrequenz und durch eine vermehrte

Ausschüttung von Adrenalin, das zu einer Steigerung der körperlichen Leistungs-
bzw. Kampfbereitschaft führt.

Nervosität, Aufregung und die Angst vor Versagen nehmen in dem Maße zu, in
dem versucht wird, sie zu überwinden, nicht zuzulassen bzw. zu unterdrücken.

Angstabbau und Angstreduzierung entzieht sich ebenso der willensmäßigen Be-
einflussung wie das Einschlafen. Ebensowenig wie man sich zwingen kann, ein-
zuschlafen, kann man sich auf diesem Weg von Angstgefühlen freimachen; im
Gegenteil entsteht dadurch eine verschärfte Situation mit gesteigerter Angst bzw.
Schlaflosigkeit. (Vgl. dazu S. 28: Gesetz von der das Gegenteil bewirkenden Anstrengung: »Jede willensmäßige Anstrengung ohne bildhafte Vorstellung bleibt
nicht nur erfolglos, sie bewirkt oft sogar das Gegenteil von dem, was wir erreichen
wollen«.)

Watzlawick spricht von einer »sich selbst zunichtemachenden Anwendung der
Willenskraft«.

»Ein gutes Beispiel dafür ist die Angst vor öffentlichem Sprechen. Was der betreffende am meisten fürchtet ist, dass er seine Nervosität nicht werde meistern
können und sie ihn schließlich vor seinen Zuhörern überwältigen wird. Seine
Lösungsversuche laufen daher vor allem auf Selbstbeherrschung und Verheim-
lichung hinaus: er versucht, sich »zusammenzunehmen« und das Zittern seiner
Hände zu verbergen, mit klarer, fester Stimme zu sprechen, entspannt zu erscheinen usw. Je nervöser er wird, desto mehr nimmt er sich zusammen, und je
mehr er sich zusammennimmt, desto nervöser wird er. Obwohl »es« noch nie
passiert ist, »weiß« er, dass es das nächste Mal passieren wird, und er kann sich
die bedauernswerte Blamage in allen Einzelheiten vorstellen.« (Lösungen,
S.151)

Konsequenzen:

Wie können Sie darauf reagieren? Versuchen Sie es mit folgenden Möglichkeiten:

Möglichkeit 1:

Es könnte sein, dass Sie hohe Erwartungen an sich haben, in der Art, dass Sie
der Ansicht sind, alle Zuhörer müßten Ihren Vortrag oder Beitrag beein-
druckend finden, weil Sie selbst ihn ja auch für wichtig und fundiert halten.

Reduzieren Sie diese (übergroße) Selbsterwartung und geben Sie sich mit weniger zufrieden.

Versuchen Sie es einmal mit der folgenden Einstellung.

Ruth Cohn (die bereits schon erwähnte Begründerin der Themenzentrierten Interaktion) fand für sich ein Mittel zur Verringerung ihrer Aufregung indem sie sich sagte:

20% werden mich bzw. meinen Vortrag/Beitrag interessant finden,

20% werden mich bzw. meinen Vortrag/Beitrag uninteressant finden,

60% werden mir bzw. meinem Vortrag/Beitrag gegenüber gleichgültig bleiben und sich erst sehr viel später dem einen oder anderen Lager zuordnen.

Möglichkeit 2:

Vermeiden Sie alle Formen der Selbstbeobachtung und Selbstbespiegelung bzw. die vermutete Beobachtung Ihrer selbst durch die anderen, durch die Zuhörer.

Richten Sie Ihre Aufmerksamkeit nach außen und beobachten Sie Ihre Umgebung und die Menschen in Ihrer Umgebung.

Statt zu interpretieren, dass alle Anwesenden Sie anschauen und nun umso intensiver in Ihr Manuskript zu schauen, damit Sie nicht den Faden verlieren, schauen Sie einmal genau hin, vergewissern Sie sich z. B. darüber:

»Wer schaut in meine Richtung?«
»Wer nimmt mit mir Blickkontakt auf und wer nicht?«

Mit einiger Wahrscheinlichkeit sind es viel weniger Personen, als Sie angenommen haben. Möglicherweise werden Sie auch feststellen, dass es gar nicht so unangenehm ist, wenn Teilnehmer mit Ihnen Blickkontakt aufnehmen und dass Ihre Vermutung, dass die Blicke streng und kritisch sind, ebensowenig zutrifft.

Sie können sich aber auch zunächst darauf beschränken z. B. folgendes festzustellen:

»Wieviele Brillenträger, blonde bzw. schwarzhaarige Zuhörer gibt es im Raum?«
»Wer sitzt wo?« und:
»Wie wirkt der Raum von meiner Position aus auf mich?«

Üben Sie diese Form des Beobachtens und Sie werden mit großem Erstaunen feststellen, dass sich Ihre Aufregung auf ein nicht für möglich gehaltenes Maß reduziert.

Möglichkeit 3:

Gestehen Sie sich selbst Ihre Aufregung ein, statt sie zu übergehen, legen Sie sie offen, statt sie zu verheimlichen zu versuchen.

■ Nehmen Sie wahr, was ist: Ihre Aufregung, Ihr Herzklopfen, Ihre feuchten Hände etc.

■ Gestehen Sich selbst Ihre Nervosität, Ihren Bammel ein:»Ja, ich bin im Moment schon etwas aufgeregt; das ist auch ganz verständlich, es geht ja hier schließlich um einiges; ich möchte vor den hier Versammelten einen guten Eindruck machen.«

■ Machen Sie sich das physiologisch Sinnvolle des Vorgangs deutlich: Was wir als Aufregung spüren bedeutet, dass sich der Körper auf größere Leistungsanforderungen einstellt, indem er Adrenalin in die Blutbahn ausschüttet und Atem- wie Herzfrequenz erhöht. Da wir diese bereitgestellte Energie nicht wie unsere Vorfahren motorisch abführen, erleben wir sie als unangenehme Körperreaktion, jedoch mit dem Vorteil, dass z. B. die Reaktionsgeschwindigkeit innerer Prozesse erhöht ist.

■ Unterstützen Sie sich selbst, machen Sie sich Mut:»Ich habe mich gut vorbereitet – ich werde das schon schaffen.«(»Und wenn es nicht so toll wird, wird die Welt auch nicht untergehen.«)

■ Eine weitere Möglichkeit mit Nervosität umzugehen, die ich aber ganz bewußt an letzter Stelle nenne, besteht in dem sog. Schubkarren«-Prinzip: das Problem vor sich hertragen, den anderen deutlich machen, d. h. ansprechen. Den Zuhörern z.b: zu sagen:»Ich bin jetzt schon ein wenig nervös, hoffe aber doch sehr, dass es mir gelingen wird, Ihnen den Sachverhalt ruhig und klar genug darstellen zu können«, setzt schon ein Stück innere Sicherheit – und Mut – voraus und sicher sollten Sie sehr gut prüfen, ob Sie das öffentlich eingestehen wollen, die Wirkung ist in aller Regel jedoch sehr befreiend, nach dem Motto:

»Tue das, wovor Du Angst hast, und nicht Du wirst sterben, sondern Deine Angst.«

1.5.6 Entspannung

Konzentrationsfähigkeit wiederherstellen und Kraft schöpfen durch Entspannung

Intention, Anlass:

Wenn Sie sich bei Beginn oder während einer geistigen Tätigkeit abgespannt und unkonzentriert fühlen, sollten Sie sich nicht zwingen, anzufangen bzw. weiterzuarbeiten, sondern statt dessen eine kleine Pause einlegen, um dann mit neuer Kraft weiterarbeiten zu können. Oft genügt schon, wenn Sie sich ein wenig

Bewegung verschaffen, indem Sie sich z. B. von Ihrem Sitz erheben, das Fenster öffnen, ein paar tiefe Atemzüge tun oder sich im Stehen strecken, dehnen, räkeln, was die Atmung anregt und die Sauerstoffzufuhr zum Gehirn verbessert. Günstiger natürlich ist ein kleiner Spaziergang in der frischen Luft.

Aber auch im Sitzen lassen sich kleine Pausen sinnvoll gestalten, die Ihre Konzentrationsfähigkeit verbessern. Hierzu ein paar Anregungen:

Durchführung:

Kurz-Entspannung/Schlüsselbund-Übung

Setzen Sie sich möglichst bequem, aber aufrecht auf Ihren Stuhl. Nehmen Sie einen Schlüsselbund oder einen anderen nicht zu leichen Gegenstand, der das auf den Boden fallen verträgt, in die Hand und lassen Sie Ihre Arme auf der Armlehne oder auf den Oberschenkeln ruhen. Achten sie darauf, dass Ihre Füße mit der ganzen Sohle den Boden berühren. Schließen Sie die Augen und machen Sie 3 tiefe Atemzüge. Versuchen Sie so vollkommen zu entspannen, wie Ihnen das im Augenblick möglich ist und arbeiten Sie mit der Vorstellung, dass Ihr Körper immer schwerer wird und dass Sie aber das Gewicht an den Stuhl und an den Fußboden abgeben. Wenn Ihnen nach ein paar Minuten der Schlüsselbund aus der Hand fällt, ohne dass Sie ihn willentlich losgelassen haben, so ist Ihnen die Entspannung gelungen.

Augen- und Nackenentspannung

Kopfschmerzen und Ermüdungsgefühle haben sehr häufig ihre Ursache in einer durch Überlastung hervorgerufenen Ermüdung der Augen. Ursache der Überlastung können einerseits ungünstige Lichtverhältnisse und angestrengtes Sehen, andererseits Muskelverspannungen im Nackenbereich sein. Mit den folgenden zwei einfachen Übungen können Sie diesen Beeinträchtigungen günstig entgegenwirken und sich schnell Entspannung verschaffen.

Palmieren /Augen abschirmen

Diese Übung läßt sich sehr gut im Sitzen (z. B. am Schreibtisch) durchführen. Legen Sie die leicht gewölbten Handflächen (engl. palms) so auf Ihre geschlossenen Augen, dass kein Licht einfallen kann, sie die Augen aber nicht berühren. Entspannender als die Hände auf die Augen zu legen ist es, die Ellbogen auf die Tischfläche aufzustützen und den Kopf bzw. die Augenpartie in die nach ober zeigenden Handflächen zu legen. Durch das Palmieren werden die Augen von jeglicher Arbeit entlastet und können sich völlig entspannen. Behalten Sie die diese Haltung so lange bei, wie Sie wollen, mindestens jedoch 3–5 Minuten. Richten Sie Ihre Aufmerksamkeit ausschließlich auf Ihre Augenpartie, nehmen Sie wahr, wie sich Ihre Augäpfel anfühlen und die Augenumgebung. Versuchen Sie, alle Spannung aus Ihren Augen in die Handflächen abfließen zu lassen.

Sie können die Entspannung noch verstärken, indem Sie sich vorstellen, dass Sie mit jedem Atemzug beim Einatmen Energie und Frische in Ihre Augen lenken und aufnehmen und beim Ausatmen Spannung aus Ihren Augen in die Handflächen abgeben.

Kurze Schwünge; liegende Acht

Die Schwingübungen sind sehr gut geeignet, die Augenmuskulatur zu lockern und die Augen zu entspannen. Auch diese Übung können Sie gut im Sitzen machen. Sitzen Sie aufrecht und halten Sie den Kopf gerade. Schließen Sie die Augen. Bewegen Sie Ihren Kopf locker und ohne Anstrengung von einer Seite zur anderen, finden Sie dabei das Ihnen angenehme Tempo und lassen Sie Ihren Kopf sich wie selbsttätig bewegen. Richten Sie Ihre Aufmerksamkeit auf Ihre Augen und Ihren Nacken und nehmen Sie die Bewegung Ihrer Nackenmuskulatur und Ihrer Augen wahr.

Wenn Sie wollen stellen Sie sich vor, an Ihrer Nasenspize sei ein langer, federleichter Pinsel befestigt, mit dem Sie eine vor Ihrem Kopf befindliche Fläche (Wand oder großer Bogen Papier) durch seitliche Malbewegungen mit Farbe bemalten. Wählen Sie dazu eine beliebige Farbe; lassen Sie Ihren Kopf locker und mühelos von einer Seite zur anderen schwingen. Achten Sie auf Ihren Atem und bringen Sie Atemrhythmus und Malschwünge in Einklang.

Autogenes Training

Diese Entspannungs-Methode erfordert in der Regel ein intensiveres Training über mindestens einige Wochen. Am leichtesten lernen Sie Autogenes Training in einem Kurs; vielen Menschen fällt es aber nicht schwer, sich die Methode autodidaktisch anzueignen. Das Autogene Training basiert auf Autosuggestion und besteht aus 7 verschiedenen Übungen, die nacheinander absolviert werden und die nach einiger Übung zu einer deutlich spürbaren Entspannung führen. Bei den 7 Schritten bzw. Teilübungen handelt es sich um die Ruhe-, Schwere-, Wärme-, Herz-, Atem-, Sonnengeflecht- und Stirn-Übung, wobei die Formel: ich bin ganz ruhig, jeweils zwischen die anderen Suggestionen eingeschoben wird. Die Formeln lauten dabei folgendermaßen:

»ich bin ganz ruhig« (1x)
»mein rechter Arm ist ganz schwer« (6x)
»ich bin ganz ruhig« (1x)
»mein rechter Arm ist ganz warm« (6x)
»ich bin ganz ruhig« (1x)
»mein Herz schlägt ruhig und regelmäßig« (6x)
»ich bin ganz ruhig« (1x)
»meine Atmung ist ruhig und regelmäßig« (6x)
»ich bin ganz ruhig« (1x)
»(mein) Sonnengeflecht (ist) strömend warm« (6x)

»ich bin ganz ruhig« (1x)
»(meine) Stirn (ist) angenehm kühl« (6x)

Wenn Sie die verschiedenen Teilübungen beherrschen, wählen Sie eine kurze, prägnante Formulierung (Vorsatz), die positiv formuliert sein muß und keine Verneinung enthalten darf und sprechen Sie diesen Vorsatz mehrmals hintereinander laut oder nur innerlich. Z. B.: »Lernen gelingt gut«; oder: »Gedanken strömen leicht und frei«. »Ich erledige meine Aufgaben schnell und zügig«.

Progressive Muskelentspannung (nach Edmund Jacobsen)

Diese Entspannungsmethode beruht auf dem Erleben des Gegensatzes von Spannung und Entspannung. Hinter dieser Methode steht die Erkenntnis, dass bestimmte Verhaltensweisen sehr viel leichter entwickelt werden können, wenn vorher extreme Gegenpositionen eingenommen und erfahren werden. Entspannung gelingt leichter, wenn Spannung vorher in aller Deutlichkeit erlebt wurde.

Die Bezeichnung progressive Muskelentspannung will verdeutlichen, dass es darum geht, nicht sofort den ganzen Körper zu entspannen, sondern von einzelnen, begrenzten – und damit besser wahrnehmbaren – Körperpartien auszugehen, in ihnen ein Entspannungsgefühl aufzubauen und es sich dann über den ganzen Körper ausbreiten zu lassen.

Die Methode läßt sich sehr gut im Alltag anwenden, weil keine besonderen Vorkehrungen dafür notwendig sind; sie kann sehr gut im Sitzen praktiziert werden und verlangt allenfalls ein paar Minuten zu ihrer Durchführung.

Nach einem gewissen Training tritt Entspannung ähnlich wie beim Autogenen Training sehr schnell, gleichsam wie durch einen Umschaltprozeß oder eine innere Programmierung ein.

S = Spannung
E = Entspannung

Entspannung der Arme

E Sitzen Sie aufrecht und versuchen Sie das Gewicht Ihres Körpers an die Unterlage, d. h. den Stuhl abzugeben. Entspannen Sie so gut es Ihnen möglich ist. Atmen Sie ruhig und tief (aber ohne Anstrengung) ein und wieder aus.

S Ballen Sie die rechte Faust, erhöhen Sie die Spannung mehr und mehr und spüren Sie die Spannung in der Faust, in der Hand, im Unterarm.

E Und lassen Sie los; lassen Sie die Finger locker werden, die Hand, den Unterarm und nehmen Sie die Entspannung wahr; lassen Sie sich Zeit bei der Wahrnehmung dieses Gefühls.

Machen Sie das gleiche mit der linken Hand.

Entspannung des Gesichts, des Nackens und der Schultern

E Sitzen Sie aufrecht, aber bequem. Versuchen Sie alle Spannung loszulassen.

S Runzeln Sie die Stirn und kneifen Sie die Augenzusammen. Halten Sie die Spannung bis sie unangenehm wird und spüren Sie den Druck auf Ihre Augen bzw. in Ihrem Gesicht.

E Entspannen Sie die Augenpartie. Halten Sie die Augen geschlossen und spüren Sie das Nachlassen der Spannung.

S Beißen Sie die Zähne aufeinander, pressen Sie die Lippen fest zusammen und spannen Sie die Kiefer- und Gesichtsmuskulatur an und halten Sie die Spannung.

E Entspannen Sie die Gesichtsmuskeln und genießen Sie das sich ausbreitende Gefühl der Entspannung in Ihrem Gesicht.

S Ziehen Sie die die Schultern hoch und spannen Sie dabei auch Ihre Halsmuskeln an und halten Sie den Atem an. Spüren Sie die Spannung in Hals, Schultern und oberem Rücken.

E Lassen Sie die Schultern wieder fallen und sich entspannen. Entspannen Sie die Augenpartie Hals und Nacken und die gesamte Gesichtspartie und lassen Sie die Entspannung sich bis tief in die Schultern ausbreiten.

Entspannung der Brust, des Bauches und des unteren Rückens

E Sitzen Sie aufrecht und versuchen Sie das Gewicht Ihres Körpers an die Unterlage, d. h. den Stuhl abzugeben. Entspannen Sie die Muskeln Ihres Körpers, so gut es Ihnen möglich ist. Beobachten Sie das angenehme Gefühl der Schwere, das mit der Entspannung einhergeht. Atmen Sie leicht und frei ein und aus. Versuchen Sie sich vorzustellen, dass Sie mit jedem Ausatem ein klein wenig an Spannung ausatmen.

S Spannen Sie Ihre Bauchmuskeln an, indem Sie mit aller Kraft den Bauch einziehen. Halten Sie den Atem an. Machen Sie Ihre Bauchmuskeln ganz hart und nehmen Sie die Spannung wahr.

E Entspannen Sie die Bauchmuskeln, lassen Sie Ihren Atem locker und frei fließen und spüren Sie die sich in Ihrem Körper ausbreitende Entspannung.

Arbeiten Sie mit der Vorstellung, dass Sie Ihr Körpergewicht an den Stuhl abgeben bzw. immer tiefer in den Stuhl einsinken und dass Sie Spannung ausatmen.

Entspannung der Beine

E Sitzen Sie so locker und entspannt wie möglich. Atmen Sie ruhig und leicht.

S Drücken Sie die Fersen mit aller Kraft auf den Boden. Ziehen Sie die Zehenspitzen in Richtung Schienbein. Spannen Sie dabei Ihre Oberschenkel- und Gesäßmuskulatur an, so dass sich Ihre Sitzposition dabei ein wenig nach oben verändert, so als höben Sie sich ein wenig von Ihrem Stuhl ab.

E Entspannen Sie Ihre Beinmuskulatur. Lassen Sie Ihre Füße flach und locker auf dem Boden ruhen. Lassen Sie das Gewicht Ihres Körpers nach unten sinken, geben Sie das Gewicht Ihres Rumpfes an des Stuhl und das Gewicht Ihrer Beine an den Untergrund ab. Atmen Sie ruhig und ohne Anstrengung und lassen Sie das Gefühl der Entspannung sich über Ihren ganzen Körper ausbreiten.

2. Unterricht

2.1 Unterricht als Beziehungsarbeit

Unter Unterricht wird im allgemeinen ein Lern- bzw. Vermittlungsprozess verstanden, in dem der Lehrende den Stoff, die Inhalte, das »Was« (= Didaktik im engeren Sinn) den Lernenden auf eine bestimmte Art und Weise, das »Wie« (= Methodik) nahebringt.

Unterricht beschränkt sich aber nicht nur auf diese beiden Aspekte, sondern ist immer auch Ausdruck einer bestimmten pädagogischen Grundeinstellung, einer »Haltung«. Frontalunterricht ebenso wie schülerorientierter oder handlungs- orientierter Unterricht gründen auf einer bestimmten »Weltsicht«, also einem dementsprechenden Menschenbild (Bild vom Schüler) und Rollenverständnis (Rolle, bzw. Auftrag als Lehrer), sowie einem grundlegenden Verständnis von Lernen, d. h., auf den zu erwerbenden Schüler-Kompetenzen.

Der Sketch kritisiert ein Verständnis von Schule und Unterricht, in dessen Vordergrund das Fach und die Fachorientierung der Lehrer steht. Lernen wird hier verstanden als die Vermittlung von Lerninhalten (Stoff/Wissen) durch den Lehrer(in) an die Schülerinnen und Schüler. Diese kommen nicht vor als Personen mit Interessen, Neigungen und emotionalen Befindlichkeiten und auch nicht als Personen, die an dem Lernprozeß beteiligt werden könnten. Sie sind vielmehr die Empfänger in einem Einbahn-Kommunikationsmodell, die die vom Sender (= Lehrer/in) gesendete Information aufnehmen, bzw. aufnehmen sollen. Ein solches Kommunikationsmodell ist aber nur idealtypisch denkbar, in der Realität jedoch nicht auffindbar.

Brocher sagt dazu:

»Die Unreflektiertheit einer auschliesslichen »Sachorientierung« verleugnet letztlich jene mitmenschlichen Beziehungen, die ein Derivat tief verwurzelter, früher Erlebnisweisen in der Primärgruppe sind, deren letzte Spuren kein Mensch in sich selbst zu tilgen vermag.« (S.17)

und:

»Wenn die Erwachsenenbildung in der industrialisierten Gesellschaft den Mangel an personalen Bezügen und die dadurch verursachte Labilität der Objektbeziehungen und damit der Identität beheben will, – und dies scheint eine der Grundbedingungen des Lernens im Sinne von Verhaltensänderungen zu sein – so wird sie sich neuer und andersartiger Methoden bedienen müssen.« (S.15)

Die Beziehungslosigkeit, die den Lernprozess kennzeichnet, ebenso wie das eher »mechanische« Lernen kritiert auch die folgende Aussage, die zwar auf die Vorlesung bezogen ist, m. E. aber auch in vielen Fällen für Unterricht gilt:

»Eine Vorlesung ist jener Vorgang bei dem Notizen des Lehrers zu Notizen des Schülers werden, ohne dass sie den Geist der beiden passieren.« Unter der Rubrik »Gefunden« in »Die Zeit« Nr. 36; 2. 9. 1999

Dem gegenüber steht ein Lernmodell, das mehrdimensional und zyklisch statt linear ist. Es ist im Grunde ein vereinfachtes TZI-Modell, das ich später eingehender darstellen werde und das davon ausgeht, dass Lehren und Lernen zwischen den folgenden drei Bezugsgrößen stattfindet:

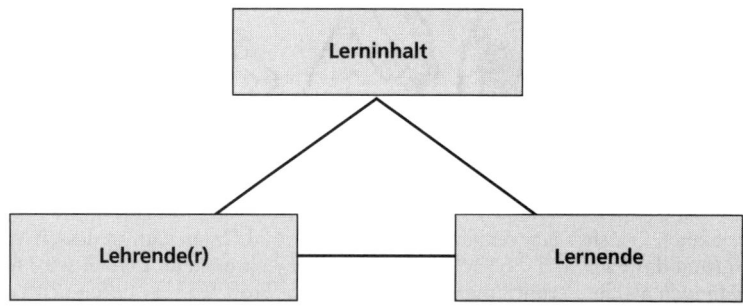

Lernen wird nicht als linearer Vermittlungs- bzw. Aufnahme-Prozeß verstanden, sondern als dynamischer Prozeß zwischen drei Bezugsgrößen. Die erfolgreiche Vermittlungsarbeit von Lehrerinnen und Lehrern setzt deren Bezug zur Sache, zu den Schülern und zu sich selbst voraus; jeder Lernende steht in einer Beziehung bzw. entwickelt eine solche zu dem Lerninhalt/Stoff ebenso wie zu der Person des Lehrenden (außerdem noch zu den anderen Lernenden).

Pädagogik kann sich nicht im Fachexpertentum von Lehrerinnen und Lehrern erschöpfen, sondern muß vor allem als »Beziehungsarbeit« verstanden werden.

»Schülerinnen und Schüler benötigen in der Schule sowohl zu ihrer Altersgruppe als auch zu den Lehrerinnen und Lehrern langfristig stabile Beziehungsmöglichkeiten, damit sie sich in der Schule wohlfühlen können, emotionale und soziale Sicherheit gewinnen, Vertauen zu sich selbst und zu anderen entwickeln können.« (Bildungskommission NRW, S. 84)

Wenn auch Fach- und Methodenkompetenz unverzichtbare Voraussetzungen sind, so genügen sie allein doch nicht; hinzutreten muß Sozial-, Prozeß- und Selbst-Kompetenz von Lehrerinnen und Lehrern.

2.2 Lehrerrolle und Schülerbild

>*Ein guter Lehrer hat nur eine Sorge:*
zu lehren, wie man ohne ihn auskommt.«

(André Gide)

In einem zeitgemäßen Unterricht muß es darum gehen, dass Lehrerinnen und Lehrer sich weniger als Informationsträger und Informationsvermittler verstehen, sondern der Eigentätigkeit von Schülerinnen und Schülern mehr Raum geben und im Unterricht in verstärktem Maß Formen selbstgesteuerten Lernens praktizieren. Schülerinnen und Schüler müssen mehr und mehr in die Lage versetzt werden, ihren eigenen Lernprozeß zu organisieren und zu gestalten, um sich selbständig Wissen aneignen zu können. Die Bedeutung von Selbsttätigkeit beim Lernen ist von vielen namhaften Pädagogen, unter anderem von Dewey, mit der Betonung des Projektunterrichts, von den Vertretern der Arbeitsschulbewegung, Kerschensteiner und Gaudig oder von Maria Montessori mit der Freiarbeit hervorgehoben und praktiziert worden.

Die Bildungskommission NRW weist dem Lernen des Lernens eine große Bedeutung zu und fordert ein verändertes Rollenverständnis von Lehrerinnen und Lehrern.

»Ihr professionelles Selbstverständnis muss sich in der neuen Rolle des »Coaching«, der Kompetenz von Lernberatern und Lernhelfern (learn-facilitators) ausdrücken, die gegenüber den Lernenden als Lernerfahrene, als Experten einen gewissen Vorsprung haben.« (S.85)

In einer Zeit, in der (Sach-)Wissen immer weniger durch Personen vermittelt wird und durch die neuen Medien Informationen in schier unüberschaubarem Umfang einer großen Personenzahl zur Verfügung stehen, benötigen Schüler und Lerner vor allem Lern-Kompetenzen, die sie dazu befähigen, sich möglichst selbständig Informationen zu beschaffen und sinnvoll mit ihnen umzugehen.

Stoffvermittlung einschließlich seiner didaktisch-methodischen Aufbereitung stellt nur **eine** – wenn auch eine wesentliche – Lehrer-Aufgabe dar. Steuerungs- und Lenkungsaufgaben sowie die Berücksichtigung von Gruppenprozessen haben dagegen eine heute viel wichtigere Funktion. Die drei wesentlichsten Lehrer-Aufgaben sind:

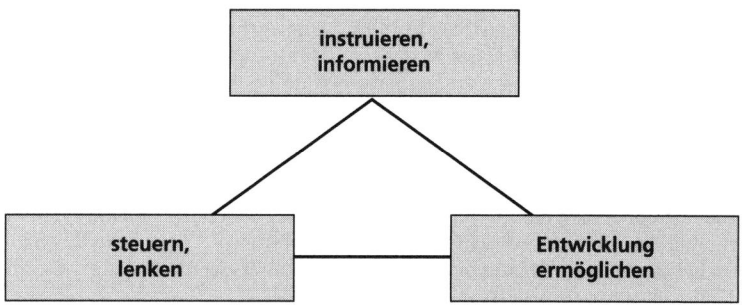

Was bedeutet das obige Modell nun konkret?

Eine wesentliche Aufgabe bleibt die Information durch die Lehrenden, wobei sich Information auf die Inhalte, vor allem aber auf die Formen des Lernens bezieht. Gegen einen Lehrervortrag ist überhaupt nichts einzuwenden, wenn er denn eine bestimmte Funktion hat und eine von vielen anderen im Unterricht praktizierten Aktionsformen bzw. Methoden darstellt.

Entwicklung ermöglichen bedeutet Freiräume anzubieten, in denen Schülerinnen und Schüler Formen selbstgesteuerten Lernens erproben können. Dies bedeutet für Lehrerinnen und Lehrer sich selbst zurücknehmen zu können, gelegentlich auch auf Kontrolle zu verzichten und aushalten zu können, dass Schülerinnen und Schüler bei ihrem Lernen Fehler machen, Irrwege gehen und evtl. in Sackgassen zu laufen. Lernen bedeutet nicht, den einfachsten und geradesten Weg zu gehen, sondern beinhaltet eben auch das Lernen aus Fehlern, dessen Bedeutung z. B. in bezug auf Nachhaltigkeit gerade im schulischen Lernen weitestgehend unterschätzt wird.

Steuern und Lenken meint den Prozess und den Weg des einzelnen im Auge zu behalten und – wenn nötig – einzugreifen. Eingreifen heisst aber nicht unbedingt, den neuen Weg vorzugeben, sondern bedeutet auch Raum für gemeinsame Reflexion des beschrittenen Wegs und für die Einschätzung eventueller Schwierigkeiten zu geben sowie Anregungen und Hilfen für anstehende Problemlösungen.

Wie weiter oben schon angedeutet ist in Bezug auf Lehrer-Aufgaben ein Paradigmenwechsel erforderlich: statt zu unterrichten sollten Lehrerinnen und Lehrer heute ihre Aufgabe darin sehen, Lern- und Arbeitsprozesse zu moderieren, d. h. Lern- und Arbeitsprozesse zu initiieren, zu begleiten und zu evaluieren und die einzelnen Gruppenmitglieder bei der Entwicklung ihrer ganz individuellen Lernkompetenzen zu unterstützen.

Die skizzierte Lehrerrolle findet ihr Korrelat in einem Schülerbild, das gekennzeichnet ist von Eigenverantwortlichkeit und Mitbeteiligung an der inhaltlichen und methodischen Arbeit. Dass dies ohne Zweifel in der gegenwärtigen Praxis eher nicht vorfindbar ist, hat m. E. weniger mit der »Natur« der heutigen Schülergeneration zu tun, als vielmehr mit einer Unterrichtspraxis, die eine Einübung von Fähigkeiten bezüglich Eigenverantwortung und Mitbeteiligung nicht oder nicht konsequent genug ermöglicht.

Ich gehe wie die Vertreter der humanistischen Psychologie vom Menschen als mündigem, zu Selbstverantwortung und zum Lernen fähigen Wesen aus, von einem Menschenbild, das sich etwa folgendermaßen charakterisieren lässt:

- Die (meisten) Menschen machen sich ein »Bild« von ihrer Situation, d. h., sie denken über sich nach, haben Wünsche und Ziele, Vorlieben und Ängste, die sie subjektiv begründen, legitimieren und rationalisieren. Sie haben ihre Erklärungen für die Wirklichkeit, so wie sie sie erleben und auch für Zusammenhänge.
- Die (meisten) Menschen versuchen mit ihren Handlungen und Verhaltensweisen etwas Sinnvolles zu erreichen.
- Die (meisten) Menschen haben das Bedürfnis nach Wachstum und Entwicklung, und sie haben das Bedürfnis, sich selbst zu verwirklichen.
- Die (meisten) Menschen haben das Bedürfnis nach mehr Verantwortung; und sie haben ein Interesse daran, einen größeren Beitrag zur Realisierung der Ziele einer Organisation zu leisten, als ihnen normalerweise in der Organisation eingeräumt wird.
- Die (meisten) Menschen sind in der Lage, für Probleme selbst angemessene Lösungen zu entwickeln. (vgl. Posse, Rasel, Sept. 93)

2.3 Lernverständnis

*»Es ist schlimm genug, rief Eduard, dass
man jetzt nichts mehr für sein ganzes
Leben lernen kann. Unsere Vorfahren hielten
sich an den Unterricht, den sie in ihrer Jugend
empfangen; wir aber müssen jetzt alle fünf Jahre
umlernen, wenn wir nicht ganz aus der Mode
kommen wollen.«*

*Johann Wolfgang von Goethe
in »Wahlverwandtschaften«*

Selbsterkundung

Was verstehe ich unter »Lernen«?

. . . .

Welche Erfahrungen mit Lernen habe ich überwiegend in meinem bisherigen Leben
gemacht?

. . . .

Welche Erfahrungen habe ich mit schulischem Lernen gemacht?

. . . .

Welche Erfahrungen habe ich mit ausserschulischem Lernen gemacht?

. . . .

Welche Personen haben mein Lernen und meine Einstellung zu Lernen maßgebend
beeinflußt?

. . . .

Wer waren sie und wie haben sie sich mir gegenüber verhalten?

. . . .

Wann und wo habe ich in meinem bisherigen Leben schon einmal mit Lust gelernt?

. . . .

Wie sahen dabei die näheren Umstände aus?

. . . .

Was brauche ich, um gut lernen zu können? (bezüglich Zeit, Umgebung, etc., etc.)

. . . .

Wie schätze ich meine Lernkompetenzen ein? (Was kann ich gut?)

. . . .

Nach Auffassung der Bildungskommission NRW sollte Schule als »Haus des Lernens« verstanden werden, bei dem es vor allem um das »Lernen des Lernens« geht, wobei daraufhingewiesen wird, dass der Lernbegriff vielschichtig und seine Klärung nur aufgrund eines notwendigen Verständigungsprozesses zu erreichen ist und eine ständig wiederkehrende Aufgabe im Lernprozess darstellt, die Lehrende und Lernende gleichermaßen angeht.

Die Kritik der Kommission richtet sich unter vielem anderem darauf, dass in der Schulpraxis die Fähigkeit zu lernen nicht die notwendige Aufmerksamkeit und Förderung erfährt. Diesen Mangel kritisiert auch Hurrelmann, wenn er herausstellt »...gelernt wird irgendwie, aber meist ohne klares Konzept. Das führt vor allem bei lernschwächeren Schülern zu ausgeprägtem Lernversagen.« (zit. nach Klippert, 1980, S. 22)

Gleichzeitig tragen Stoff- und Zeitdruck und ein enger Leistungsbegriff dazu bei, »dass analytisch-abstrahierenden Lernaufgaben – entgegen den Zielsetzungen von Richtlinien und Lehrplänen – eine dominante Rolle zukommt. Dies führt zu einer allgemeinen »kognitiven Überdosis««. (S.88) Nach Ansicht der Kommission wird oft nicht zwischen »einem eher oberflächlichen, verständnislosen, bloß reproduzierenden Lernen und dem Erwerb einer geordneten Menge von Informationen und einem tiefen Verstehen« unterschieden. (S.87)

Aber: »Der Aufbau von Lernkompetenz stellt keine Alternative zum Erwerb inhaltlichen Wissens dar, sondern ist nur möglich im Erarbeiten konkreter Lerninhalte und in der Bewältigung anspruchsvoller Aufgaben. Aufgaben sind umso anspruchsvoller, je weniger eine einzige vorher definierte Lösung feststeht und je weniger der Lösungsweg bekannt ist. Wissensinhalte, die in diesem Sinne reflektiert angeeignet werden, werden in der Lernpsychologie als »intelligentes Wissen« bezeichnet.« (vgl. S. 90)

Für die Kommission basiert die »neue« Lernkultur auf folgenden didaktischen Elementen:

- Berücksichtigung des Lernprozesses selbst,
- Erwerb von anwendungsbezogenem Wissen,
- Praxisbezug,
- Entwicklung von Interessen,
- individuelle und soziale Erfahrungen,
- Einbeziehung des gesellschaftlichen Umfeldes,
- Zunahme von Handlungskompetenz.

2.3.1 Erwerb von Lernkompetenzen

»Die weichen Kompetenzen Teamarbeit, Selbständigkeit und Planung werden zu den neuen harten Kompetenzen«, sagt Andy Andresen vom dänischen Gewerkschaftsbund in Kopenhagen. Die bisher als einzig hart geltende Währung

der Indusrtriegesellschaft, das Fachwissen, trete an die zweite Stelle, denn was fachlich nötig ist, verändert sich schnell. Es reiche nicht einmal, mit Innovationen mithalten zu wollen. Man müsse selbst lernen, innovativ zu sein und man müsse auch »ablernen« können.«

*Lehrer als Unternehmer,
Dänemark erhält den Preis für Berufsbildung.
In: DIE ZEIT, Nr. 39, 1999.*

Steht das Lernen des Lernens im Vordergrund und bestehen die vorrangigen Lernziele in der Befähigung zur

■ Selbsttätigkeit,
■ Gestaltung bzw. Mitgestaltung des eigenen Lernprozesses,
■ Übernahme von Verantwortung,

dann kommt dem Erwerb von Lernkompetenz, d. h. von Methodenkompetenz und von Schlüsselqualifikationen eine große Bedeutung zu.

Im Bericht der Bildungskommission wird eine ganze Reihe von Schlüsselqualifikationen aufgelistet, die so umfangreich ist, dass sie fast erdrückend wirkt. Ich zähle sie überblickshalber auf, bin aber der Auffassung, dass sie nicht alle einzeln operationalisierbar sind, sich aber in komplexen, »vollständigen Lernprozessen« (vgl. Bildungskommission) umsetzen lassen. Damit meine ich, dass eine möglichst komplette Aufstellung von Lernziel-Taxonomien, wie es Kennzeichen der Curriculum-Theorie der 70er Jahre war, keinen Erfolg bringt. Vielmehr sollte immer wieder überlegt werden, durch welche anspruchsvollen Aufgabenstellungen und Lernanforderungen möglichst vielfältige und vielschichtige Lernkompetenzen gefördert werden.

Lernfähigkeit,
Konzentrationsfähigkeit,
logisch-analytisches Denken,
Denken in komplexen Zusammenhängen,
Problemlösefähigkeit,
Organisations- und Dispositionsfähigkeit,
Kommunikations- und Kooperationsfähigkeit,
Erziehung zum Fragen,
Produktive Lernaufgaben,
Zeitmanagement,
Produktives Lernen/Selbstmanagement,
Erleben eigenen Könnens,
Lernkompetenz/intelligentes Wissen,
Vertrautheit mit Lernstrategien,
Dialogisches Lernen,
Gelungene Lernsituationen (aus Fehlern und Irrtümern lernen).

Schlüsselqualifikationen stellen eine Verbindung von kognitivem und sozialem Lernen dar; sie lassen sich etwa folgendermaßen systematisieren:

Fach- bzw. Sach-Kompetenz

Lernkompetenz/intelligentes Wissen,
logisch-analytisches Denken,
Denken in komplexen Zusammenhängen:
■ Wissen (Fakten, Regeln, Begriffe, Definitionen, ...)
■ Verstehen (Phänomene, Argumente, Erklärungen, ...)
■ Erkennen (Zusammenhänge, ...)
■ Begründen,
■ Urteilen (Thesen,Themen, Maßnahmen beurteilen, Kritik üben, kritisch einschätzen ...)

Problemlöse- bzw. Methodenkompetenz

Problemlösefähigkeit,
Vertrautheit mit Lernstrategien,
Erziehung zum Fragen,
Informationen beschaffen, zusammenfassen, gliedern,
Argumentationsstränge erkennen und wiedergeben,
Ergebnisse präsentieren.

Sozialkompetenz

Kooperationsfähigkeit, Kommunikationsfähigkeit, Teamfähigkeit,
Dialogisches Lernen,
(z. B. zuhören, fragen, diskutieren, kooperieren, Gespräche leiten, feedback geben und annehmen, sich aus-ein-ander-setzen können, Regelungen treffen, Verabredungen treffen)
(vgl. Klippert, Methodentraining)

Selbst-Kompetenz

Zeitmanagement,
Produktives Lernen/Selbstmanagement,
Organisations- und Dispositionsfähigkeit,
Erleben eigenen Könnens,
Gelungene Lernsituationen (aus Fehlern und Irrtümern lernen),
Interesse, Neugier, Ausdauer entwickeln, zu Selbsteinschätzung/Selbstkritik fähig sein, Selbstvertrauen entwickeln.

2.3.2 Den eigenen (Lern-)Stil finden

Klassenunterricht nährt die Fiktion bzw. geht davon aus, dass Schülerinnen und Schüler auf die gleiche Weise lernen. Huber schildert die unterschiedlichen Bedingungen, die sich Menschen beim Lernen schaffen:

»Der eine arbeitete am besten nachts, der andere nachmittags; die eine musste auf ihrem Schreibtisch äusserste Ordnung haben, bei dem anderen stapelten sich die aufgeschlagenen Bücher übereinander; dieser brauchte ständig klassische) Hintergrundmusik und Kaffee, jene Kräutertee und äusserste Ruhe (Telefon abgestellt); diese zog die private Sphäre, jener die nüchterne Bibliothek vor; der eine baute seine Arbeiten systematisch auf, die andere kam durch vielfältiges Schmökern und »chaotische« Skizzen zum Ziel. Beträchtliche Unterschiede in den Arbeitsweisen also, aber: Sie hatten es alle immerhin bis zum Hochschullehrer gebracht.« *(Lernbox, Friedrich Jahresheft 1997, S. 3)*

In der Leitung von Seminaren zur Ausbildung von »SchiLF«-Moderatoren habe ich sehr ähnliche Erfahrung gemacht. Auf die Frage, wie sie am besten lernen, nannten sie eine große Vielfalt unterschiedlicher Lernbedingungen, Äußerungen wie: »es müssen noch 30 Leute mit im Raum sein und ich brauche jemand, der mir sagt, was ich machen soll« waren aber nie mit dabei.

2.3.3 Behalten

Große Unterschiede gibt es auch in Bezug auf die Behaltensfähigkeit je nachdem, welche Sinne vorrangig angesprochen sind. Im Unterricht sollte immer wieder überlegt werden wie Klassenunterricht aufgelockert und vor allem die weitgehende Beschränkung auf Hören, Sehen und Nachvollziehen durch aktivere Tätigkeiten ergänzt und kontrastiert werden könnte.

Sage es mir und ich vergesse es,
zeige es mir und ich erinnere mich,
laß es mich tun und ich behalte es.

(Konfuzius)

Etwas abgewandelt eine englische Version:

I hear and I forget
I see and I remember
I do and I understand

Diese Aussagen stimmen sehr genau mit den Erkenntnissen der Lernpsychologie zusammen, wonach allein schon das Behalten – obgleich dies nicht zentrales Anliegen eines neuen Lernverständnisses ist – umso besser ist, je mehr Sinne daran beteiligt sind, bzw. je mehr eigene Handlungsmöglichkeiten gegeben waren.

Wir behalten von dem, was wir

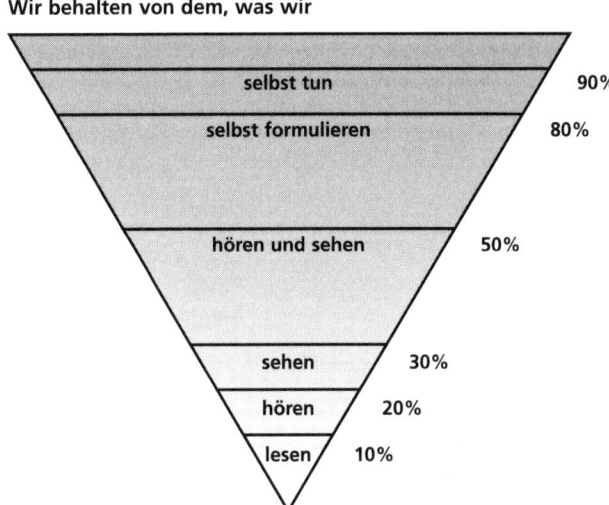

selbst tun	90%
selbst formulieren	80%
hören und sehen	50%
sehen	30%
hören	20%
lesen	10%

2.3.4 Lerntypen

Darüberhinaus sprechen Menschen ganz individuell sehr unterschiedlich auf die Wahrnehmung mittels der verschiedenen Sinne an, was sich ebenso für das Lernen und Behalten bemerkbar macht. Vester hat darauf eingehend einen sog. »Lerntypen-Test« entwickelt, mit dem die unterschiedlichen Behaltensqualitäten auf sehr einfache Weise festgestellt werden können. Das NLP (neurolinguistisches Programmieren) geht davon aus, dass bei Menschen entweder der optische, akkustische oder kinästhetische (= Körperwahrnehmung) Sinn bei der Wahrnehmung dominant ist und sich auch im Erleben und im sprachlichen Ausdruck manifestiert, indem die Repräsentanten der ersten Gruppe eher sagen, »das ist ja das bekannte Bild«, »das sehe ich ebenso wie Sie«, während Repräsentanten der zweiten Gruppe eher sagen, »das klingt für mich ganz bekannt«, »da stimme ich mit Ihnen überein«. Die Vertreter des NLP plädieren sogar dafür, sich auf denselben Kanal einzustimmen bzw. auf ihm zu antworten.

Test 1: Grundlerntyp

(Übergang vom Ultrakurzzeit-Gedächtnis zum Kurzzeit-Gedächtnis in Abhängigkeit vom Eingangskanal)

Verehrter Testpartner, zunächst vielen Dank für Ihre Mithilfe. Hier erfahren Sie, über welchen von vier Eingangskanälen eine Information im Gedächtnis der zu testenden Person am besten Fuß faßt. Und welche Lernarten am besten miteinander kombiniert werden. Dauer: etwa eine halbe Stunde. Die Auswertung finden Sie nach Teilaufgabe 5.

1. Testen Sie das Lesegedächtnis (Dauer: etwa 2 Minuten).

Geben Sie der Testperson bitte die folgenden zehn Wörter zu lesen. Sie darf sich jedes Wort zwei Sekunden lang anschauen. Gleich anschließend stellen Sie ihr aus der Rechenbox auf S. 000 30 Sekunden lang Kopfrechenaufgaben und geben ihr dann 20 Sekunden lang Zeit, sich an die Wörter zu erinnern (auf die Uhr schauen!)

Handtuch	Decke
Klavier	Griff
Fingerhut	Mantel
Fenster	Rasen
Ofen	Kamin

Tragen Sie bitte die Zahl der gewußten Wörter in Kästchen 1 des Auswertungskastens ein (S. 51)!

2. Testen Sie das auditive Gedächtnis (Hören) (Dauer: etwa 2 Minuten).

Bitte lesen Sie Ihrem Partner die folgenden zehn Wörter laut und deutlich im Abstand von zwei Sekunden vor. Anschließend stellen Sie ihm wieder 30 Sekunden lang Rechenaufgaben und geben ihm 20 Sekunden Zeit, sich an die gehörten Wörter zu erinnern.

Dose	Tusche
Pantoffel	Zucker
Teppich	Lampe
Krug	Waage
Federball	Schrank

Bitte notieren Sie die Zahl der gewußten Wörter in Kästchen 2 des Auswertungskastens.

3. Testen Sie das visuelle Gedächtnis (Sehen) (Dauer: etwa 7 Minuten).

Sammeln Sie bitte in einer Schüssel die zehn Haushaltsgegenstände der folgenden Liste (oder ähnliche), und legen Sie diese Ihrem Partner im Abstand von zwei Sekunden nacheinander auf den Tisch. Danach geben Sie ihm wieder 30 Sekunden lang Kopfrechenaufgaben und lassen ihm 20 Sekunden Zeit, sich an die gesehenen Gegenstände zu erinnern.

Pfennig	Messer
Waschlappen	Schallplatte
Schlüssel	Bleistift
Heft	Fingerhut
Apfel	Knopf

Tragen Sie bitte die Zahl der gewußten Gegenstände in Kästchen 3 des Auswertungskastens ein.

4. Testen Sie das haptische Gedächtnis (Anfassen) (Dauer: etwa 7 Minuten).

Sammeln Sie wieder in einer Schüssel die zehn Haushaltsgegenstände der folgenden Liste, und verbinden Sie Ihrem zu testenden Partner die Augen. Nun geben Sie ihm alle zwei Sekunden einen Gegenstand so in die Hand, dass er ihn durch kurzes Betasten erkennen kann. Anschließend wieder 30 Sekunden Kopfrechenaufgaben und 20 Sekunden Zeit zum Erinnern.

Brille	Radiergummi
Gabel	Flasche
Zahnbürste	Armbanduhr
Glas	Schere
Buch	Schuh

Tragen Sie bitte die Zahl der gewußten Gegenstände in Kästchen 4 des Auswertungskastens ein.

5. Testen Sie das kombinierte Gedächtnis (Dauer: etwa 7 Minuten).

Diesmal darf die Testperson die verschiedenen Gegenstände sehen, hören, lesen und auch anfassen. Sammeln Sie bitte wieder zehn Gegenstände entsprechend der folgenden Liste. Schreiben Sie zusätzlich auf kleine Zettel die Namen dieser Gegenstände. Nun geben Sie Ihrem Partner alle zwei Sekunden einen Gegenstand in die Hand, legen gleichzeitig den Zettel mit dessen Namen vor ihn und sprechen diesen Namen laut und deutlich aus! Anschließend wieder 30 Sekunden Kopfrechenaufgaben und 20 Sekunden Zeit, sich an die Gegenstände zu erinnern.

Ring	Stein
Seife	Zettel
Hammer	Kugelschreiber
Hut	Teller
Pinsel	Brot

Tragen Sie bitte die Zahl der gewußten Gegenstände in Kästchen 5 des Auswertungskastens ein.

Um zu erfahren, wie gut das Gedächtnis bei Einsatz mehrerer Eingangskanäle ist, müssen Sie die Zahl aus Kästchen 5 auf allen vier Linien des Lernkreuzes markieren und die Punkte zu einem auf der Spitze stehenden Quadrat verbinden (im Beispiel 6 Punkte). Aus dem Unterschied zum ersten Viereck können Sie ablesen, wie wichtig es für Ihren Testpartner ist, beim Lernen mehrere Eingangskanäle anzusprechen, und welche Eingangskanäle sich hierfür am besten eignen (im Beispiel: Sehen und Anfassen).

Auswertung Test 1:

Bitte markieren Sie die Zahlen aus Kästchen 1 bis 4 auf den entsprechenden Linien des Lernkreuzes auf dem Auswertungskasten S. 51. Verbinden Sie nun die vier Punkte zu einem Viereck. Unser Beispiel zeigt den Fall einer Testperson, die beim Lesen 1, beim Hören 2, beim Sehen 5 und beim Tasten 4 Punkte hatte (graues Viereck). Je gleichmäßiger sich das Viereck vom Mittelpunkt des Kernkreuzes aus nach allen vier Seiten ausbreitet, desto gleichwertiger sind die »Eingangskanäle« ins Gehirn (zum Beispiel Sehen, Hören). Jede Abweichung in eine Richtung bedeutet eine Bevorzugung des betreffenden Eingangskanal. Je größer das Viereck als solches, desto besser ist das Gedächtnis insgesamt. Die Testperson in dem untenstehenden Beispiel etwa behält sehr schlecht beim Lesen, dagegen recht gut beim Sehen und Anfassen. Sie sollte sich daher nicht wundern, wenn sie mit Schulbüchern Schwierigkeiten hat. Sie sollte sich einen Lernstoff möglichst in Bildern einprägen und großen Wert auf anschauliche Darstellungen legen.

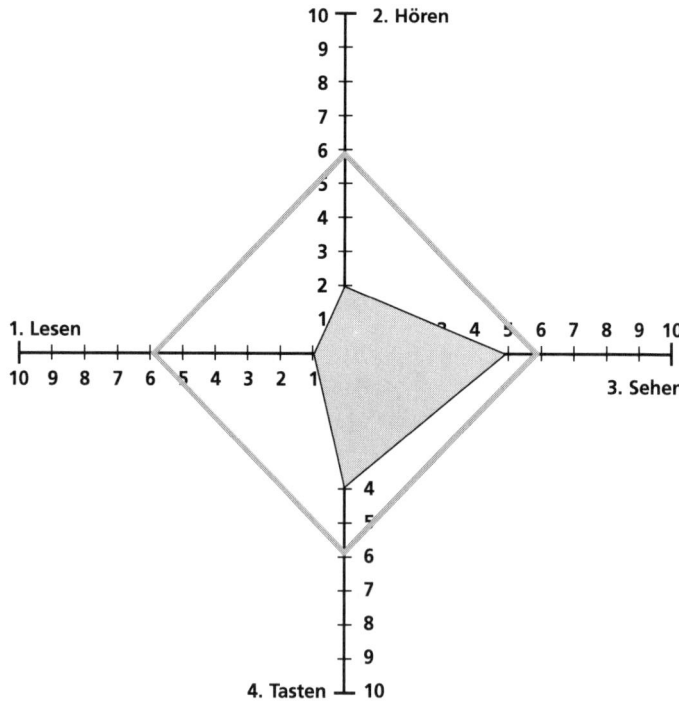

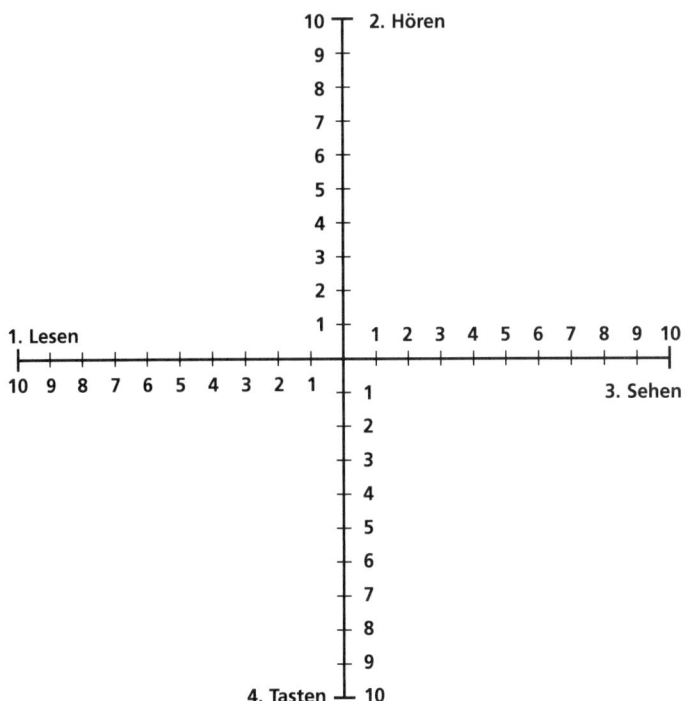

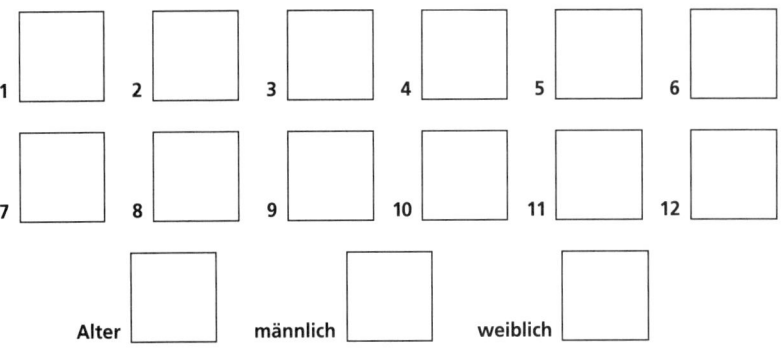

Aus: Vester, Frederic: Lernen, Denken, Vergessen. München 1977.

2.4 Unterricht als Prozess – Das Lernmodell der Themenzentrierten Interaktion (TZI)

Das Modell, das den Prozeßcharakter von Arbeit mit Gruppen und Gruppenarbeit m. E. am überzeugendsten verkörpert, stammt von der Begründerin der Themenzentrierten Interaktion (TZI), Ruth Cohn. Dieses Modell basiert auf der Feststellung des amerikanischen Kommunikationsforschers Watzlawick, dass zwischenmenschliche Interaktion immer einen Sach- **und** einen Beziehungsaspekt aufweist, die beide menschliches Handeln bestimmen und damit gleichermaßen zu berücksichtigen sind. Ruth Cohn hat diese Grunderkenntnis dahingehend erweitert, dass sie von 3 Aspekten ausgeht, die bei jeglicher Arbeit von oder mit Gruppen zu berücksichtigen sind und die eine »dynamische Balance« notwendig machen. Nur bei der ausgeglichenen Berücksichtigung der 3 Bereiche ist ihrer Ansicht nach erfolgreiche Gruppenarbeit möglich.

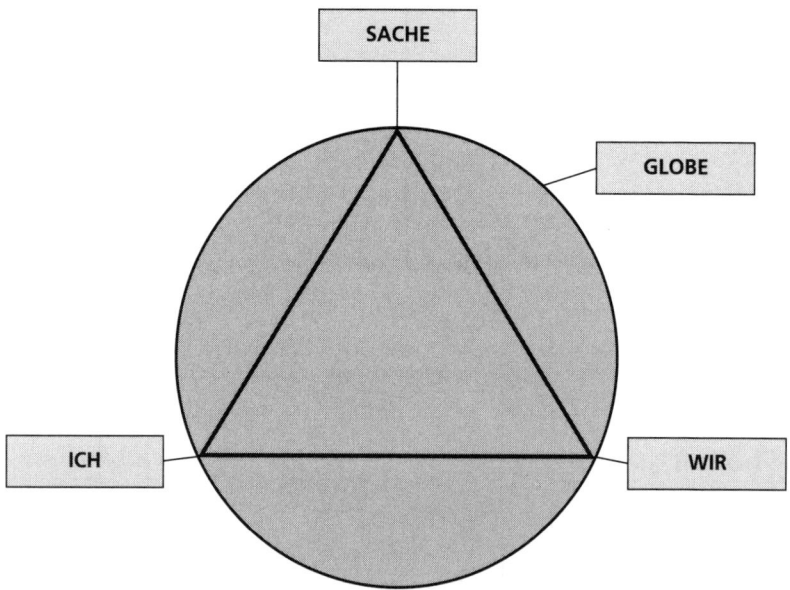

Es sind dies:

- ■ die »Sache«, welche den Anlaß und dessen Ziel definiert,
- ■ das »Ich«, also die Befindlichkeit des einzelnen Individuums und dessen Fähigkeit seine Kompetenzen produktiv in den Prozeß einzubringen und
- ■ das »Wir«, also die Interaktion in der Gruppe und damit die Voraussetzung von Synergie.

»Jede Gruppeninteraktion enthält drei Faktoren, die man sich bildlich als Eckpunkte eines Dreiecks vorstellen könnte: 1. Das Ich, die Persönlichkeit; 2. Das Wir, die Gruppe; 3. Das Es, das Thema. Dieses Dreieck ist eingebettet in eine Kugel, die die Umgebung darstellt, in welcher sich die interaktionelle Gruppe trifft. Die thematische interaktionelle Methode befaßt sich mit den Beziehungen der »Dreieckspunkte« zueinander und ihrer Einbettung in die »Kugel«. (...) Die Balance dieser drei Gegebenheiten ist nie vollkommen, sondern braucht eine relative, dynamische Ausgeglichenheit. (...) so ist es in der interaktionellen Arbeitsgruppe wesentlich, die dynamische Balance der drei Beziehungspunkte durch ein Nicht-Zuviel und Nicht-Zuwenig zu erhalten. Es ist die dynamische Balance, die die interaktionelle Arbeitsgruppe von anderen Kommunikationsmethoden unterscheidet.« (Cohn, S. 113 ff.)

Die Sache (Sach-Aspekt)

Sie steht im Vordergrund; sie hat Priorität; es ist »das, worum es geht«. Sie ist das Anliegen der Gruppe, der eigentliche Grund für das Zusammenkommen der Gruppe, aber nicht gleichzusetzen mit dem Thema.

Der Begriff »themenzentriert« bedeutet zum einen, dass das Thema, also das, woran die Gruppe arbeitet, im Zentrum, im Vordergrund steht, weil die Gruppenmitglieder sich zu seiner Bearbeitung zusammengefunden haben. Zum anderen benennt der Begriff die für die TZI so bedeutende Grundlage lebendigen Lernens, dass aus dem Anliegen, dem Stoff, der Sache erst ein Thema werden muß und zwar dadurch, dass es durch seine Formulierung im Zentrum des Dreiecks zu stehen kommt und somit gleichzeitig Aspekte der Sache, des einzelnen und der Gruppe enthält.

Einen Bezug zum »ES«-(SACH-)Aspekt herzustellen, bedeutet etwa folgende Fragen zu stellen:

■ Worum geht es ?
■ Was ist das Problem?
■ Welche Wichtigkeit/Bedeutung kommt der Sache zu?
■ Welche Kenntnisse sollte man darüber haben und warum?
■ Welche Vorkenntnisse sind vorhanden?
■ Welche Auffassungen gibt es zu der Thematik/ welche herrschen in der Sache vor?
■ In welchem Zusammenhang steht sie mit dem Kursthema, bzw. mit dem, was wir eben im Unterricht behandeln?

Der einzelne (»ICH«-Aspekt)

Der einzelne ist in vieler Hinsicht von den Vorgängen in der Gruppe und der Auseinandersetzung mit dem Stoff berührt. In einer neuen Gruppe besteht Unsicherheit in bezug auf das eigene und fremde Leistungsvermögen und auf das

Verhalten der anderen. »Wer sind die anderen?«, »Wie reagieren sie auf mich?«, »Welche Werte gelten hier?«, »Was für ein Mensch ist der Leiter?« sind einige der Fragen, die jedes Gruppenmitglied sich stellt.

In Bezug auf den Stoff sollte Unterricht für jeden einzelnen die Auseinandersetzung mit Fragen wie z. B.: »Was interessiert mich an der Sache, an dem Thema?«, »Was weiß ich schon darüber?«, »Was möchte ich gern lernen, erfahren? ermöglichen«.

Einen Bezug unter Berücksichtigung des »ICH«-Aspekts zum Thema herzustellen bedeutet etwa folgende Fragen zu stellen:

■ Was interessiert mich besonders?
■ Was macht mich neugierig?
■ Was weiß ich schon darüber?
■ Was möchte ich klären, darstellen, untersuchen, lernen?
■ Worauf geht mein Interesse zurück?
■ Welche Fragen stellen sich mir?
■ Wo sehe ich das eigentliche Problem?
■ Was möchte ich ausklammern?
■ Worauf möchte ich mich beschränken?

Die Gruppe (WIR-Aspekt)

Dieser Bereich umfaßt alle Fragen der Interaktion der Gruppenmitglieder bei der Beschäftigung mit der Sache, z.b: Wie geht die Gruppe mit den Bedürfnissen, Wünschen und Erwartungen der einzelnen um, welche Leistungsnormen sind maßgebend? Entsteht ein Gemeinschafts-, ein Wir-Gefühl und inwiefern sind die einzelnen in die Gruppenaktivitäten eingebunden und können Einfluß auf sie nehmen?

Fragen könnten dabei folgende sein:

»WIR«-Aspekt:

■ Welche Vorkenntnisse haben die einzelnen bzw. wir als Gruppe?
■ Auf welche Themenbereiche wollen wir uns beschränken?
■ Was wollen wir als Gruppe bearbeiten und wo können einzelne ihre Interessen einbringen?
■ Welche Arbeitsmaterialien sind in der Gruppe vorhanden?
■ Welche Aufgaben fallen der Gruppe zu, was erwarten wir an Beiträgen bzw. Unterstützung von unserem Lehrer?
■ Für welche Arbeitsformen entscheiden wir uns?
■ Welche Bezüge haben die Gruppenmitglieder untereinander?
■ Welche Gemeinsamkeiten haben die Gruppenmitglieder?
■ Welches Maß an Vertauen ist in der Gruppe vorhanden?

Der »Globe«

Unter Globe versteht Ruth Cohn zum einen das Umfeld, in dem sich Gruppenarbeit abspielt, die organisatorischen bzw. strukturellen Rahmenbedingungen etwa von Schule, zum anderen den persönlichen Hintergrund jedes Gruppenmitglieds, (das soziale Umfeld aus dem es kommt, sowie die persönliche Verfassung, in der sich das Mitglied befindet), der das individuelle Lernen beeinflusst und in den sozialen Bezügen innerhalb der Gruppe zum Tragen kommt. Da individuelle Probleme und äußere Faktoren Lernen und Arbeiten stark beeinflussen, muß der Globe immer mitberücksichtigt werden, was allein schon dadurch geschieht, wenn die individuellen Probleme und »Störungen« ernstgenommen werden und ihnen Raum gegeben wird.

Dynamische Balance

»Lebendiges Lernen« findet nach Ruth Cohn nur statt, wenn die 3 Bereiche »Sache«, »Ich« und »Wir« eine dynamische Balancierung erfahren, d. h. wenn im Lauf der Arbeit die Interessen der einzelnen und der Gruppe die gleiche Aufmerksamkeit erfahren wie die Beschäftigung mit dem Thema. Die dynamische Balance kann synchron geschehen dadurch, dass die 3 Aspekte gleichzeitig bearbeitet werden, d. h., in der Formulierung des Themas enthalten sind oder diachron, indem sie nacheinander oder auch schon allein durch die Wahl der Aktions- oder Sozialformen Einzelarbeit, Gruppenarbeit oder Arbeit im Plenum Berücksichtigung finden.

2.4.1 Die »Dynamische Balance«

Selbsterkundung

	Zustimmung				Ablehnung
Mich überzeugt die Forderung nach der »dynamischen Balance« von Sach-, Ich- und Wir-Aspekt	1	2	3	4	5

Die Gewichtung in meinem Unterricht
sieht etwa folgendermaßen aus: Sach-Aspekt ....%
Ich-Aspekt ....%
Wir-Aspekt ....%

Strukturen in meinem Unterricht geben Halt, engen aber nicht ein	1	2	3	4	5
Die Entwicklung eines guten Gruppenklimas ist für mich eine wichtige Lernvoraussetzung	1	2	3	4	5

	Zustimmung			Ablehnung	
Ich bemühe mich, nicht nur die Klasse, sondern jeden einzelnen im Unterricht zu sehen	1	2	3	4	5
Lernen ist nur dann erfolgreich, wenn jede(r) einzelne einen persönlichen Bezug zu dem Thema entwickelt hat	1	2	3	4	5
Ich bemühe mich um Verständnis für meine Schülerinnen und Schüler; in manchen Fällen bin ich aber auch Reibungsfläche	1	2	3	4	5

Die »dynamische Balance« in den Blick nehmen

ICH-Aspekt

Wie geht es mir

. . . . mit mir selbst? . . . .

. . . . mit den Schülerinnen und Schülern? . . . .

. . . . mit dem Thema bzw. der Aufgabe? . . . .

. . . . mit dem Umfeld, der Institution? . . . .

WIR-Aspekt

Wie werden die Schülerinnen und Schüler sein?

. . . .

Welche Erwartungen werden sie haben in bezug auf mich, das Thema, die anderen?

. . . .

Welche Befürchtungen werden sie haben in bezug auf mich, das Thema, die anderen?

. . . .

Welche Vorerfahrungen und Vorkenntnisse werden sie haben?

. . . .

Wie kann ich die Interessen der Gruppe mit meinen Unterrichtsvorstellungen und Unterrichtszielen verbinden?

. . . .

Welche Strukturen bzw. Vorgaben werden für dieses Vorhaben förderlich sein?

. . . .

SACH-Aspekt

Wie kann ich das Thema so formulieren, dass darin die individuellen bzw. Gruppeninteressen aufgehoben sind?

....

An welchen Punkten bieten sich Möglichkeiten, individuellen Interessen z. B. durch Referate Raum zu geben?

....

Welche Inhalte, Kenntnisse, Methoden etc. sollen vermittelt werden?

....

Welche zeitliche und inhaltliche Struktur für die Arbeit fasse ich ins Auge? Wie kann ich die Schülerinnen und Schüler an den diesbezüglichen Entscheidungen beteiligen?

....

GLOBE

Wie ist die häusliche, private Situation der Schülerinnen und Schüler? Was sind ihre Freizeitinteressen?

....

Wie sind die Arbeitsbedingungen im Unterricht?

....

Welche schulischen Rahmenbedingungen wirken sich auf das Arbeitsverhalten der die Schülerinnen und Schüler aus?

....

Die »dynamische Balance« überprüfen

Eine sehr einfache Möglichkeit, sich einen Überblick darüber zu verschaffen, inwieweit Sie die 3 Aspekte (Sache – Ich – Wir) in Ihrem Unterricht tatsächlich berücksichtigen, besteht darin, am Rand des Stundenentwurfs den jeweiligen Aspekt, der entweder in bezug auf das Thema bzw. die Aufgabenstellung oder durch die Wahl der Aktions- oder Sozialform zum Tragen kommt, durch ein Symbol zu kennzeichnen. Z. B.:

Damit haben Sie sehr leicht den Überblick, ob Sie Sach-, Ich- und Wir-Aspekt annähernd gleich gewichten.

		Stundenentwurf
⊕	PL	Benennung des neuen Themas
⊕	PL/EA	Welche (Vor-)Kenntnisse besitze ich? Welche Aspekte des Themas interessieren mich besonders?
⊕	PL	Einführung ins Thema (Lehrervortrag)
⊕	EA	Lesen einer Textpassage Arbeitauftrag zur Textlektüre
⊕	GA	Welche Auffassung vertritt der Autor? Wie begründet er sie? Worin besteht die Kernaussage des Textes?
⊕	PL	Präsentation der Gruppenergebnisse

2.5 Der/die Einzelne und die Gruppe

Mit dem Eintritt in eine neue Gruppe entsteht ein Gefühl der Unsicherheit, ausgelöst durch die Unkenntnis darüber, welche Personen in der Gruppe sind, wie sie sich verhalten und welche Werte und Normen in der Gruppe gelten. Vorrangig geht es dabei um das Bedürfnis nach Sicherheit und Zugehörigkeit. Jedes Gruppenmitglied sucht seine Rolle, testet seinen Einfluss und die Akzeptanz, die es vom Leiter und von den anderen Gruppenmitgliedern erfährt.

»Man muß nicht besonders neurotisch sein, um beim Eintritt in eine neue Gruppe solange untergründig unerklärbare Angst zu verspüren, bis das Gefühl der sozialen Zugehörigkeit stabil geworden ist.« (Brocher S. 89)

Erst wenn die Mehrheit der Gruppenmitglieder diese Sicherheit erreicht hat, ist die Gruppe wirklich arbeitsfähig. Dazu ist es notwendig, dass die Gruppenmitglieder miteinander in Kontakt treten, Formen der Zusammenarbeit erproben und sich über ihre Erfahrungen austauschen. Dies gelingt am besten durch Arbeit in den unterschiedlichsten Gruppenzusammensetzungen.

Gruppenarbeit setzt die Beachtung und Wertschätzung des einzelnen voraus, weil Gruppen erst dann Stabilität entwickeln, wenn die einzelnen Mitglieder sich sicher fühlen. Bezüglich des Umgangs der Leitungsperson mit den einzelnen Gruppenmitgliedern zeigen die restlichen Mitglieder eine hohe Aufmerksamkeit und Sensibilität. Schon Freud hat darauf hingewiesen, dass der Lehrer, der einen Schüler vor der Klasse öffentlich bestraft, nicht nur diesen Schüler trifft, sondern jeden einzelnen, weil sich die Gruppenmitglieder mit den jeweils anderen identifizieren.

Die Entwicklung von Vertrauen in Gruppen ist die Grundvoraussetzung dafür, dass die Gruppe arbeitsfähig wird, d. h., dass die Gruppenmitglieder überhaupt lernfähig sind bzw. werden. Brocher weist darauf hin, »dass das Bewußtsein lernen zu können, in weitaus größerem Umfange von der Bewältigung des mitmenschlichen Beziehungsfeldes abhängig ist, als von der formalen Intelligenz.« (S.71) In Lerngruppen geht es keineswegs nur um die Aufnahme oder Einübung theoretischen Wissens oder praktisch-technischer Kenntnisse, sondern stets auch um den Erwerb und die Weiterentwicklung sozialer Kompetenzen. »Wird man sich dieses Vorgangs bewußt, so trifft den Leiter einer Arbeitsgruppe allerdings eine viel größere Verantwortung, als er gewöhnlich in der Beschränkung auf die Rolle des Wissensvermittlers glaubt.« (S. 54)

Meiner Einschätzung nach werden im Unterricht der Sek. I und II gruppenpädagogische Prinzipien zu wenig berücksichtigt und Unterricht allzu häufig als ein gleichzeitig stattfindendes individuelles Lernen einer größeren Zahl von Schülerinnen und Schülern (= Klasse) angesehen, mit der Folge, dass gruppendynamische Überlegungen zu wenig Berücksichtigung finden. Bei auftretenden Schwierigkeiten, z. B. Unzufriedenheit über die Stoffbewältigung oder bei Disziplinproblemen werden Lösungen vorrangig im veränderten methodischen Vorgehen, was oft eine Verschärfung der Leistungsanforderungen bedeutet, gesucht.

So weichen Lehrende und oft auch andere Gruppenleiter bei Problemen, die ihre Ursachen auf der individuellen oder Beziehungsebene haben, in die inhaltliche Arbeit und Bewältigung des Stoffplans aus, statt sich z. B. der Frage zu stellen: »was mache ich mit der Gruppe, was macht die Gruppe mit mir?«, »Was fehlt Einzelnen oder der Gruppe, um sich auf den Stoff einlassen zu können, d. h., um wirklich lernen zu können?«

Gerade in der Anfangsphase einer Gruppe geht es aber genau um diese Orientierung im zwischenmenschlichen Bereich; es geht um ankommen – auftauen – sich orientieren, sich kennenlernen und um die Klärung der Rahmenbedingungen bezügl. der bevorstehenden Arbeit.

Nach Langmaack/Braune-Krickau stehen dabei vor allem Fragen im Vordergrund wie:

■ Wer sind die anderen?
■ Wie wirken sie auf mich?
■ Was gilt hier? Wer darf hier was?
■ Wie verhalten sich die anderen Gruppenmitglieder? Was sprechen sie an?
■ Was wird hier möglich sein? Welche Ziele werden ins Auge gefaßt?
■ Was wird hier meine Rolle sein? (vgl., S. 70 f)

Nach Langmaack/Braune-Krickau ist der Anfangsprozeß gekennzeichnet durch Ambivalenzen z. B.:

■ Distanz bewahren und Nähe suchen
■ anonym bleiben wollen und sich zeigen
■ Anleitung brauchen und gleichzeitig Abhängigkeit vermeiden wollen. (S. 71)

Das sollte m. E. von Gruppenleitern dadurch berücksichtigt werden, dass sie genügend Zeit lassen für das *Ankommen – Auftauen – sich Orientieren*, indem sie

■ begrüßen, eröffnen
■ das Ankommen der Teilnehmer fördern
■ Entspannung/Entkrampfung unterstützen
■ Klima bereiten
■ Kennenlernen ermöglichen
■ Gespräche/Austausch anregen
■ Teilnehmer aktivieren, Interesse an ihrer Meinung bekunden

und erst dann den *Einstieg ins Thema* vornehmen,

■ Problem- und Themenorientierung herstellen
■ Klärungen herbeiführen
■ Interessen/Bedürfnisse – Erwartungen/Befürchtungen abklären
■ zwischen verschiedenen Interessen vermitteln

danach ist die *Arbeit am Thema* sehr viel intensiver und erfolgreicher. Dazu tragen

■ Methodenvielfalt
■ Wechsel der Sozial- bzw. Aktionsformen (Einzel-, Gruppenarbeit, etc.)
■ Planung des Vorhabens
■ Festlegung gemeinsamer Ziele
■ Absprachen über Arbeitsaufträge und Arbeitsweisen
■ Prozess- und Methodenreflexion
■ Metakommunikation (über Unterricht)

bei.

2.5.1 Relevante Fragen

Beim Eintritt in eine neue Gruppe sind die folgenden Fragen, die sich den Gruppenmitgliedern in der Anfangsphase, aber auch immer wieder während des Arbeitsprozesses stellen von grosser Bedeutung. Sie gehen auf die oben erwähnten Unsicherheiten zurück und verlangen nach Klärung, damit das Gruppenmitglied in der Gruppe konstruktiv mitarbeiten kann. Deshalb ist es für Sie als Gruppenleiter(in) wichtig, sie im Auge zu behalten:

1. *Identitätsfrage:*

   Wer bin ich in dieser Gruppe?

   ....

2. *Rollen-Frage:*

   Welche Rolle kann ich hier spielen?
   Welche Rolle spielen die anderen?

   ....

3. *Kompetenzfrage:*

   Welche meiner Kompetenzen sind hier gefragt?

   ....

4. *Machtfrage:*

   Wer hat Macht/Einfluss in dieser Gruppe?

   ....

   Wie ist es um meinen Einfluss bestellt?

   ....

   Wer hat Einfluss auf mich?

   ....

5. *Vertrauensfrage:*

   Wie offen kann ich in dieser Gruppe sein?

   ....

   Wem gegenüber kann ich offen sein?

   ....

6. *Normenfrage:*

   Welche Regeln, Normen gelten hier?

   ....

   Wer achtet auf deren Einhaltung?

   ....

   Wie werden Regelverstöße geahndet?

   ....

(vgl. Schule selbst gestalten, Beltz Pädagogischer Service, S. 103)

2.5.2 Phasen der Gruppenentwicklung

Entwicklungen von Gruppen sind von verschiedenen Autoren recht ähnlich beschrieben worden (vgl. Tuckmann, Argyle, Brocher, Langmaack/Braune-Krickau, Antons, Vopel u. a.).

An die Phase der Bildung der Gruppe schließt sich eine stürmische Phase an, in der es um die verschiedensten Klärungen innerhalb der Gruppe und gegenüber dem Leiter geht, bis dann in der nächsten Phase die Gruppen-Regeln und -Normen festgelegt bzw. akzetiert sind; nun hat die Gruppe ihre Identität gefunden und erreicht jetzt ihre volle Leistungsfähigkeit.

Mit der Zunahme der Rollenklärung, der Klärung der geltenden Normen in der Gruppe und damit der sozialen Sicherheit der einzelnen Gruppenmitglieder, entsteht der Gruppenzusammenhalt, die Gruppe erreicht ihre volle Leistungsfähigkeit. Doch hierbei handelt es sich nicht um einen für alle Zeit währenden Zustand, d. h. nicht um einen linearen Prozess, sondern um einen zirkulären. Bei grösseren Veränderungen der Gruppenstruktur, können erneut Unsicherheiten auftreten, die geklärt werden müssen und wieder zum »Storming« und »Forming« führen.

Die Phasen werden nach Argyle und Tuckmann wie wie folgt benannt und charakterisiert.

Überlegungen für die Praxis

Können Sie erkennen, auf welcher Stufe sich Ihre Gruppe im Augenblick befindet?

....

Gibt bzw. gab es Fortschritte in der Entwicklung der Gruppe oder haben Sie das Gefühl, die Gruppe befinde sich seit geraumer Zeit in einer Phase des diffusen »Storming«?

....

Sind Einzelkriterien dieser Phase erkennbar?

....

Was fällt Ihnen am Verhalten besonders auf?

....

Wie äussert es sich?

....

Was könnte die Gruppe, was könnten die Gruppenmitglieder benötigen, um wirklich arbeitsfähig zu werden?

....

Betrachten Sie dazu auch die Ausführungen zum »Eisberg«-Phänomen. (S. 64 ff)

....

Phasen der Gruppenentwicklung
Typische Verlaufsformen

Phase	Gruppenstruktur	Aufgabenverhalten
(1) Forming Formierungsphase	Unsicherheit; Abhängigkeit von einem Leiter; Ausprobieren, welches Verhalten in der Situation angemessen ist;	Mitglieder definieren die Aufgaben, die Regeln, die geeigneten Methoden;
(2) Storming Konfliktphase	Konflikte zwischen Untergruppen, Widerstand/Aufstand gegen den Leiter; Konflikte zwischen Untergruppen, Polarisierung der Meinungen, Ablehnung einer Kontrolle durch die Gruppen;	emotionaler Widerstand gegen die Anforderungen der Aufgabe, evtl. »Nebenkriegsschauplatz«;
(3) Norming Normierungs-Phase	Entwicklung von Gruppenkohäsion, Gruppennormen und gegenseitiger Unterstützung; Widerstand und Konflikte werden abgebaut und überwunden;	offener Austausch von Meinungen und Gefühlen; Kooperation bahnt sich an;
(4) Performing Arbeitsphase	interpersonale Probleme sind gelöst und stehen im Dienst der Aufgabenaktivitäten, Rollenverhalten ist flexibel und funktional;	Problemlösungen werden erkennbar, konstruktive Aufgabenbearbeitung, Energie wird ganz der Aufgabe gewidmet (Hauptarbeitsphase);
(5) Abschlussphase	intensive soziale Beziehungen, Verlustgefühle bis Trauerreaktionen, Verabredungen für Wiedersehen.	Auflösung der Gruppe; Trennung; wehmütige Beschäftigung mit früheren Phasen der Arbeit, Fortsetzungsplanung der Arbeit.

(vgl. Argyle, 1972 und Tuckman, B.W. zitiert nach Staehle, W., 1991.)

Die Teamentwicklungsuhr

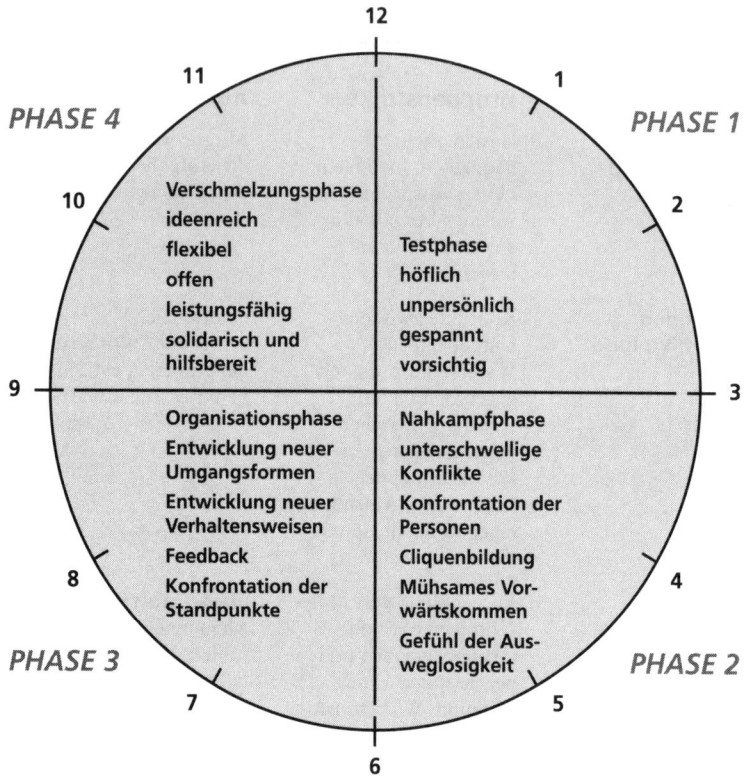

Aus: Reiber, a. a. O., S. 54

2.5.3 Das »Eisberg«- bzw. »Titanic«-Phänomen

Als Eisberg- oder Titanic-Phänomen wird der Sachverhalt bezeichnet, dass bei der Arbeit mit Gruppen die Sachebene wie bei einem Eisberg nur zu $1/7$ sichtbar, d. h. an der Oberfläche und damit ansprechbar und bearbeitbar ist, während die psychosoziale Ebene $6/7$ des Volumens darstellt, das unter der Oberfläche bleibt, wobei die Probleme, die sich aus diesem Bereich herleiten, immer aber latent vorhanden sind.

Häufig sind diese Probleme vorbewusst und wirken unterschwellig, in vielen Fällen werden sie aber auch bewusst nicht angesprochen, weil sie für den einzelnen risikobesetzt sind. Sie offen ansprechen und bearbeiten zu können, ist

Kennzeichen einer erfahrenen, »reifen« Gruppe. Für den Gruppenleiter ist das Ansprechen spürbarer, doch nicht angesprochener Probleme eine Angelegenheit, die viel Einfühlungsvermögen und Sensibilität erfordert. Geht er auf die Schwierigkeiten nicht ein und spricht sie nicht an, so wird die Gruppe ihm Leitungskompetenz absprechen, geht er zu direkt auf das Problem los, so wird die Gruppe dessen Vorhandensein leugnen.

Selbsterkundung

	Zustimmung				Ablehnung
1. Als Fachlehrer bin ich vor allem für die Stoffvermittlung zuständig	1	2	3	4	5
2. Hinter den Sachthemen verbergen sich stets auch psycho-soziale Probleme	1	2	3	4	5
3. Diese Probleme anzusprechen heißt, sich erst richtige Probleme zu schaffen	1	2	3	4	5
4. Ich spreche diese Probleme nicht an; dazu bin ich gar nicht ausgebildet	1	2	3	4	5
5. Wenn ich mich auf all die Probleme einlassen wollte, die die Schüler mit Unterricht haben, käme ich überhaupt nicht mehr zum Unterrichten	1	2	3	4	5
6. Manchmal genügt schon ein kurzes Ansprechen des Problems, um es zum Verschwinden zu bringen	1	2	3	4	5
7. Wenn die Stimmung (Lernatmosphäre) in der Klasse/Lerngruppe gut ist, wird viel intensiver und nachhaltiger gelernt	1	2	3	4	5
8. Schüler müssen auch lernen, sich mit einer Sache zu beschäftigen und ihre persönlichen Gefühle einmal zurück zu stellen	1	2	3	4	5

Selbsterkundung

1. Kennen Sie Situationen als Lehrende(r) oder als Teilnehmer(in), in denen die inhaltliche Arbeit durch ein psycho-soziales Problem behindert wurde?

   ....
   ....

2. Wie ging der Kursleiter/wie gingen Sie mit der Situation um?

   ....
   ....

3. Erinnern Sie sich möglichst genau; welches Thema lag Ihrer Ansicht nach unter der Oberfläche?

   ....
   ....

4. Wurde es angesprochen? Wäre es möglich gewesen, es anzusprechen?

   ....
   ....

5. Wie war der weitere Verlauf des Kurses? Welche Folgen hatte das Ansprechen/Nichtansprechen des Problems?

   ....
   ....

6. Glauben Sie, dass es sinnvoll ist, die unter der Oberfläche liegenden sechs Siebtel bei der Planung und Durchführung von Unterricht zu berücksichtigen?

   ....
   ....

7. Halten Sie sich selbst für in der Lage, Beziehungsprobleme im Unterricht anzusprechen bzw. produktiv zu bearbeiten?

   ....
   ....

8. Wenn Sie es nicht tun, was sind die Gründe dafür?

   ....
   ....

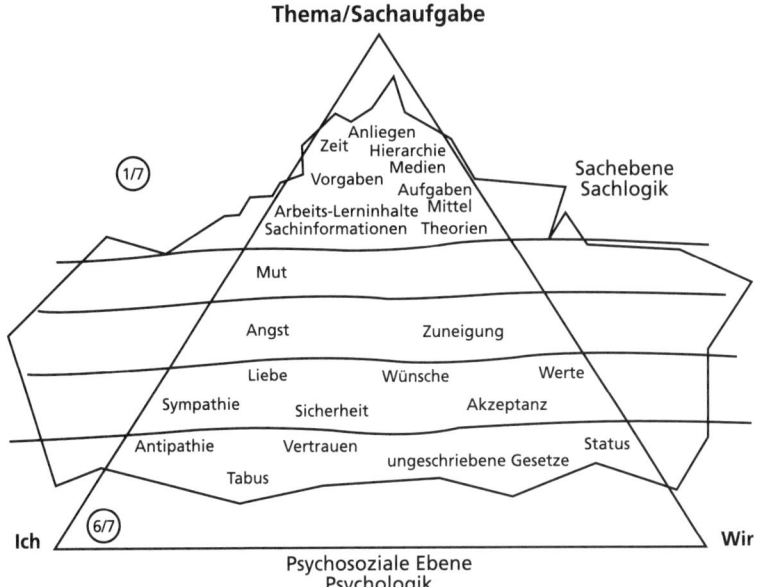

Thema/Sachaufgabe

(Aus: Miller, R. S. 108)

»Es ist eine schwierige Gratwanderung zwischen dem Zulassen des Emotionalen und dem Überschwemmtwerden davon. Es bedarf einer gewissen Reife und Intuition, vor allem Erfahrung, damit umzugehen.« (Ruth Cohn 1975)

Erfolgreiche Gruppenarbeit setzt die Arbeit auf beiden Ebenen voraus. Auf der Sachebene geht es darum, das Arbeitsvorhaben voranzubringen, Ziele zu vereinbaren, sich auf Inhalte und Methoden zu einigen, mit denen die Ziele erreicht werden können. (Diese Aufgaben übernehmen im Schulunterricht ausschließlich oder zu einem hohen Prozentsatz die Lehrenden.)

Klärungen auf der Beziehungsebene sowie auf der psycho-sozialen Ebene sind die Voraussetzungen dafür, dass die inhaltliche Arbeit erfolgreich ist. Erst wenn die Gruppen-Interessen bzw. die Interessen der Mehrheit der Gruppe geklärt sind und die Mitglieder ihren Platz in der Gruppe gefunden haben und ein gewisses Maß an Vertrauen und Sicherheit gewährleistet ist, ist der einzelne in der Lage, sich auf die Arbeit einzulassen bzw. erfolgreich mitzuarbeiten. Das bedeutet auch, dass jede Gruppe Normen und Werte für die Zusammenarbeit und den Umgang der Gruppenmitglieder untereinander entwickelt; sie ist nicht von Anbeginn an wirklich arbeitsfähig, sondern wie das Phasenmodell von Gruppenentwicklungen deutlich macht, erst dann, wenn diese Klärungen abgeschlossen sind.

Hilfen zur Überprüfung der Funktionsfähigkeit von Arbeitsgruppen (Checkliste)

12 Fragen zum Gruppenverhalten:

1. Hatten die Mitglieder der Gruppe ein genügendes und einheitliches Verständnis des Problems?

2. Haben die Mitglieder der Gruppe einander wirklich zugehört?

3. Gaben sich die Mitglieder der Gruppe Mühe, dass jeder jede Idee auch wirklich verstand?

4. Bestand die Gruppe oder bestanden einzelne Mitglieder der Gruppe darauf, dass jede vorgebrachte Idee eine mehr oder weniger vollständige Problemlösung beinhaltete?

5. Hat die Gruppe zunächst unbefriedigende oder unvollständig erscheinende Ideen aufgegriffen und weiterentwickelt?

6. Ist jede Idee ausdiskutiert worden, bevor eine neue aufgegriffen wurde?

7. Neigte die Gruppe oder neigten einzelne Mitglieder der Gruppe dazu, vorgebrachte Ideen »schnell abzuschießen«?

8. Sind irgendwelche Analogien verwendet worden, um möglich erscheinende Lösungen des Problems aufzuzeigen?

9. Wie hat sich die Gruppe an das vorher verabschiedete Ablaufschema gehalten?

10. Arbeitete die Gruppe als Team oder eine Gruppe von Individualisten?

11. Wie hat die Gruppe sich hinsichtlich ihrer Führung verhalten?

12. Gab es ein angstfreies Klima der Offenheit, der gegenseitigen Akzeptierung und des einfühlenden Verständnisses untereinander?

(vgl. Reiber, a. a. O., S. 56 f)

2.5.4 Drei Grundbedürfnisse

Diese 3 Grundbedürfnisse lassen eine deutliche Parallele zu dem Struktur-Prozess-Vertrauen-Dreieck, auf das ich im Anschluß eingehen werde, erkennen.

Nach einer auf Maslow zurückgehenden Bedürfnis-Pyramide stellen die physischen Bedürfnisse (Nahrungsaufnahme, Schlaf, etc.) die selbsterhaltenden und damit die grundlegenden Bedürfnisse dar, eine nächste Stufe bilden die psychischen bzw. emotionalen Bedürfnisse. Unter ihnen sind die drei folgenden die wohl bedeutendsten für die Entwicklung von persönlicher Sicherheit und individueller Arbeitsfähigkeit.

a. Sicherheit geben
b. Freiraum geben
c. Einzigartigkeit wertschätzen

Die Gruppenmitglieder haben ein Bedürfnis nach **Sicherheit**, das z. B. durch

■ Orientierung,
■ Halt,
■ klare Grenzen, Vereinbarungen,
■ Schutz vor gegenseitigen Angriffen,
■ Vermeidung von Überforderungen, die aus zu großen zugewiesenen Freiheitsspielräumen resulieren könnten,
■ Abwehr von Bedrohung,
■ Aufbau eines aggressionsfreien Gruppen- und Arbeitsklimas befriedigt werden kann.

Gleichzeitig haben die Gruppenmitglieder ein Bedürfnis nach **Freiheit**, d. h.

■ nach Überwindung von Grenzen,
■ Neues zu erproben, neue Erfahrungen zu machen, (was einschließen muß, Fehler machen zu dürfen)
■ ihr Potential zu erweitern, sich zu entwickeln,
■ allmählich unabhängiger zu werden vom Gruppenleiter und den anderen Gruppenmitgliedern.

Vor allem haben Menschen ein Bedürfnis nach **Anerkennung und Wertschätzung**,

■ nach Aufmerksamkeit für ihre Person,
■ nach Würdigung ihres Tun und
■ nach Anerkennung für ihre Leistungen.

Sicherlich kann es nicht immer Lob und positive Rückmeldung sein, die sie erfahren, am wesentlichsten jedoch ist, dass sie Resonanz erleben, dass ihre Person und ihre Handlungen wahrgenommen, beachtet werden.

2.5.5 Struktur-Prozess-Vertrauen

Weniger bekannt als das oben erwähnte TZI-Dreieck (ES-ICH-WIR) ist das zweite Dreieck, das nach Ruth Cohn's Ansicht ebenso nach »dynamischer Balance« verlangt.

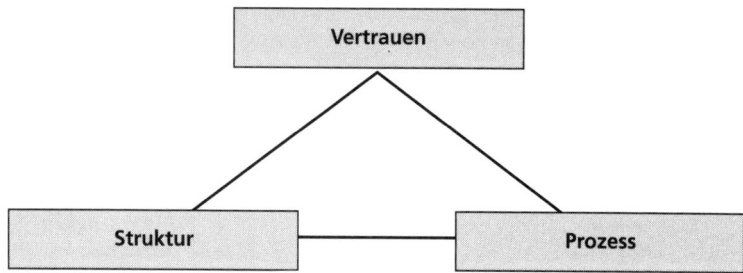

»... in Gruppen bildet sich kein Vertrauen, wenn das Interaktionsgeschehen zu viel oder zu wenig Halt bekommmt« (Ruth Cohn).

Daraus folgt, dass Handlungsspielräume für Gruppenmitglieder sehr gut zwischen den beiden Polen »Struktur« als das eher Unveränderliche, Statische und »Prozess« als die Bewegung, die Veränderung ausbalanciert sein muss, um Verhaltensunsicherheiten der Gruppenmitglieder zu vermeiden und den Lernprozess in der Gruppe zu unterstützen.

Feste Strukturen vermitteln den Gruppenmitgliedern Sicherheit; sie lernen Arbeitsweisen, Abläufe und Verhaltensweisen kennen und erfahren, dass diese Gültigkeit haben. Die Gruppenmitglieder erleben die Arbeitsformen in der Gruppe als etwas Bekanntes, Verlässliches, wenig Veränderliches; sie wissen, was auf sie zukommt und was von ihnen erwartet wird.

Der Unterricht ist in solchen Fällen bestimmt von immer wiederkehrenden Formen und Kleinst-Ritualen bei der Stofferarbeitung und -vermittlung.

Doch irgendwann kommt der Zeitpunkt, an dem sie sich von den bekannten Formen nicht mehr angesprochen, sondern eingeengt und gegängelt fühlen.

Nun verlangt der Gegenpol, bei Ruth Cohn »Prozess« genannt, nach stärkerer Betonung. Die Gruppenteilnehmer erwarten Veränderung und Entwicklung, sie erwarten die Überwindung alter Strukturen, die Erprobung neuer Arbeitsweisen und erweiterter Interaktionsmuster.

Stehen im Unterricht Selbsttätigkeit und die Förderung von Selbständigkeit stärker im Vordergrund so müssen dafür die entsprechenden Lernsituationen ausgewählt werden, die ein stärker eigenverantwortliches Arbeiten herausfordern, wobei hier eine Hinführung von anfangs kurzen Arbeitsaufträgen zu immer längeren Arbeitsphasen notwendig erscheint.

2.6 Lern- und Arbeitsprozesse moderieren (Unterrichts-Prozesse initiieren, begleiten, unterstützen)

2.6.1 Lehrerrolle, Rollenverständnis und Rollenübernahme

Selbsterkundung (gelenkte Phantasie)

Intention, Anlass:

Die gelenkte Phantasie ist eine Übung, mit der Sie mit Hilfe innerer Bilder in Kontakt mit ihren Vorstellungen, Erwartungen und Wünschen kommen können, in der Art, dass Sie den Textvorgaben folgen und versuchen, dabei Bilder entstehen zu lassen. Diese Übung hat den Vorteil, dass Sie in Kontakt mit vorsprachlichen, bildhaften und nicht primär verbalen Assoziationsinhalten kommen.

Durchführung:

Lesen Sie sich den Text gründlich durch und versuchen Sie, ihn zu behalten bzw. ihn sich nachher vorzusagen.

Nehmen Sie sich ca. 30 Minuten Zeit, stellen Sie sicher, dass Sie während dieser Zeit nicht gestört werden und wählen Sie einen angenehmen Raum, in den Sie sich zurückziehen und entspannen können. Wählen Sie, wenn Sie wollen, eine leise, entspannende Musik und setzen Sie sich bequem in einen Sessel oder auf einen Stuhl.

Schliessen Sie die Augen und richten Sie ihre Aufmerksamkeit auf ihren Körper, ... spüren Sie wie ihr Atem kommt und geht, ... spüren Sie den Kontakt ihres Körpers mit dem Stuhl oder Sessel ... und spüren Sie den Kontakt ihrer Füße mit dem Boden; ... versuchen Sie das Gewicht ihres Körpers an die Unterstützungsfläche abzugeben. Nehmen Sie wahr, wo ihre Aufmerksamkeit hingeht, ... nehmen Sie Geräusche wahr, ... die Temperatur des Raumes und seine Helligkeit; ... nehmen Sie ihren Atem wahr und Spannung, Entspannung oder Kribbeln in verschiedenen Körperregionen ...

Stellen Sie sich nun einen ganz normalen Tag vor, an dem Sie zur Schule gehen. Sie haben gefrühstückt und sind auf dem Weg zu ihrer Schule. ... Sie betreten die Schule, gehen ganz kurz ins Lehrerzimmer, begrüssen ein paar Kolleginnen und Kollegen und gehen in den entsprechenden Unterrichtsraum. ... Nehmen Sie das Gefühl wahr, das Sie dabei haben. ... Wie verhält sich die Klasse, wie verhalten sich einzelne? ... Wie beginnen Sie die Stunde und wie klingt ihre Stimme? ... Bleiben Sie beim Klang ihrer Stimme und stellen Sie sich bildlich als Fäden, die eine Verbindung von ihrem Mund zu den Schülerinnen und Schülern darstellt. ... Was fällt ihnen dabei auf, wie ist die Struktur der Fäden, ihre Beschaffenheit, Dicke, Festigkeit? ... Und stellen Sie sich auch die Stimmen der Schülerinnen und Schüler als Fäden vor, wenn das Unterrichtsgespräch beginnt. ... Was fällt ihnen bei diesen Fäden auf?

Stellen Sie sich im Detail den Ablauf einer normalen Unterrichtsstunde vor. Wodurch ist sie gekennzeichnet? ... Was tun die Schülerinnen und Schüler?

Was sind ihre Aufgaben und wie erledigen sie diese? ... Welche Stimmung, Atmosphäre herrscht in der Klasse und wodurch ist sie geprägt? ... Wie fühlen Sie sich in der Situation? ...

Was möchten Sie vermitteln? Welches ist die Rolle, die sie Ihren Schülerinnen und Schülern gegenüber einnehmen und wie sehr behagt Ihnen diese Rolle? ... Was ist Ihr besonderes Anliegen? ... Kommt es bei den Schülerinnen und Schülern an und wie reagieren sie auf Sie? Nehmen Sie alle Details des Unterrichts wahr. ... Stehen Sie oder sitzen Sie? Was tun Sie, um den Unterricht am Laufen zu halten und wie leicht oder schwer fällt es Ihnen? ... Wie ist Ihre Körperhaltung und Ihre Stimme? ... Wie geht es Ihnen mit der Thematik der Stunde und wären Sie gern Schüler(in) in Ihrem Unterricht? ...

Geben Sie nun für ein paar Minuten Ihre Rolle auf und schlüpfen Sie in die Schülerrolle. Wie wirkt der/die Lehrer(in) auf Sie als Schüler? ... Wie beteiligt sind Sie am Unterricht, wie interessant finden Sie das Thema und vor allem die Weise, wie es vermittelt wird? ... Nehmen Sie sich Zeit allen Details nachzugehen ...

Stellen Sie sich vor, dass jetzt alle Schülerinnen und Schüler aufgefordert werden, dem/der Lehrenden mitzuteilen, wie sie Unterricht bzw. Lehrende(n) erlebt haben und was sie Ihm/Ihr raten zu verändern, was würden Sie Ihm/Ihr mitteilen? ... Formulieren Sie diesen Eindruck möglichst präzise und knapp: »Ich würde Ihnen raten, ... zu tun.«

Nehmen Sie nun wieder ihre Rolle als Lehrende(r) an. Was bekamen Sie gesagt? ... Wie wirkte der Rat auf Sie? ... Wie fühlen Sie sich, wenn Sie das gesagt bekommen? ... Inwiefern finden Sie den Rat begründet und hilfreich? ... Können Sie etwas damit anfangen? ...

Fahren Sie nun fort mit ihrem Unterricht. Nehmen Sie die Schülerinnen und Schüler wahr, ihr Verhalten im Unterricht und Ihre eigene Motivation, Ihre Person und wie Sie sich in der Situation fühlen ...

Hat sich etwas verändert gegenüber dem Stundenbeginn? ... Schließen Sie nun die Stunde ab, wie Sie das normalerweise machen, bzw. wie Sie jetzt möchten.

Spüren Sie nocheinmal nach: Was war wichtig in dieser Stunde? ... Was haben Sie in dieser Stunde gelernt? ...

Auswertung:

Konnten Sie sich auf die Übung einlassen und was hat Sie ihnen »gebracht«?
Haben Sie Bekanntes erlebt oder war Ihnen das ganze Erleben völlig fremd?
Wie »sahen« Sie Ihre Stimme?
Welches war Ihre Position, Ihre Rolle in der Klasse?
Wie fanden Sie die Lern- und Arbeitsatmosphäre?
Wie fühlten Sie sich in der Situation?
Wie fühlten Sie sich in der Schülerrolle?
Was wollten Sie Ihrem/Ihrer Lehrenden raten?
Wie erging es Ihnen mir dem Rat?
Was wurde Ihnen über sich selbst und Ihre Rolle klar?

Selbsteinschätzung					
	trifft zu				trifft nicht zu
Ich sehe mich vor allem als					
■ Fachwissenschaftler(in)	1	2	3	4	5
■ Pädagoge/Pädagogin	1	2	3	4	5
	Ich möchte für meine Schülerinnen und Schüler folgendes sein:				
■ Lehrer(in)	1	2	3	4	5

	trifft zu			trifft nicht zu	

■ Partner	1	2	3	4	5
■ Ratgeber, Mentor	1	2	3	4	5
■ Vorbild	1	2	3	4	5

Ich lassen Schülerinnen und Schüler in
meinem Unterricht mitentscheiden über:

■ Inhalte	1	2	3	4	5
■ Arbeitsweisen	1	2	3	4	5
■ Methoden	1	2	3	4	5

Methodenvielfalt und Selbsttätigkeit haben bei mir absolute Priorität	1	2	3	4	5
Meine Hauptaufgabe sehe ich darin, Schülerinnen und Schülern das Lernen zu lehren	1	2	3	4	5
Ich bin als Lehrer(in) einem gesellschaftlichen Auftrag verpflichtet	1	2	3	4	5
Ich besitze ein ausserordentliches Maß an »Pädagogischer Freiheit« in meinem Beruf und definiere meinen Auftrag weitgehend selbst	1	2	3	4	5
Ich denke, dass die heutige Informationsgesellschaft eine veränderte Schulausbildung verlangt	1	2	3	4	5
Ich habe eine sehr klare Vorstellung darüber, wie ich meinen Unterricht verändern will, um ihn besser zu machen	1	2	3	4	5
Ich versuche aus jeder Gruppen- und Unterrichtssituation selbst zu lernen	1	2	3	4	5

Selbsterkundung

Warum haben Sie den Lehrer(innen)-Beruf ergriffen?

. . . .

Was waren ihre Motive?

. . . .

Hatten Sie eine oder mehrere Alternativen?

. . . .

Welche Gründe gaben den Ausschlag?

....

Welche Rolle spielten dabei ihre eigenen Schulerfahrungen?

....

Warum wurden Sie nicht Musiker, Arzt oder Kaufmann?

....

Welche beruflichen oder persönlichen Ziele hatten Sie bzw. haben Sie noch?

....

Haben Sie in der »gelenkten Phantasie« Hinweise auf ihr Rollenverständnis gefunden?

....

Woher stammt ihr Rollenverständnis?

....

Wer hat es geprägt? Hatten Sie Vorbilder und wer waren sie?

....

In welcher Rolle als Lehrer(in) möchten Sie sich gern sehen?

....

Wieso?

....

Was halten Sie für ihren »gesellschaftlichen Auftrag«?

....

Rollenverständnis

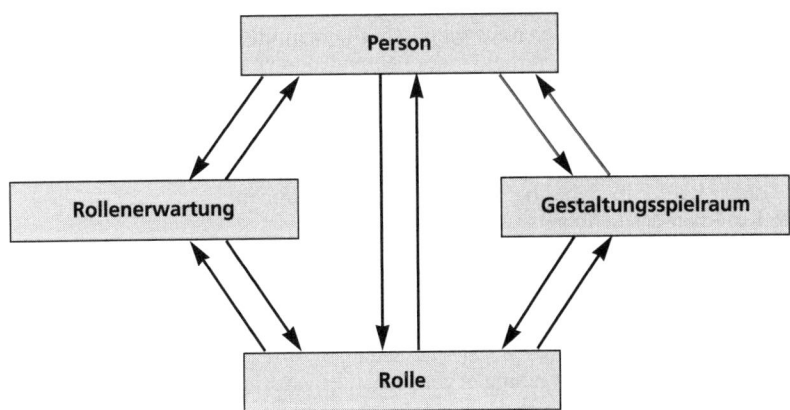

Machen Sie sich bewusst:

■ Sie haben die Wahl und

■ Sie können umwählen

■ Sie haben ihre Rolle gewählt, d. h., Sie haben sie definiert und festgelegt,

■ An jede Rolle werden Erwartungen geknüpft,

■ Auch diese Erwartungen sind geprägt durch das, was Sie glauben, dass von ihnen erwartet wird,

■ Gleichzeitig bietet jede Rolle Gestaltungsspielräume an,

■ In welcher Form nutzen Sie diese?

■ Prüfen Sie, ob dieRollenfestlegung, die Sie getroffen haben, heute noch richtig für Sie ist.

2.6.2 Moderationsaufgaben

Lern- und Arbeitsprozesse zu moderieren bedeutet Unterricht als dynamischen Prozess zu verstehen, der von verschiedenen, sich ständig ändernden Einflussgrössen abhängig ist: der Person und Verfasstheit des Lehrenden, der Person und Verfasstheit jedes einzelnen Gruppenmitglieds, der Art und Beschaffenheit des Sachgegenstands, dem Interesse, das dem Thema entgegengebracht wird, dem Klima, das zwischen allen Beteiligten herrscht, den äusseren Rahmenbedingungen (Klassenraum, Stunde am Vormittag, etc.)

Rogers leitet aus seiner therapeutischen Arbeit 4 Grundvoraussetzungen für signifikantes Lernen ab, die er auf schulisches Lernen überträgt; sie beziehen sich auf die Person bzw. das Verhalten des Lehrenden oder sollten von ihm geschaffen werden. Für Rogers (vgl. S. 279 ff) sind das:

■ Kontakt mit Problemen
 Der Lernende steht vor einem echten Problem, das er vergeblich zu lösen versucht hat; er ist daher begierig eine Lösung zu finden.
■ Real-Sein des Lehrers
 Der Lehrende ist das, was er ist – und nicht eine Rolle, Fassade oder Vorstellung; er befindet sich in Einklang mit seinen Gefühlen, akzeptiert sich selbst und ist »kongruent«.
■ Akzeptieren und Verstehen
 Der Lehrende ist in der Lage, sich bedingungslos positiv zuzuwenden und kann sich in die Empfindungen von Angst, Erwartung und Enttäuschung einfühlen. Er ist dennoch in der Lage, frei zu handeln.

Das Wesen von Empathie hat Ruth Cohn m. E. sehr treffend beschrieben. Das Zitat macht deutlich, dass sie hierbei nicht einer »Verständnispädagogik«, bzw. einer permissiven Erziehung das Wort redet, die sich vor allem daran orientiert, was Schülerinnen und Schüler möchten.
»Menschen intuitiv zu erkennen, setzt Empathie voraus. Empathie ist ein spontanes Gefühl für den anderen, ein Gefühl, das mich in die Gefühlswelt eines anderen menschlichen Wesens hineinversetzt, »als ob ich er wäre«, das mich jedoch paradoxerweise »in meinem Ich-selbst-Sein unangetastet lässt, so dass ich in mir selbst fühle, was er fühlt«. Dies ist eine spezifische menschliche Fähigkeit: ich selbst zu bleiben und trotzdem die Gefühlsgrenze zum Mitmenschen überschreiten zu können. Ein Arzt kann ein Kind mit einer Injektionsnadel stechen und kann Schmerz, Angst und Wut des Kindes mitfühlen, ohne seine Gewissheit aufzugeben, dass er tut, was notwendig ist ...
Gerade diese Fähigkeit macht einen guten Erzieher, Freund, Psychotherapeuten aus: mit dem anderen fühlen – und doch er selbst bleiben. Wenn unsre eigenen Gefühle im Vordergrund stehen, können wir nicht mitfühlend sein; wenn wir uns nur nach anderen Leuten richten, ohne Rücksicht auf unsere Bedürfnisse, können wir nicht wir selbst sein. Empathie und Intuition funktionieren nur, wenn wir mit anderen Menschen fühlen können, ohne dabei unsere Integrität zu verlieren. (S.142f)
■ Anbieten von Resourcen
Hiermit meint Rogers die gewöhnlichen Ressourcen wie Bücher, Karten, Arbeitsmaterialien, Räume, Geräte etc., ebenso wie die persönlichen Resourcen des Lehrenden, sein Wissen, seine Erfahrungen, seine Kompetenzen.
Unter »Anbieten von Resourcen« verstehe ich z. B. auch, Lernhilfen, Anleitungen zum selbständigen Arbeiten zur Verfügung zu stellen, wofür ich im folgenden Unter-Kapitel »Teaching by objectives« eine Reihe von Beispielen vorstellen werde.

Praxisbeispiel

Ich möchte am Beispiel von Kleingruppenarbeit deutlich machen, wie die 3 o.g. Prinzipien Freiraum, Sicherheit und Wertschätzung zur Geltung gebracht werden können und inwiefern es sich hierbei um moderative Arbeit des Lehrenden handelt.

Die Verwirklichung von Kleingruppenarbeit im Unterricht, ist nur dann erfolgreich, wenn bestimmte Vorausetzungen auf Seiten des Lehrenden erfüllt sind, wie z. B.:

■ die Überzeugung, dass Lernen in der Schule nicht an die Anwesenheit des Lehrers/der Lehrerin gebunden ist,
■ die Bereitschaft, Schülerinnen und Schülern Handlungsräume zu eröffnen,
■ das Vertrauen, dass die Teilnehmer die Freiheitsspielräume nicht ausnutzen und auch unbeaufsichtigt arbeiten,
■ die Ermunterung zu und die Bekräftigung von selbständigem Arbeiten und
■ die Fähigkeit, die Gruppen-Lernprozesse zu koordinieren.

Auf seiten der Gruppenmitglieder müssen z. B. folgende Voraussetzungen erfüllt sein:

- selbständig, ohne Lehrerkontrolle bzw. -anwesenheit arbeiten können,
- mit anderen kooperieren können,
- den Arbeitsauftrag akzeptieren,
- sich an Absprachen halten,»Regeln« einhalten,
- Ablenkungen vermeiden bezügl. des Themas (am Thema bleiben), ebenso wie bezügl. äußerer Ablenkungen.)

Diese Kompetenzen können jedoch nicht vorausgesetzt werden, sie sollen ja gerade erworben werden. Je weniger diese Voraussetzungen erfüllt sind, desto mehr müssen organisatorische und unterrichts-didaktische Maßnahmen ergriffen werden, die die Kleingruppen-Arbeit unterstützen und den Teilnehmern Erfolgs-erlebnisse vermitteln und Frustrationserlebnisse vermeiden bzw. verringern.

Die Entscheidung zurückzutreten und den Teilnehmern größere Freiräume zu-zugestehen, fällt umso leichter, je klarer die Gruppenarbeit bezüglich ihrer Ab-läufe, Strukturen, Arbeitsaufträge und Zielsetzungen geplant ist und an die Teil-nehmer durch eindeutige Anweisungen vermittelt wird.

Klare Absprachen bezüglich Arbeitszeit, Arbeitsauftrag, Ergebnis sind dann umso wichtiger, wenn Kleingruppen den Gruppenraum verlassen können, um außerhalb des Raumes ungestörter arbeiten zu können oder wenn die Arbeit zwischen den Fachstunden erfolgt. Insofern muß Kleingruppenarbeit sehr viel besser geplant und organisiert werden, als Frontalunterricht.

Eröffnung von Freiraum

Während der Kleingruppenarbeit sollte sich der Lehrende nicht in die Arbeit ein-schalten, weil sonst ganz schnell die gleiche Lehrerzentrierung wie im Klassen-unterricht bei allerdings kleinerer Gruppengrösse entsteht.

Ungewöhnlich und gut!   *Üblich und falsch!*

(Aus: Meyer, H., S. 268)

Die Befriedigung des Bedürfnisses nach Freiraum ist jedoch kein Selbstläufer, d. h., sie führt nicht unbedingt oder unmittelbar zum erfolgreichen, produktiven Arbeiten; ganz im Gegenteil: die Eröffnung von Freiräumen kann zu Verhaltensunsicherheit und Orientierungslosigkeit bzw. Orientierungsschwierigkeiten führen, weil die bekannten Strukturen fehlen oder kann zu Vermeidungshaltungen bzw. Ausweichen führen, entweder, weil die neue Arbeitssituation so ungewohnt ist oder aber auch, weil die Arbeitsanforderungen so vage oder unklar sind.

Daher muß auch das 2. Grundbedürfnis»Sicherheit geben« befriedigt werden:

»Freiere Sozialformen? – Ja, aber nur zusammen mit neu zu stiftenden Regeln, Kleinstritualen und symbolischen Strukturierungen. Und das heißt für die Lehrer auch: Freieres Arbeiten erfordert einen höheren Aufwand an Regie- und Moderationsarbeit, wenn es nicht einfach im Eintopf der Alltagsgewohnheiten enden soll.« (Thomas Ziehe, Adieu 70er Jahre. In: Pädagogik, 7–8/96, S. 35–39.)

Moderationsarbeit bedeutet hier die für den Arbeitsauftrag bzw. Gruppensituation notwendigen **Strukturen** vorzugeben oder zu vereinbaren, z. B. durch das *Thema bzw. den Arbeitsauftrag*. Das Thema sollte klar formuliert sein, d. h., gut verständlich, präzise sein und im Idealfall ansprechend, auffordernd, nicht zu eng, nicht zu weit und Spielräume eröffnend sein. Dazu gehört ein klarer, festumrissener Arbeitsauftrag (incl. Klarheit des erwarteten Arbeitsergebnisses). Um spätere Misserfolgserlebnisse zu vermeiden sollte vorher sehr genau geprüft werden, ob das erwünschte Ergebnis in der vorgegebenen Zeit auch leistbar ist. (Fragestellung, je nach Aufgabe z. B. 1 Frage oder 2–3 Leitfragen zu einem vorgegebenem Text, o. ä.)

Ein weiteres wesentliches Strukturelement stellt die *Gruppengröße bzw. Gruppenbildung* dar.

Je nach Arbeitsauftrag und Vorerfahrung mit gruppenteiligem Arbeiten erweist sich für nicht zu lange und nicht zu umfassende Aufgaben eine Gruppengröße von 2–4 Mitgliedern als günstig.

Falls die Arbeit nicht im Klassenraum stattfindet, sollte die Gruppenbildung im Plenum erfolgen, so dass gewährleistet ist, dass jede(r) eine Gruppe gefunden hat. Bei unerfahrenen Gruppen oder später, wenn die Gefahr besteht, dass starke Gruppenabgrenzungen bestehen oder einzelne Gruppen nicht gut arbeitsfähig sind, ist es angezeigt, Zufallsgruppen zu bilden.

Ein weiteres Strukturelement schliesslich stellt die Zeitvereinbarung dar.

Findet die Kleingruppen-Arbeit nicht im Gruppenraum, sondern an unterschiedlichen Orten statt, so ist sie ein sehr wesentliches Strukturelement, mit dessen Einhaltung Verbindlichkeit geschaffen wird. (Arbeitszeit festlegen und Zeitpunkt der Rückkehr ins Plenum vereinbaren (Uhrenvergleich)).

Bei der Präsentation der Ergebnisse der Kleingruppenarbeit geht es um die Vermittlung von **Wertschätzung** gegenüber den Produkten, wie auch gegenüber den Personen.

In dieser Situation geht es u. a. darum,

■ Aufmerksamkeit der anderen für das eigene Arbeitergebnis zu erlangen und dieses vorzutagen und zu erläutern,
■ die direkte, nicht aufgeschobene Reaktion auf das Produkt zu erfahren, Rückmeldungen zu erhalten und
■ evtl. unterschiedliche Vorgehensweisen und möglicherweise unterschiedliche Lösungen oder Lösungswege zur Kenntnis zu nehmen.

Es geht aber aber auch darum

■ Verbindlichkeit (Zeit, thematische Vorgaben) einzuhalten,
■ auf bestimmtes Ziel hin (= Aufgabenlösung) zu arbeiten,
■ evtl. unterschiedliche Wege und Lösungen zu entdecken und
■ Verantwortung bezügl. des Ergebnisses der eigenen Gruppe zu übernehmen.

Bei der Präsentation der Produkte sollte es aber nicht nur um die Ergebnisse gehen, sondern um den Erfahrungsaustausch über z. B. folgende Fragen:

■ was haben wir gemacht und was ist unser Ergebnis?
■ wie sind wir vorgegangen?
■ auf welche Fragen, Probleme sind wir gestoßen?
■ wie war unsere Zusammenarbeit in der Gruppe?

Wertschätzung kann nicht bedeuten, jedes Arbeitsergebnis kritiklos hinzunehmen und als »gutes« Produkt zu bezeichnen. Hier geht es vielmehr darum, Positives hervorzuheben, Schwierigkeiten und Hindernisse anzuerkennen, gleichzeitig aber auch kritische Rückmeldung zu geben bzw. zu lernen, diese anzunehmen, dadurch, dass Verantwortung für das Arbeitsergebnis übernommen wird und für die Art der Zusammenarbeit einschließlich des eigenen persönlichen Anteils daran.

Rhythmisierung von Unterricht

Unterricht als dynamischen Prozess zu verstehen bedeutet auch den zeitlichen Ablauf mitzuberücksichtigen und Unterricht z. B. zu rhythmisieren, dadurch, dass die Bearbeitung einzelner stofflicher Sequenzen stärker als solche herausgestellt werden, indem etwa Anfang und Ende stärker betont werden und die Lernsequenz in Phasen wie Einstiegs-, Arbeits- und Abschlussphase eingeteilt wird.

Einstiegs-Phase

Bei neu zusammengesetzten Gruppen geht es vorgeschaltet um *Ankommen – Kennenlernen – Kontakt.*

Hierzu eignen sich Methoden wie etwa:

■ Vorstellen durch Gegenstand, Symbol,
■ »Marktplatz«/»Kaleidoskop«,
   (Meinungs- und Erfahrungsaustausch mit verschiedenen PartnerInnen zu unterschiedlichen vorgegebenen Impulsen),
■ Karusselldiskussion,
■ Kartenabfrage (Erwartungen – Befürchtungen),
■ Stimmungsbarometer.

Bei schon länger bestehenden Gruppen entfällt die Kennenlernphase; die Arbeit beginnt mit dem *Einstieg ins Thema*; es geht vor allem darum, Klärungen vorzunehmen und etwa die folgenden Punkte in den Blick zu nehmen:

■ Inhaltlichen Überblick geben,
■ Thema und zeitlichen Rahmen abstecken,
■ Ziele abzuklären und vereinbaren,
■ Schwerpunkte festlegen,
■ evtl. thematische Zusammenhänge zu voraufgegengenem oder folgendem Thema deutlich machen,
■ geplante Arbeitsformen, Lernerfolgskontrollen, ggfls. Referatthemen und Formen der Mitbeteiligung offenlegen,
■ Erwartungen und Befürchtungen der Beteiligten erfragen,
■ zwischen verschiedenen Interessen vermitteln,
■ Vorkenntnisse und besondere Interessen ermitteln,
■ erste Berührungen mit interessanten Aspekten des Themas ermöglichen und die Arbeitsmotivation verstärken.

Hierzu eignen sich beispielsweise folgende Methoden:

■ Reihumstatement (Blitzlicht),
■ Karusselldiskussion,
■ Partnerinterview,
■ Kartenabfrage u. a.m.

Während der **Arbeitsphase** bezieht sich die Moderationsarbeit des Lehrenden darauf

■ Grundlagen zu schaffen/zu vermitteln,
■ Informationsvermittlung zu gestalten durch Lehrervortrag, Impulsreferat oder Schüler-Referate,

■ Facetten des Themas bzw. Problembereiche herausarbeiten zu lassen,
■ Arbeitsbereiche zu strukturieren,
■ Arbeitsmethoden vorzustellen, einzuüben (Methoden-Vielfalt),
■ Arbeitsaufträge zu verteilen (Referate),
■ Wissens-, Kenntniserwerb zu gestalten,
■ Aufgabenstellungen zu klären (Themen finden und festlegen),
■ Verantwortung zu übertragen,
■ Resourcen anzubieten (Material, Literatur, Arbeitsmittel),
■ Raum für Diskussionen und Meinungsaustausch zu ermöglichen,
■ Prozesse zu begleiten und zu reflektieren/Metakommunikation
   Verläufe, sowie förderliche und hinderliche Momente innerhalb des Prozesses
   sichtbar machen,
   Ergebnisse zusammenfassen (festhalten und würdigen)
   Stand erfragen und festhalten (visualisieren)
   Entscheidungen vorbereiten

Methoden und Arbeitsformen, die hierbei zum Einsatz kommen können sind
etwa:

■ Mind mapping,
■ Pro- und Contra-Diskussion,
■ Collage,
■ Expertengespräch,
■ Einzelarbeit / Partnerarbeit /Kleingruppenarbeit,
■ Kleingruppenbericht,
■ Protokoll,
■ Methode »35« (3 Personen unterhalten sich 5 Minuten lang zu einem vorge-
   gebenen Impuls,
■ Themenspeicher /offene Fragen,
■ diverse Präsentationsformen.

In der **Abschlussphase** geht es um Evaluation und Metakommunikation, speziell
geht es darum:

■ Rückschau zu halten, Resümée zu ziehen,
■ die Abläufe und Ergebnisse zu rekapitulieren und bewusst zu machen,
■ Ergebnisse, Fortschritte, Leistungen zu würdigen,
■ das Erlernte einzuordnen,
■ Eindrücke und Befindlichkeiten der Beteiligten zur Kenntnis zu nehmen, und
   Konsequenzen für die zukünftige Arbeit abzuleiten,
■ die inhaltliche Arbeit am Thema bzw. die Sequenz abzuschließen und einen
■ Ausblick auf das neue Thema vorzunehmen.

Methoden führe ich an dieser Stelle nicht auf; sie sind identisch mit den unter
Metakommunikation bzw. Unterrichtsreflexion aufgeführten.

2.7 Bedingungen zum Erwerb von Basiskompetenzen

Im folgenden möchte ich auf mir wesentliche Lernbedingungen und Lernvoraussetzungen eingehen, die m. E. gegeben sein sollten, um »neues Lernen« bzw. den Erwerb von Schlüsselqualifikationen zu ermöglichen.

»Sobald mein Alter es mir erlaubte, mich von der Unterwerfung unter meine Lehrer freizumachen, gab ich das gelehrte Studium völlig auf. Ich entschloss mich kein anderes Wissen mehr zu suchen als dasjenige, das sich in mir selbst oder in dem grossen Buche der Welt finden könne. Ich verwandte den Rest meiner Jugend darauf, zu reisen, Höfe und Heere zu sehen, mit Menschen von verschiedener Art und Stellung zu verkehren, mannigfache Erfahrungen zu sammeln, mich in den Ereignissen, die das Geschick mir darbot, zu erproben und überall über das, was mir begegnete, so nachzudenken, dass ich Gewinn davon hätte.«

René Descartes (1556–1650) (»DIE ZEIT«, Nr. 37, 1999)

Lebenspraxisbezug

Generell wird heute beklagt, dass Schüler schwerer zu erreichen sind und den Inhalten sehr distanziert gegenüberstehen. Dieser Sachverhalt ist mit Druck nicht veränderbar; erfolgversprechend ist viel eher der Weg, nach Berührungspunkten und Zusammenhängen des Stoffes mit der Lebenswelt der Schülerinnen und Schüler zu suchen. Es geht um das, was Rogers »Kontakt mit den Problemen« nennt.

Klärung des thematischen Bezugs

Ist Ihnen klar, was Ihre Schülerinnen und Schüler von dem neuen Thema, der neuen Unterrichtseinheit halten und welchen Lebenspraxisbezug sie evtl. erkennen oder wie er sich herstellen lassen könnte?

Folgende Leitfragen könnten dazu eine Hilfe sein:

Sind meine Schülerinnen und Schüler evtl. schon einmal mit dem Problem/Themengebiet in Berührung gekommen?

. . . .

Wann und wo ? (In einem anderen Unterrichtsfach?)

. . . .

Welche Meinung (Vor-Urteil) haben sie von dem Thema/Problem?

. . . .

Welche Relevanz hat es für sie? Wie denken sie darüber?

....

Welche Relevanz hat es bzw. könnte es Ihrer Meinung nach haben?

....

Welche verschiedenen Meinungen bezügl. der Bedeutung des Problems gibt es in der Lerngruppe?

....

Wieviel Raum bin ich bereit, für den Meinungsaustausch über das Interesse an dem Thema zur Verfügung zu stellen?

....

Gibt es Möglichkeiten auf den Praxisbezug einzugehen? (z. B. durch eine Erkundung in der Stadt, Einladung eines Experten, Elternteil, der beruflich damit zu tun hat, etc., etc.?)

....

Die Entwicklung »wissenschaftlicher« Neugier: fragen lernen

Unterricht gibt Antworten auf Fragen,
die niemand gestellt hat.

Mit die wesentlichste Voraussetzung für Lernen, das auf Einsicht beruht und nicht die Wiedergabe von Fakten als Gedächtnisleistung meint, besteht darin, eine Fragehaltung zu entwickeln und fragen zu lernen. Diese Fragehaltung, die bei kleinen Kindern vorhanden ist, im Lauf der Zeit aber wohl verkümmert oder verdeckt wird, gilt es wiederzuentdecken bzw. wiederzubeleben. Damit einhergehen sollte die Klärung und Entwicklung von Interessen.

| **Fragehaltung entwickeln** |

Vorschlag:

■ Gehen Sie einmal bei der Einführung einer neuen Unterrichtseinheit anders vor; stellen Sie die Informationsvermittlung zurück. Beginnen Sie nicht mit der Textlektüre, einem Lehrervortrag von Ihnen, mit Referaten oder wie auch immer Sie sonst beginnen.

■ Starten Sie mit einer Stunde – oder einer kürzeren Einheit – und lassen Sie Ihre Schülerinnen und Schüler Fragen finden und formulieren. (Zeitvorgabe: etwa 15 Min.; Arbeitsform: Einzel- oder Partnerarbeit). Dabei sollten alle Fragen erlaubt sein, die auch nur irgendwie mit dem Arbeitsauftrag bzw. mit dem Thema zusammenhängen von:, »warum behandeln wir das Thema?«,

»was macht das für einen Sinn, Fragen zu sammeln?« bis hin zu Fragen der geschichtlichen Entstehung, gesellschaftlichen, ökonomischen Relevanz, Verbindung zum voraufgegangenen Thema oder speziellen Intessen der Schülerinnen und Schüler, etc., etc.

▪ Lassen Sie sich nicht in ein Frage- / Antwortspiel verwickeln, beantworten Sie keine Fragen, sondern verweisen Sie auf den Auftrag, Fragen zu notieren.

▪ Lassen Sie danach die Fragen verlesen und von den Gruppenmitgliedern beantworten.

▪ Halten Sie die wesentlichen Fragen an der Tafel fest, vielleicht gibt es solche, auf die Sie gar nicht gekommen wären und

▪ geben Sie diesen Fragen in Ihrem Unterricht Raum bzw. erfragen Sie das Interesse von Schülerinnen und Schülern, diesen Fragen z. B. in Referaten oder wie auch immer nachzugehen.

Selbsttätigkeit/Handlungsorientierung

»Ich bin zu der Erfahrung gelangt, dass das einzige das Verhalten signifikant beeinflussende Lernen das Lernen durch Selbst-Aneignen und Selbst-Entdecken ist.«

»Es ist ein Lernen, das etwas ändert – im Verhalten des einzelnen, in den von ihm künftig einzuschlagenden Handlungsweisen, in seinen Einstellungen und in seiner Persönlichkeit. (Rogers, S. 271, 274)

Die Forderung vieler namhafter Pädagogen nach Selbsttätigkeit von Schülerinnen und Schülern im Unterricht habe ich schon erwähnt. Sie ist jedoch sicherlich bei den normalen Rahmenbedingungen von Unterricht nicht sehr leicht zu realisieren.

Die Tatsache, dass Selbsttätigkeit so wenig im Unterricht realisiert wird – in einer grossangelegten Untersuchung wurde nachgewiesen, dass ca. 80% des schulischen Unterrichts in Form von Frontalunterricht abläuft – hat nur begrenzt mit den nicht gerade förderlichen Rahmenbedingungen zu tun. Es gibt dafür m. E. verschiedene Gründe. Einer ist darin zu suchen, dass die Überzeugung von der Effizienz des vom Lehrer methodisch (kleinschrittig) aufbereiteten Stoffs ungebrochen ist, womit die Wirkung dieser Vorgehensweise sehr überschätzt wird. Ein weiterer damit verbundener Grund dafür besteht in der Annahme, dass Fehler und Irrwege zu vermeiden seien und nicht zu nachhaltigem Lernen führten und der dritte in einem Kontrollverlust bezüglich der Lernanstrengungen und Arbeitsweisen der Schülerinnen und Schüler.

Überprüft man einmal – etwa an sich selbst – welche Fachkenntnisse nach all den Schuljahren, d. h. dem langjährigen Unterricht in bestimmten Fächern noch vorhanden sind oder spürt einmal schmerzlich, wie mangelhaft man sich z. B. nach 9 Jahren Englischunterricht im Ernstfall in dieser Sprache ausdrücken kann, dann muß man zu der Erkenntnis kommen, dass Unterricht, in dem alle nach *einer* vorgegebenen Weise und im gleichen Tempo lernen (sollen), nicht sehr erfolgreich ist und schlimmstenfalls Lernen verhindert.

Dennoch gibt es ein ungebrochenes Vertrauen in die Wirksamkeit methodisch-didaktischer Aufbereitung von Unterrichtsstoffen und eine schier unbegrenzte Didaktisierung des Alltagslernens, die so weit führt, dass viele Menschen sich so gut wie in jedem Bereich von Hobby, Beruf und Freizeit nicht zutrauen, etwas selbst zu praktizieren oder sich etwas selbst anzueignen, sondern einen Kurs dazu belegen, gleichgültig, ob es sich um Arbeit mit dem PC, Skilanglauf oder Makramèe handelt. In vielen Fällen mag dazukommen, dass Lernen und Tun in der Gruppe Gleichgesinnter als interessanter und motivierender erlebt wird, in vielen Fällen geht das Bedürfnis Anleitung zu haben, aber eindeutig auf den Mangel an Vertrauen in die eigene Fähigkeit zu lernen und sich selbst etwas anzueignen (zu eigen zu machen), bzw. überhaupt etwas zu können und z. T. auch auf die Angst, etwas falsch zu machen, zurück.

Betrachtet man dagegen die erstaunlichen PC-Kenntnisse der sog. »Computer-Generation«, so wird deutlich, wie erfolgreich Autodidaktik sein kann, denn Lernen in diesem Bereich bzw. in dieser Lernergruppe findet so gut wie nicht durch »schlaue Bücher« statt, schon gar nicht durch den Besuch von Computer-Kursen, sondern fast ausschliesslich durch Tun, durch trial and error/Versuch und Irrtum und evtl. durch gelegentlichen Expertenrat aus der Peer-Gruppe.

»Adler steigen keine Treppen

Vom methodischen Treppensteigen

Der Pädagoge hatte seine Methoden aufs genaueste ausgearbeitet; er hatte – so sagte er – ganz wissenschftlich die Treppe gebaut, die zu den verschiedenen Etagen des Wissens führt; mit vielen Versuchen hatte er die Höhe der Stufen ermittelt, um sie der normalen Leistungsfähigkeit kindlicher Beine anzupassen; da und dort hatte er einen Treppenabsatz zum Atemholen eingebaut und an einem bequemen Geländer konnten die Anfänger sich festhalten.

Und wie er fluchte, dieser Pädagoge! Nicht etwa auf die Treppe, die ja offensichtlich mit Klugheit ersonnen und erbaut worden war, sondern auf die Kinder, die kein Gefühl für seine Fürsorge zu haben schienen.

Er fluchte aus folgendem Grund: solange er dabei stand, um die methodische Umsetzung der Treppe zu beobachten, wie Stufe um Stufe emporgeschritten wurde, an den Absätzen ausgeruht und sich an dem Geländer festgehalten wurde, da lief alles ganz normal ab. Aber kaum war er für einen Augenblick nicht da: sofort herrschten Chaos und Katastrophe! Nur diejenigen, die von der Schule schon genügend autoritär geprägt waren, stiegen methodisch Stufe um Stufe, sich am Geländer festhaltend, auf dem Absatz verschnaufend, weiter die Treppe hoch – wie Schäferhunde, die ihr Lebtag darauf dressiert wurden, passiv ihrem Herrn zu gehorchen und die es aufgegeben hatten, ihrem Hunderhythmus zu folgen, der durch Dickichte bricht und Pfade überschreitet.

Die Kinderhorde besann sich auf ihre Instinkte und fand ihre Bedürfnisse wieder: eines bezwang die Treppe genial auf allen Vieren; ein anderes nahm mit Schwung zwei Stufen auf einmal und liess die Absätze aus; es gab sogar welche, die versuchten, die Treppe rückwärts hinaufzusteigen und die es darin wirklich zu einer gewissen Meisterschaft brachten. Die meisten aber fanden – und das ist ein einfach nicht zu fassendes Paradoxon – dass die Treppe ihnen zu wenig Abenteuer und Reiz bot. Sie rasten um das Haus, kletterten die Regenrinne hoch, stiegen über die Balustraden und erreichten das Dach in einer Rekordzeit, besser und schneller als über die sogenannte methodische Treppe; einmal oben angelangt, rutschten sie das Treppengeländer wieder runter ... um den abenteuerlichen Aufstieg noch einmal zu wagen. Der Pädagoge macht Jagd auf die Personen, die sich weigern, die von ihm für normal gehaltenen Wege zu benutzen. Hat er sich wohl einmal gefragt, ob nicht zufällig seine Wissenschaft von der Treppe eine falsche Wissenschaft sein könnte, und ob es nicht schnellere und zuträglichere Wege gäbe, auf denen auch gehüpft und gesprungen werden könnte; ob es nicht, nach einem Bild Victor Hugos, eine Pädagogik für Adler geben könnte, die keine Treppen steigen, um nach oben zu kommen?«

(Aus: Freinet, C.: Pädagogische Texte, Reinbek, 1980)

Die Forderung nach Selbsttätigkeit führt unmittelbar zu einer weiteren Forderung, nämlich:

Fehler machen zu dürfen und aus Fehlern und Irrtümern zu lernen.

Auf diese Forderung werde ich im Kapitel 5 (»Wie Sie besser arbeiten«) ausführlich eingehen.

Es gibt die Auffassung, die besagt, dass es keine Sackgassen gibt beim Lernen, sondern dass man manche Stellen notwendigerweise zwei mal passieren muss.

Und auch hier gilt, dass man alles tun darf – eben auch Fehler machen – dass man aber die Konsequenzen tragen muss. Weil Fehler manchmal die Person in besonderer Weise berühren und daher sehr schmerzlich und ärgerlich sein können, sind sie in vielen Fällen ja gerade so lehrreich und nachhaltig in ihrer Wirkung und stellen letztendlich gesehen oft besonders gelungene Lernsituationen dar.

»Es liegt doch auf der Hand, dass unsere ganze Kreativität verlorengeht, wenn wir nicht riskieren können, etwas Falsches zu sagen oder zu tun. Kreativität ist im Kern nicht der Besitz eines besonderen Talents, sondern vielmehr die Fähigkeit zu spielen. (Bennis, S. 93)

Selbsterkundung

Wann haben Sie den letzten »dicken« Fehler gemacht?

· ·

Welche Konsequenzen entstanden aus diesem Fehler?

· ·

Welche Erinnerungen haben Sie an Fehler, die Sie in der Schule gemacht haben?

· ·

Können Sie sich an einen Fehler erinnern, aus dem Sie viel gelernt haben?

· ·

Was ist Ihnen in diesem Zusammenhang noch erinnerlich?

· ·

Glauben Sie dass durch Voraussicht Fehler mehr oder weniger vermeidbar sein können?

· ·

Gestatten Sie es sich, Fehler zu machen oder tadeln Sie sich dafür?

· ·

Kennen Sie einen Menschen, den Sie für (relativ) fehlerfrei halten oder der sich für (relativ) fehlerfrei hält?

· ·

Was zeichnet diesen Menschen sonst aus?

· ·

Für wie offen für Neues, für wie lernfähig halten Sie ihn?

· ·

Was schätzen Sie an diesem Menschen, was lehnen Sie eher ab?

· ·

Viele Menschen leben in dem Glauben, sie müßten immer alles richtig machen und das auch schon beim ersten Mal. Sie gehen davon aus, dass ihre Umwelt das von ihnen erwartet und dass Fehler immer eine Form des Versagens darstellen.

Im Bereich von Schule und Lernen hat sich diese Auffassung seit vielen Generationen etabliert. Fehler werden (rot) angestrichen, man wird möglicherweise verlacht und wenn man zu viele davon macht, erreicht man das Klassenziel nicht.

Werden Schülerinnen und Schülern gegenüber andere, anspruchsvollere Lernaufgaben gestellt, d. h., gehen die Anforderungen nicht so sehr in Richtung Darstellung, Reproduktion, Wiedergabe, Nachvollzug, etc., sondern handelt es sich um komplexere Aufgaben, die das Auffinden von Lösungswegen und alternativen Vorgehensweisen miteinschliessen, so muss sich ganz notwendigerweise die Einstellung zum Fehler machen ändern.

Mitbeteiligung an Entscheidungen

<table>
<tr><td colspan="3" align="center">**Selbsterkundung**</td></tr>
</table>

	Zustimmung			Ablehnung	

Ich besitze Macht gegenüber meinen
Schülerinnen und Schülern in Form
von Sanktionsmöglichkeiten und
Entscheidungsgewalt,　　1　2　3　4　5

Aus Sicht der Schülerinnen und Schüler
habe ich sehr viel Macht über sie,　　1　2　3　4　5

Ich habe gar nicht das Gefühl,
Macht zu haben, geschweige denn,
welche auszuüben,　　1　2　3　4　5

Als geschlossene Gruppe besitzen
Schülerinnen und Schüler mind.
ebenso viel Macht wie ich,　　1　2　3　4　5

Ich bin bereit Schülerinnen und Schüler
an der Macht, die ich habe, teilhaben
zu lassen,　　1　2　3　4　5

Im Unterricht geht es nicht um Macht,
sondern um rationale Entscheidungen im
Bereich Lehren und Lernens,　　1　2　3　4　5

Ich habe gern die Kontrolle darüber,
wie einzelne Schülerinnen und
Schüler arbeiten,　　1　2　3　4　5

Ich vertraue darauf, dass Schülerinnen
und Schüler auch unbeaufsichtigt
arbeiten.　　1　2　3　4　5

Also, ich regle das Problem so:
Ganz zu Anfang gibt es so lange offenen Unterricht, bis die Schüler merken,
dass nichts klappt. Und dann fange ich mit dem Unterricht an.

»Das Lernen in der Schule sollte Schülerinnen und Schüler systematisch in das Selbstmangement der eigenen Lerntätigkeit einführen und dazu die Planungsspielräume, die Zeitspannen selbstgesteuerten Lernens und die Verfahren der Selbstvergewisserung schrittweise erweitern. Selbstwahl und Selbstdefinition von Aufgaben sowie die Selbstkontrolle der Zielerreichung sind Prinzipien, die sowohl den Umgang der Instution Schule mit sich selbst als auch den Umgang der einzelnen in ihr Tätigen mit sich selbst charakterisieren.« (Bildungskommision NRW, S.91)

Die Forderung nach Mitbeteiligung an Entscheidungen wie auch nach Selbstmanagement in dem Zitat ist sehr anspruchsvoll und setzt voraus, dass Schülerinnen und Schüler damit bereits Erfahrungen haben oder dass sie systematisch an Entscheidungen beteiligt werden, die sich in ihrer Relevanz permanent steigern. Häufig werden aber Gelegenheiten zur Mitbeteiligung nur in bezug auf Fragen der Inhalte oder der zeitlichen Abfolge gesehen und mit dem Argument verneint, dass Schülerinnen und Schülern dazu die notwendige Übersicht bzw. Kompetenz fehle. Bei der Erörterung von Möglichkeiten der Mitbeteiligung an Entscheidungen bieten Fragen der Methodenwahl, Arbeitsweisen oder der Sozial- und Aktionsformen jedoch gute Möglichkeiten über die Vorgehensweise mitzuberaten und mitzuentscheiden.

Übernahme von Verantwortung, Selbstverantwortung

> *»Tue, was du willst«, sagte Gott,*
> *»und bezahle die Rechnung«.*
>
> *(Spanisches Sprichwort)*

Übernahme von Verantwortung sollte nicht verwechselt werden mit dem Prinzip: »Friss Vogel, oder stirb.« Übernahme von Verantwortung – und hier meine ich ganz explizit die Sek.II – muss vielmehr gründen auf der Einsicht, dass man zwar wie Gregory Bateson sagt, »**das Pferd zum Wasser führen, es nicht aber zum Saufen zwingen kann**« und sie muss sich gründen auf der Einsicht, dass Belehrung und Unterweisung keine geeigneten Formen für ein Lernen sind, das mehr ist, als die Aufnahme und Reproduktion von Fakten. Wir kennen das geflügelte Wort vom »Lernen für das Leben« und das bedeutet, dass nur der oder die Betreffende die Verantwortung dafür tragen kann und muss. Verantwortung entsteht durch Beteiligung an einem Vorgang und durch Zutrauen. Geben Sie einem kleinen Kind einen zerbrechlichen Gegenstand in die Hand mit der Aufforderung, ihn z.B. in einen anderen Raum zu tragen und es wird Verantwortung für diesen Gegenstand übernehmen, weil es spürt, dass es eine verantwortungsvolle Tätigkeit übertragen bekam, bzw. weil ihm diese Aufgabe zugetraut wurde. Verantwortung entsteht offensichtlich dadurch, dass Raum gegeben wird, Verantwortung zu übernehmen bzw. verantwortlich auf eine Herausforderung zu reagieren.

Die Frage muss also sein:

■ Wieviel Raum gibt es für die Verantwortungsübernahme von Schülerinnen und Schülern für ihr Lernen im Unterricht und
■ Wie steht es mit dem Zutrauen, dass Schülerinnen und Schülern zur Verantwortungsübernahme in der Lage sind?

»Lernen wird gefördert, wenn der Lernende den Lernprozeß verantwortlich mitbestimmt«…. »Unabhängigkeit, Kreativität und Selbstvertrauen werden gefördert, wenn Selbstkritik und Selbstbeurteilung von grundlegender Bedeutung sind, während Fremdbewertung zweitrangigen Charakter hat.

Selbstinitiiertes Lernen, das die ganze Person des Lernenden – seine Gefühle wie seinen Intellekt – miteinbezieht, ist am eindringlichsten und am dauerhaftesten.« (Rogers, S.274)

»Bitte nicht helfen – es ist auch so schon schwer genug.«

Diesen Satz las ich einmal über einem Schreibtisch in einem Büro. Was hier als Büro-Joke daherkommt, hat einen durchaus ernsthaften Hintergrund, weil die Motive der Handelnden, d. h., die Aufgabe Ausführenden und die des Helfers nicht identisch sind, was häufig zur Interessenskollision führt: eigenständiges Handeln und Helfen sind unvereinbare Gegensätze. So stellt »Helfen wollen« als Ausdruck eines Lehrer-Rollenverständnisses oft ein Hindernis im Lehr-/Lernprozess dar und führt gerade dazu, dass es nicht zur Verantwortungsübernahme bzw. zur »Übergabe« von Verantwortung kommt, d. h. dazu, das Gegenüber wirklich verantwortlich agieren zu lassen. Die eigenständige Bewältigung von Aufgaben wird Schülerinnen und Schülern häufig nicht zugetraut, manchmal aber auch nicht zugestanden.

Stevens sagt dazu: »Fast immer hilft der Helfer sich selber, wenn er anderen hilft. Er überzeugt sich und andere, dass er imstande ist zu helfen und selber keine Hilfe braucht. Fast jeder »Helfer« hat merkliche Gefühle der Hilflosigkeit, die zeitweilig zurücktreten, wenn er anderen hilft. Das trifft für sehr viele Menschen zu, die in »Helferberufen« stehen: Lehrer, Psychologen und besonders Sozialarbeiter…

Viele Menschen versuchen, für andere verantwortlich zu sein, aber das ist einfach nicht möglich. Nur für mich und mein Tun kann ich es sein. Sogar, wenn ich die »Verantwortung« für ein kleines Kind übernehme, kann ich nur verantworten, was *ich selbst* tue, nicht das, was das Kind tut.« (S. 133)

Ein ganz wesentliches Anliegen der TZI ist die Übernahme von Verantwortung des einzelnen für den eigenen Lernprozess, wie aber auch für den Gruppenprozeß, das sog. **Chairperson-Postulat: »Be your own chairperson.«** (Sei deine eigene Leitperson. »Mache dir deine innere und äußere Wirklichkeit bewußt! Benutze deine Sinne, deine Gefühle, gedanklichen Fähigkeiten und entscheide dich verantwortlich von deiner eigenen Perspektive her.« Der Prozeß der zunehmenden Bewußtwerdung bezieht sich auf »die körperlichen Empfindungen, die wechselnden Gefühle und Grundstimmungen, die Wahrnehmung im Gruppengeschehen, die gedanklichen Eingebungen: Phantasien, Intuition, Urteile, Wertungen, Absichten.« (Cohn, 1975, S. 179)

Methodenkompetenz

Für den Einsatz von unterschiedlichen Lehr- und Lernmethoden gilt m. E. auch das, was Einstein von den menschlichen Fähigkeiten bzw. der menschlichen Intelligenz gesagt hat, nämlich, dass wir max. 10% unseres Potentials nutzen.

Ich bin der Überzeugung, dass Sie nur einen Bruchteil der Unterrichtsmethoden, die Sie kennen, im Unterricht einsetzen.

- Behalten Sie diese Methoden bei, es werden solche sein, die zu Ihnen passen, d. h., mit denen Sie sich sicher fühlen.
- Probieren Sie ganz begrenzt – bezügl. Anzahl und bezügl. der Klassen, in denen Sie unterrichten – neue Methoden aus; erweitern Sie so ganz langsam Ihr Repertoire.
- »Variatio delectat« (Abwechslung erfreut) heisst es im Lateinischen, überraschen Sie ihre Schülerinnen und Schüler, indem Sie neue Anforderungen an sie stellen und neue Wege gehen.
- Prüfen Sie, ob die neue Methode zu Ihnen passt und wie es Ihren Schülern damit geht.
- Wählen Sie aber nur solche Methoden aus, die zur Bewältigung der anstehenden Aufgabe geeignet sind (methodische Passung); praktizieren Sie neue Methoden nicht nur um den Reiz des Neuen willen.

Selbsteinschätzung

Wieviel Zeit verbringen meine Schülerinnen und Schüler mit folgenden Aktivitäten?

	wenig				viel
1. Zuhören bei Vorträgen, Referaten	1	2	3	4	5
2. Erklärungen des Lehrenden	1	2	3	4	5
3. Diskussion, Gespräche untereinander	1	2	3	4	5
4. Unterrichtsgespräch	1	2	3	4	5
5. Individuelle Arbeit, Stillarbeit	1	2	3	4	5

6. Kleingruppen-Arbeit (innerhalb der Kursstunde)	1	2	3	4	5
7. Eigenaktivität, selbstgewählte Aufgaben	1	2	3	4	5
8. Einsatz audio-visueller Hilfsmittel (Overhead-Projektor, Film, Video, Tonträger)	1	2	3	4	5
9. Rollenspiel, szenische Darstellungen	1	2	3	4	5
10.	1	2	3	4	5
11.	1	2	3	4	5
12.	1	2	3	4	5

Selbsteinschätzung

Bitte kreuzen Sie die Häufigkeit der Anwendung folgender Methoden in Ihrem Unterricht an:

Unterrichtsmethoden:	oft	selten	nie
Bienenkorb	☐	☐	☐
Brainstorming	☐	☐	☐
Brainwriting	☐	☐	☐
Collagen	☐	☐	☐
Fragebogen	☐	☐	☐
Diskussion	☐	☐	☐
Diskussionsleitung durch Schüler	☐	☐	☐
4 Ecken	☐	☐	☐
Experten-Befragung	☐	☐	☐
Fish-bowl	☐	☐	☐
Impulsreferat	☐	☐	☐
Kartenabfrage und Clustering	☐	☐	☐
Karusselldiskussion	☐	☐	☐
Koordinaten-Abfrage	☐	☐	☐
Lehrervortrag	☐	☐	☐
Mind Mapping	☐	☐	☐
Partner-Interview	☐	☐	☐
Overhead-Folien	☐	☐	☐
Partner- bzw.Kleingruppenarbeit	☐	☐	☐
Plakate	☐	☐	☐

Planspiel	☐	☐	☐
Podiumsdiskussion	☐	☐	☐
Pro- und Contra-Diskussion	☐	☐	☐
Reihumstatement	☐	☐	☐
Rollenspiel	☐	☐	☐
Stundenreflexion/Kurskritik	☐	☐	☐
Stimmungsbarometer	☐	☐	☐
Textarbeit (Textanalyse mit Leitfragen)	☐	☐	☐
Thesenpapier	☐	☐	☐

Ich setze folgende nicht aufgeführte Methoden ein:

....

....

....

....

Auswertung:

Wie wirkt das Ergebnis auf Sie?

....

Wieviele Methoden haben Sie angekreuzt, wieviele haben Sie selbstaufgelistet?

....

2.8 Teaching by objectives: Eigenständiges Arbeiten durch Anleitungshilfen unterstützen

In der Wirtschaft wird unter »managing by objectives« das Management durch genaue Ziel- und Zeitvorgaben bzw. -vereinbarungen verstanden. Auf Schule übertragen ist dies eine Form der eigenständigen Bearbeitung, bei der Festlegungen in bezug auf die Arbeitsform und die zur Verfügung stehende Zeit erfolgen, die thematische Festlegung oder Eingrenzung/Schwerpunktsetzung aber häufig weitgehend ins Belieben des/der einzelnen gestellt ist, wie es z. B. bei der Anfertigung von Referaten die Regel ist.

Mit Unterstützung der Anleitungshilfen können Schülerinnen und Schülern Aufgaben übertragen werden (z. B. Anfertigung von Unterrichtsbeobachtung, Thesenpapier oder Textanalyse), die entweder noch nicht eingeübt wurden oder deren Einübung so lange zurückliegt, dass ohne eine Anleitung die sinnvolle Bewältigung der Aufgabe nicht oder nur bedingt zu erwarten ist. In diesem Fall tragen Anleitungshilfen dazu bei, dass sich Schülerinnen und Schüler die unterschiedlichen Lernkompetenzen weitestgehend selbst aneignen. Sie haben den weiteren Vorteil, dass sich durch sie die Anforderungen stärker objektivieren lassen und zum anderen in einer Lerngruppe sehr unterschiedliche Arbeitsaufträge vergeben werden können.

Anleitungshilfen
Hinweise zur Anfertigung eines Stundenprotokolls

Form

1. Kopf: Von: . . . .
   An: . . . .
   Betr.: Stundenprotokoll vom . . . . .

2. Rand: ca. 6 cm (links)

Tempus

Präsens oder Imperfekt

z. B.: Die Stunde beginnt/begann mit einer Bewegungsübung. Anschließend daran berichten/berichteten die Teilnehmer über ihre Erfahrungen mit der Übung.

Dann macht/machte ein Teilnehmer den Vorschlag......., der nach kurzer Diskussion angenommen wird/angenommen wurde.

Im Laufe der Diskussion wird/wurde von den Befürwortern vor allem darauf hingewiesen, dass......., während die Gegenseite den Standpunkt vertritt/vertrat, dass.......

In den folgenden 20 Minuten setzt/setzte sich die Gruppe mit der Frage auseinander inwiefern Selbstsicherheit .... ist/sei und ob nicht bei bestimmten Personen die Gefahr einer .... besteht/bestehe.

Den Abschluß der Stunde bildet/bildete ein kurzes Reihum-Statement, in dem wir uns/die Gruppe sich gegenseitig mitteilen/mitteilten, was für uns in der Stunde wichtig war.

■ Bilden Sie kurze Sätze, vermeiden Sie Schachtelsätze.
■ Machen Sie sich klar, ob der Satz genau das wiedergibt, was Sie aussagen möchten.
■ Vermeiden Sie Ausdrücke, Wörter, Redewendungen, die die Aussage verunklaren wie z. B.: halt, eigentlich, im Prinzip, gewisse......., bestimmte........
■ Notieren Sie sich während der Stunde Stichworte, die den Ablauf bzw. das Wesentliche der Stunde im Nachhinein nachvollziehbar machen, versuchen Sie nicht, während der Stunde das Protokoll zu schreiben bzw. längere Formulierungen festzuhalten.
■ Achten Sie auf Vollständigkeit, Verständlichkeit, Sachlichkeit; (eigene Einschätzungen sollten im Protokoll zurückgehalten werden, müssen aber auf jeden Fall als solche ausgewiesen werden.

Anleitung zur Anfertigung einer Textanalyse

1. Art des Textes

■ wie ist der Titel, Untertitel?
■ aus welchem Buch, welcher Zeitschrift stammt er?
■ aus welcher Fachrichtung, Teildisziplin stammt er?
■ in welchem größeren Zusammenhang steht er?

2. Autor / Verfasser

■ wer ist der Autor?
■ was können Sie über ihn sagen?

3. Textverständnis

■ hatten Sie Schwierigkeiten beim Lesen des Textes?
■ wie beurteilen Sie den Text hinsichtlich seiner Verständlichkeit?

4. Inhalt des Textes

■ worum geht es?
■ was ist das Thema / Problem?
■ wie läßt es sich umschreiben, genauer erklären?
■ was ist die Kernaussage des Textes?
  (in 3-4 Sätzen wiedergeben)

5. Textzusammenfassung / Inhaltswiedergabe

6. Aufbau des Textes / Argumentation

■ wie ist der Text gegliedert?
■ Kapiteleinteilungen?
■ wie argumentiert der Autor?
■ wie begründet er seine Aussage?
■ welche Beispiele führt er an?

7. Einschätzung

■ hat der Text etwas für Sie geklärt?
■ wurde Ihnen das Anliegen des Autors klar ?
■ welche Bedeutung hat dieser Text Ihrer Meinung nach
  ■ für das Kursthema?
  ■ für Ihr eigenes Lernen?

Allgemeine Hinweise:

■ verwenden Sie für die Textzusammenfassung bzw. -wiedergabe eigenständige Formulierungen,

■ machen Sie deutlich, dass das, was Sie berichten, nicht allgemein anerkannte Tatsachen sind, sondern dass es sich um die Auffassung dieses (einen) Autors handelt,

■ wenn Sie sich an wichtigen Stellen auf den Verfasser berufen wollen oder deutlich machen möchten, wie er etwas formuliert oder welche Sprache er dabei verwendet, dann zitieren Sie ihn. (Zitate sind nur dazu da, nicht aber, um einen inhaltlichen Sachverhalt darzustellen (d. h., Ihnen das Umformulieren zu ersparen.) Zitiert wird folgendermaßen:
»Der menschliche Gang darf als das zentrale Problem der Bewegungsforschung im 19. Jahrhundert bezeichnet werden.« (Meinel, S. 67).
Die Quelle wird nicht in der Fußnote, sondern im alphabetischen Literaturverzeichnis am Ende der Arbeit angegeben und zwar folgendermaßen:
Meinel, Kurt – Bewegungslehre, Berlin-Ost 1960.

Referatsthemen finden und formulieren

Vorbemerkung:

In vielen Fällen wählen Teilnehmer in Kursen oder Seminaren Themen zur schriftlichen Bearbeitung aus, weil Quellen gut zugänglich sind, die angegebene Literatur relativ wenig umfassend erscheint oder weil das Thema als einfach zu bearbeiten eingeschätzt wird.

Häufig werden aber auch »Themen« vergeben oder von den Teilnehmern ausgewählt, bei denen es sich noch gar nicht um Themen handelt, wie z. B. im Fall von:

»Die französische Revolution«
»Die Indianer Nord-Amerikas« oder
»Gewalt und Sport«

Diese »Themen« geben Inhaltsbereiche wieder und stellen allenfalls »Arbeitsthemen« dar, d. h., sie sind der erste thematische Ausgangspunkt für die Beschäftigung mit einem Inhalt. Das Thema entsteht dann, wenn aus dieser Beschäftigung eine spezielle eigene Fragestellung entsteht bzw. formuliert wird.

Die Festlegung des Themas (bzw. die Themen-Findung) ist das Ergebnis eines notwendigen, vorausgegangenen Klärungsprozesses, in welchem der Verfasser seinen Bezug zum Thema und sein mit der Arbeit verbundenes »Erkenntnisinteresse« deutlich macht.

Hilfen für die Themenfindung bzw. -eingrenzung
Wie komme ich zu einem Thema?

■ Klären Sie als Erstes sehr gründlich ihr Interesse an dem Themenbereich und was Sie schon darüber wissen bzw. was Sie untersuchen möchten. Wenn Sie die folgenden Fragen für sich durchgehen, wird es ihnen leichterfallen, einen Bezug zum Thema herzustellen, bzw. ihn auch für sich gut erkennbar zu machen.

»ICH«-ASPEKT:

■ Was interessiert mich besonders?
■ Was macht mich neugierig?
■ Was weiß ich schon darüber?
■ Was möchte ich klären, darstellen, untersuchen, lernen?
■ Worauf geht mein Interesse zurück?
■ Welche Fragen stellen sich mir?
■ Wo sehe ich das eigentliche Problem?
■ Was möchte ich ausklammern?
■ Worauf möchte ich mich beschränken?

»ES«-(SACH-)ASPEKT:

■ Worum geht es?
■ Was ist das Problem?
■ Welche Wichtigkeit/Bedeutung kommt der Sache zu?
■ Welche Kenntnisse sollte man darüber haben?
■ Welche Auffassungen gibt es zu der Thematik/ welche herrschen in der Sache vor?
■ In welchem Zusammenhang steht sie mit dem Kursthema, bzw. mit dem, was wir eben im Unterricht behandeln?

»WIR«-ASPEKT:

■ Was könnte für die anderen wichtig/interessant sein?
■ Was wissen sie schon darüber?
■ Was möchte ich ihnen vermitteln?
■ Grenzen Sie das Thema deutlich von einem Inhaltsbereich oder Sachgebiet ab; grenzen Sie es auf den von ihnen näher zu untersuchenden Teilaspekt bzw. auf die zugrundeliegende Fragestellung ein; hilfreiche Fragen bzw. Überlegungen zur Eingrenzung des Themas können sein:
  ■ dieser Sachverhalt müßte doch einmal genauer untersucht werden,
  ■ dieser Frage möchte ich genauer nachgehen,
  ■ wie verhält es sich denn damit nun wirklich?
■ Schränken Sie die »Aufgabenstellung« so ein, dass sie bezogen auf die zur Verfügung stehende Zeit bzw. den geforderten Umfang oder »Tiefgang« der Arbeit bewältigbar ist.

■ Machen Sie sich klar, was das Ergebnis der Arbeit sein soll, welches Ziel, welche Absicht Sie mit der Arbeit verfolgen. In bestimmten Fällen wird es ausreichen, einen Sachverhalt darzustellen, in den meisten Fällen wird jedoch darüber hinaus erwartet, den Sachverhalt oder seine Ursachen zu deuten, einzuordnen, das Problem aufzuzeigen, Lösungen anzudeuten, etc.

Hilfen für die Themenformulierung:

Wenn Sie geklärt haben, was für Sie an der Sache/dem Untersuchungsgegenstand wichtig ist und was Sie daran besonders interessiert, bzw. was Sie aufdecken, untersuchen, klären möchten, wird ihnen die Formulierung des Themas leichterfallen.

Der Formulierung des Themas kommt eine wesentliche Bedeutung zu, weil sie einerseits den Rahmen der zu bewältigenden Aufgabe möglichst so präzise beschreiben soll, dass der Zuhörer/Leser eine konkrete Vorstellung davon gewinnt, worüber er informiert wird.

Mit der Formulierung soll der Zuhörer/Leser aber nicht nur informiert werden, es soll auch sein Interesse an dem Thema geweckt werden; er soll »gewonnen« werden, sich mit den von dir dargestellten Problemen/Fragen zu beschäftigen.

■ Versuchen Sie das Thema leicht verständlich, klar und präzise zu formulieren. Achten Sie darauf, dass es nicht zu eng, aber auch nicht zu weit gefaßt ist. Formulieren Sie es so, dass das Interesse des Lesers/Zuhörers hinsichtlich dessen, was Sie mit dem Referat oder der Arbeit klären wollen, geweckt wird. Hierzu eignet sich mitunter recht gut die Frageform. Falls Sie das Thema in Form einer Frage formulieren, sollte es keine sein, die mit »Ja« oder »Nein« beantwortet werden kann.
■ Formulieren Sie das Thema so, dass seine Bearbeitung im vorgegebenen Rahmen bleibt; d. h., es muß in der zur Verfügung stehenden Zeit und unter Beibehaltung anderer begrenzender Faktoren (z. B. maximaler Seitenumfang, etc.) bearbeitet werden können. D. h. erwecken Sie nicht den Anschein, als wolllen Sie mit der Arbeit alles und alles ergründen bzw. erklären.
■ Wenn Sie es in der Arbeit als notwendig ansehen sollten, zur Klärung dessen, was Sie bearbeiten möchten, eine einschränkende Formulierung zu verwenden (wie: »es würde den Rahmen der Arbeit sprengen, auf .... einzugehen, deshalb beschränke ich mich auf die Darstellung des ....«), dann können Sie sehr sicher sein, dass Sie das Thema nicht präzise genug formuliert haben.

Ein praktisches Beispiel:

Wie wird nun also aus den Inhaltsbereichen oder »Arbeitsthemen« bzw. den ersten thematischen Ausgangspunkten für die Beschäftigung mit einem Inhalt wie »Gewalt und Sport« ein Thema?

Nach der Sammlung von Aspekten und der damit einhergehenden Eingrenzung wie z. B.: Fans, Schlachtenbummler, Fußball-Rowdies, Hooligans,

■ Was wollen die »Fans«?, was machen Fan-Clubs?
■ Verhalten bei Heim- und Auswärts-Spielen (Lieder, Aktionen),
■ Gewaltausübung von Fußball-Fans (vor, während und nach dem Spiel),
■ Begriffsbestimmung: Gewalt – Aggression,
■ Aggressionstheorien,
■ Ursachen, Beweggründe für aggressives Verhalten,
■ schichtspezifische bzw. sozio-ökonomische Hintergründe,

könnte das Thema z. B. lauten:

»Motive der Gewaltausübung durch Fußball-Fans«, oder
»Was macht Fußball-Fans gewaltbereit?«,
»Fan-Projekte – ein Schutz gegen Randale?«,
»Das Verhalten von Fußball-Fans aus der Sicht von Jugendforschern«.

Einen Vortrag halten/Referieren
Das Redemanuskript (Stichwortzettel)

Nach der Erarbeitung des Referats und dem mehrmaligen lauten Lesen sollten Sie in der Lage sein, den Inhalt frei wiederzugeben; Sie sind nun Experte für dieses Sachgebiet, bzw. für diese Frage- oder Problemstellung.

Häufig will es jedoch nicht gelingen, in der freien Rede genau die sprachlichen Verbindungen und Übergänge wie im Manuskript zu treffen, deshalb ist es wichtig, dass Sie sich von diesem freimachen und Ihrer Fähigkeit, den Sachverhalt frei darzustellen, vertrauen.

Um inhaltlich keinen Gesichtspunkt zu übergehen – der dann nur durch eine komplizierte Rückwende zu klären wäre – sollten Sie sich einen kleinen »Spickzettel« machen, der jedoch keine Sätze, sondern nur einzelne »Signal«-Wörter enthält, die für die Informations-Abfolge des Referats wichtig sind, bzw. die (logischen) Übergänge andeuten.

Kontakt mit den Zuhörern / Gewinnen der Aufmerksamkeit

Faktoren, die die Bereitschaft zuzuhören unterstützen:

Den eigenen Bezug deutlich werden lassen

Lassen Sie Ihre Zuhörer erkennen, dass Ihr Thema Sie selbst interessiert, dass Sie sich mit einer Sache bzw. Fragestellung intensiv auseinandergesetzt haben und dass Sie ihnen den Sachverhalt gern vermitteln möchten. (Das Interesse der Zuhörer wird ein ganz anderes sein, als wenn sie den Eindruck haben, als entledigten Sie sich nur eben der Pflicht, ein Referat zu halten.)

Dazu muß Ihnen allerdings Ihr Bezug zu dem Thema bzw. der Fragestellung deutlich sein: »was fand ich neu, spannend, widersprüchlich, schwierig, mitteilenswert, etc., etc.?

Sprechtempo

Sprechen Sie langsamer (und evtl. auch lauter), als Sie sonst sprechen und legen Sie hin und wieder eine kleine Pause ein; die Zuhörer müssen sich erst auf Ihre Stimme einhören und sie müssen Ihren Ausführungen folgen können; bedenken Sie dabei, dass der Sachverhalt Ihnen vertraut ist, für Ihre Zuhörer aber weitestgehend Neues darstellt. Lassen Sie ihnen daher Zeit, Ihnen zu folgen und hetzen Sie sie nicht durch Ihren Vortrag.

Die vier »Verständlichmacher«:

Einfachheit

= einfache Darstellung, kurze, einfache Sätze,
gebräuchliche Wörter, Fachbegriffe erläutern,
konkret, anschaulich;

Kürze/Prägnanz

= knappe Darstellung, aufs Wesentliche konzentriert,
verständlich, gut nachvollziehbar, jedes Wort ist wichtig;

Ordnung/Gliederung

= gegliedert/folgerichtig, übersichtlich,
Unterscheidung von Wesentlichem und Unwesentlichem,
der »rote Faden« bleibt gut sichtbar,
alles kommt schön der Reihe nach;

Anregung/Stimulanz

= Beispiele, Bilder, Vergleiche, abwechslungsreiche Ausdrucksweise,
Zuhörer-Interesse wecken: Zuhörer ansprechen, Bezüge zu Erfahrungen oder Wissen der Zuhörer herstellen, persönliche Beiträge.

Medieneinsatz/Visualisierung

Wenn Sie wissen, dass Wissen zu 78 % über das Auge und nur zu 13% über das Ohr aufgenommen wird, wird Ihnen die Bedeutung von Medieneinsatz bzw. Visualisierung (visuelle Darstellung) umso mehr einleuchten. Ganz gleich, ob Sie die Möglichkeit haben, mit Tafel, Schaubild, Overhead-Projektor oder dgl. zu arbeiten, Sie sollten für »Anschauung« sorgen und sei es nur, dass Sie das Thema und/oder die Gliederung an die Tafel schreiben, eine Landkarte aufhängen oder eine Folie auflegen.

Vortrag für »imaginäre Zuhörer«

Wählen Sie einen Ort – zuhause oder im Freien – an dem Sie sich ungestört fühlen und halten Sie Ihr Referat vor einer imaginären Zuhörerschaft. Versuchen Sie eine Situation zu schaffen, die der »Ernst«-Situation möglichst ähnlich ist: halten Sie das Referat im Stehen oder im Sitzen, je nachdem, wie Sie es später dann vor Ihren Zuhörern tun werden.

Schauen Sie vor Beginn Ihres Vortrags auf die Uhr, halten Sie die Zeitdauer fest; überprüfen Sie, ob Sie im zeitlichen Rahmen bleiben. Ideal wäre, Sie könnten Ihren Vortrag für sich auf Band aufnehmen.

Halten Sie Ihren Vortrag mehrere Male und spüren Sie, wie Ihre Versiertheit zunimmt und Sie sich mehr und mehr von Ihrem Spickzettel lösen können:

Sie sind jetzt wirklich gut vorbereitet.

Feedback (z. B. nach einem Vortrag)

Unter Feedback in Gruppenprozessen versteht man die (verbale) Reaktion von Gruppenmitgliedern auf ein Verhalten oder eine Aktivität eines Gruppenmitglieds, durch die diese etwas darüber erfährt, wie sein Verhalten/seine Aktivität auf andere Gruppenmitglieder wirkt.

Neben sprachlicher offener Rückmeldung an eine Person gibt es auch non-verbales Feedback in den verschiedensten Ausdrucksformen wie: Körpersprache, Mimik, Blicke, Gähnen, Lächeln, Schweigen, Abwenden, Unterlassung, etc.

Im Grunde genommen reagieren wir immer auf die Aktion eines anderen und stellen eine Resonanz, sozusagen ein »Echo« dar. In Abwandlung des Ausspruchs des Kommunikationsforschers Watzlawick »Man kann nicht nichtkommunizieren« kann man sagen: »Man kann nicht nicht Feedback geben«.

In aller Regel besteht nach einem Vortrag oder einer anderen Form einer Präsentation durch ein Mitglied einer Gruppe ein Bedürfnis nach Rückmeldung für den betreffenden. Er hat sich exponiert (= sich in einer bestimmten Weise gezeigt) und möchte im Anschluß daran erfahren, wie der Vortrag, Bericht oder was auch immer von den anderen aufgenommen wurde. Gleichzeitig gibt es aber die Bedenken, dass der Vortrag doch nicht so gut angekommen sein könnte bzw. die Furcht vor negativer Kritik, sodass das Gefühl auch relativ ambivalent sein kann.

Aus diesem wie aus anderen Gründen ist es notwendig, dass die Gruppenmitglieder einfühlsam mit dem Betreffenden bzw. mit der Situation umgehen. Daher sollten beim Rückmeldung-Geben ein paar Gesichtspunkte berücksichtigt werden:

■ ein Gruppenmitglied sollte nach einem Vortrag Gelegenheit erhalten, sich vor allen anderen zunächst selbst zu seinem Vortrag zu äußern,
■ alle Äußerungen sollten sich auf die eigene Wahrnehmung beziehen und Verallgemeinerungen und Bewertungen vermeiden.

Rückmeldung nach Ende des Referats

(1) Äußerungen des Referenten

Wenn der Referent/die Referentin als erstes die Möglichkeit bekommt, über seine eigenen Erfahrungen beim Anfertigen und Vortragen des Referats zu sprechen, so kann er zum einen die Spannung, unter der er stand und immer noch steht etwas abmildern und zum anderen zum Ausdruck bringen, was ihm selbst auffiel und deutlich wurde, sodass die Gruppenteilnehmer dieser von ihm genannten Punkten nicht erwähnen müssen. Er kann sich dazu äußern, wie es ihm mit dem Thema, mit der Bearbeitung des Grundlagenmaterials, mit dem »freien« Vortrag, mit seiner Zuhörerschaft, deren Aufmerksamkeit, etc., etc. ging und kann auf diese Weise seinen Zuhörern etwas von den Schwierigkeiten vermitteln, die für ihn mit dem Referat verbunden waren. Auf diese Weise fällt die Einschätzung der Leistung durch die anderen möglicherweise auch etwas milder aus.

(2) Rückmeldung an den/die Referenten/in

Die Rückmeldungen sollten in erster Linie als Lerngelegenheit für den Referenten verstanden werden. Insofern ist es wichtig, dass der Inhalt der Rückmeldung auch angenommen werden kann; es sollte gewährleistet sein, dass der Referent nicht mit Beobachtungen überschüttet wird und vor allem sollten Aussagen vermieden werden, durch die sich der Referent angegriffen oder herabgesetzt fühlt.

Daher sollten zunächst nur **positive Feedback-Inhalte** benannt werden:

Was hat mir gefallen?
Was fand ich gut in bezug auf Inhaltsvermittlung, Themeneingrenzung, Präsentation, Visualisierung (Tafelbild), Medieneinsatz, Sprache, Sprechtempo, etc., etc.?

Diese Vorgehensweise ist vor allem bei Gruppen angezeigt, die eher wenig Feedback-Erfahrungung haben.

Mit einem **Kritikpunkt** jeweils auch (mind.) einen **positiven Aspekt** des Vortrags zu benennen.

Wie oben erwähnt, sollten **Rückmeldungen** aus **persönlicher Sicht** gegeben werden bzw. von der **eigenen** (individuellen) **Wahrnehmung** ausgehen.

Für den Feedback-Nehmer ist es einfacher, Feedback anzunehmen, wenn der Feedback-Geber zunächst nur von seinen Wahrnehmungen und Einschätzungen ausgeht und Ich-Aussagen statt der gängigeren Du- bzw. Man-Aussagen macht.

Es macht einen großen Unterschied, ob Sie sagen: »Ich konnte Dir an manchen Stellen kaum folgen, manches ging mir etwas zu schnell« oder:

»Du hast viel zu schnell gesprochen«; bzw. »Vieles konnte man überhaupt nicht verstehen.«

Sagen Sie: »Mir hätte eine klarere Struktur beim Zuhören geholfen.« statt: »Das Referat war nicht gut gegliedert.«

Diese Form des Feedback hat außer der Rückmeldung an den Referenten noch die Funktion, dass sich der Feedback-Geber erst einmal selbst klarmacht, wie es ihm/ihr beim Zuhören gegangen ist:

- wie ging es mir mit dem Thema?
- was hat mir gut gefallen/was nicht so gut ?
- was habe ich gut verstanden/was nicht so gut?
- wo habe ich noch Fragen?
- wie ging es mir mit dem Vortrag?
- wie ging es mir mit meiner Aufmerksamkeit ? (inwieweit war sie durch äußere Faktoren beeinflußt, Redegeschwindigkeit, Aussprache, Unruhe, etc., etc.)

und teilt das dem Referenten/der Referentin mit, ohne damit zu sagen, dass es anders hätte sein müssen.

(3) Der **Empfänger des Feedbacks** sollte sich die Rückmeldungen zunächst **nur anhören, ohne sofort darauf zu reagieren,** indem er versucht, sich zu verteidigen, etwas klarzustellen, zurechtzurücken oder gar einen »Gegenangriff« zu starten.

Unterrichtsbeobachtung

(Die folgenden Gesichtspunkte können niemals gleichzeitig berücksichtigt werden; sie sind daher nur als mögliche Beobachtungs-Kriterien zu verstehen.)

1. Stundenbeginn

- Uhrzeit / Eintreffen der Teilnehmerinnen und Teilnehmer?

■ Wie verhalten sich die Teilnehmerinnen und Teilnehmer beim Betreten der Sporthalle?
■ Wer übernimmt die Initiative für den Unterrichtsbeginn?

2. Stundeninhalte/Lernziele

■ Stundenablauf, Übungsfolge,
■ welches Gliederungsschema, Strukturmuster ist erkennbar?
■ welches sind die (Haupt-)Lernziele der Stunde?

3. Leiterverhalten

■ wie erzeugen die Leiter/innen Aufmerksamkeit?
■ wie machen sie ihre Ansagen?
(Sind die Ankündigungen, Anweisungen leicht/gut verständlich?)

4. Gruppenverhalten

■ wie verhält sich die Gruppe bei Ankündigungen der Leiter/Leiterinnen?
(Entfernung zu ihnen/Aufmerksamkeit ihnen gegenüber)
■ gibt es Rückfragen, Informationsfragen?
■ wie ist die Mitarbeit der Gruppenmitglieder?
■ wie werden die Gruppen mit den Aufgaben/Übungen fertig?
■ wie verhalten sie sich, wenn sie sich unbeobachtet fühlen?
■ wie schnell/langsam kommt die Gruppe zusammen, wenn neue Informationen vermittelt werden sollen?

5. Besondere Vorkommnisse

■ welche »Störungen« treten auf?
■ wie werden sie von der Gruppe gelöst?
■ wer wird initiativ?

6. Stundenende

■ wie geschieht das Aufräumen? Wer wird initiativ? Wie lange dauert es?
■ wie endet die Stunde?
■ werden Erfahrungen ausgetauscht, Kritik geäußert, etc.?
Gibt es einen gemeinsamen Schluß der Stunde?

7. Persönliche Einschätzung der Stunde

■ wie wirkte die Stunde von außen?
■ wie war die Beteiligung, das Engagement der Kollegiaten, und wie groß die körperliche Belastung?
■ wie ist der Lernerfolg einzuschätzen?

Anleitungshilfe zur Anfertigung einer Stundenvorbereitung, -durchführung und -auswertung.

(Anregungen zur schriftlichen Ausarbeitung)

1. Geplanter Ablauf der Stunde

■ welches ist das Stundenziel?
■ wie wollen wir es erreichen?
■ welche Spiele/Übungsformen haben wir ausgewählt und warum?
■ wie soll die Unterrichtsstunde gegliedert sein?
   (Dauer der einzelnen Spiele/Übungsformen?)
■ welche (unterrichts-)organisatorischen Probleme sind gegeben bzw. sind zu lösen?
   (Einteilung Übungsgruppen/Mannschaften, Anzahl der zur Verfügung stehenden Körbe, Zusammenrufen der Spieler, Problem der Ansage (d. h. Verständlichkeit)
■ welche Überlegungen hinsichtlich der Dosierung der Belastung wurden angestellt?
   (Zeiteinteilung: Vermeidung von Monotomie aber auch von zu schnellen Wechseln, etc.)
■ ggfls. wie haben wir die Leitungsaufgaben während der Stunde unter uns aufgeteilt?
■ welche Literatur haben wir benutzt?

2. Tatsächlicher Ablauf der Stunde
Zeitplanung und vorgesehene Spiele bzw. Übungsformen

■ was haben wir verändert und warum?
   (weggelassen bzw. hinzugefügt)
■ was hat länger/kürzer gedauert als geplant?
■ welche unerwarteten Schwierigkeiten traten auf? wie haben wir darauf reagiert?

Mitarbeit und Motivation der Gruppe

■ inwiefern hat uns die Gruppe unterstützt oder behindert?
■ welches Interesse war in der Gruppe erkennbar?

Belastung/Trainingseffekt/Ziel der Stunde

■ inwiefern wurde das Stundenziel erreicht?
■ war die Belastungsdosierung gut gewählt?

3. Auswertungsgespräch/Rückmeldungen/eigene Einschätzungen

■ wie äußerten sich die Kursmitglieder zur Stunde?

▪ wie ging es mir mit der »Lehrerrolle«?
▪ was fiel mir nachträglich auf?
▪ was würde ich nächstes Mal anders machen?
▪ was habe ich aus der Stunde gelernt?

Prozeßbeobachtung

(Teilnehmende Beobachtung; Protokollierung subjektiver Wahrnehmungen)

Je nach Struktur und Funktion einer Gruppe bzw. nach Art und Ziel des Arbeitsvorhabens ergeben sich unterschiedlich wichtige Kriterien für die Beobachtung (Beobachtungsmerkmale). Ganz allgemein sind sicherlich folgende wichtig:

1. Anlaß / äußerer Rahmen / zeitlicher Rahmen,

Unterrichtsart, Aufgabe und Ziel des Treffens,

2. Thema

was ist das Thema?
wie klar/präzise ist das Thema formuliert?
wie deutlich ist den Teilnehmern das Thema?
Ist das Thema so formuliert, dass in der zur Verfügung stehenden Zeit ein entsprechendes Ergebnis erreicht werden kann?
gibt es außer dem offiziellen Thema ein zweites, »heimliches« Thema?

3. Leitung

wer hat die Leitung?
wie wird Leitung verstanden bzw. praktiziert?
(Distanz bzw. Nähe zur Gruppe, z. B. partizipierende(r) LeiterIn?)
werden Leitungsaufgaben delegiert oder von anderen übernommen?
(z. B. achten Gruppenmitglieder darauf, wie mit der Zeit umgegangen wird oder
dass das Thema im Blick bleibt?)
gibt es Gruppenmitglieder, die mit dem/derLeiterIn um die Leitung konkurrieren?

4. Gruppe

ist in der Gruppe ein »Wir«-Gefühl vorhanden?
Dominanz/Einfluß einzelner oder von Gruppen
Kooperation bzw. Konkurrenz unter den Mitgliedern?
Abhängigkeit von der Leitung oder Selbständigkeit der Gruppe?

5. Umgang mit Zeit

verantwortlicher Umgang mit Zeit? (carpe diem?)
Repressiver (Uhr als Druckmittel) oder destruktiver Umgang mit Zeit (Zeit-vergeudung)?

6. Arbeits-Atmosphäre/Gruppen-Klima

von wem geht die Initiative aus?
Wie steht es um Aufmerksamkeit, Motivation, Konzentration, Offenheit, Störungen, Widerstand (Zwischengespräche, Rausgehen, Albernheiten, etc.)? wo geht die Gruppenenergie hin? (Interesse der Gruppe?)

7. Struktur, Planung – Prozeß, Dynamik

Weist die Stunde eine deutlich erkennbare Struktur auf?
(Gestaltung des Anfangs, Hauptteils und des Endes?)
Inwiefern ist die Struktur geeignet, Sicherheit für die Teilnehmer zu vermitteln?
Ist die Struktur hilfreich oder wirkt sie einengend?
Inwiefern enthält sie prozeßhafte Momente, offene Situationen?
Gibt es Gestaltungsräume, Gestaltungsmöglichkeiten?
Erfolgt eine Ergebnissicherung?

8. Prozeßreflexion

gibt es nach der Stunde Möglichkeiten zur gemeinsamen Reflexion des Erlebten und zum Meinungs- und Erfahrungsaustausch bzw. zum Feed-back?
Werden Überlegungen angestellt, wie die inhaltliche Arbeit in der Folge gestaltet werden soll? Wird die eigene Arbeit hinsichtlich Veränderungs- und Verbesserungsmöglichkeiten reflektiert?
War die Stunde zufriedenstellend balanciert zwischen ICH – WIR – ES?

2.9 Unterricht als Gegenstand der Betrachtung

2.9.1 Metakommunikation und Unterrichtsreflexion

Schülern werden an jedem Vormittag sehr viele unterschiedliche Erfahrungen zugemutet und in aller Regel gibt es nur ganz selten Möglichkeiten im Unterricht, sich der Erfahrungen bewußt zu werden und sie zusammen mit anderen zu erörtern und auszutauschen.

Wird Unterricht als gemeinsam erlebter – und gemeinsam zu gestaltender Prozeß – verstanden, dann ist es notwendig, hin und wieder einzuhalten, um sich zu vergewissern, wo die einzelnen stehen, d.h., wie sie Unterricht erleben. Es kann jedoch nicht vorausgesetzt werden, dass Schüler dies so ohne weiteres können, weil sie zu wenig Erfahrungsmöglichkeiten auf diesem Gebiet haben und erst Klarheit über ihre Eindrücke gewinnen müssen.

Nach meinen Erfahrungen mit Reflexionsphasen im Unterricht fällt es Schülern zunächst relativ schwer, über bzw. von ihren eigenen Erfahrungen zu sprechen. Bei ungeübten Schülern fällt nicht nur eine Unfähigkeit zur Differenzierung, sondern geradezu eine Sprachlosigkeit auf. Sie haben Schwierigkeiten von sich zu sprechen; das, was sie mitteilen könnten, erscheint ihnen oft banal, vielleicht gerade deswegen, weil ihnen das Erlebte noch gar nicht klar und bewußt ist, vielleicht, weil es für sie ungewohnt ist, nach Erfahrungen gefragt zu werden. Anstatt Erfahrungen mitzuteilen, neigen sie in vielen Fällen eher zu Bewertungen und Urteilen mit dem Anspruch auf Allgemeingültigkeit. Oberstufen-Schüler haben mit ihren größeren Fähigkeiten bezügl. Analyse und Verbalisierung von Erfahrungen sicherlich bessere Möglichkeiten der Verarbeitung mißlicher Erlebnisse im Schulalltag zur Verfügung, für viele Schüler bestimmter Altersgruppen, Schulstufen und Schultypen bleibt offensichtlich häufig genug als Lösungs-Möglichkeit nur das Ausagieren von Enttäuschung, Frustration und Verärgerung oder diffusem Unbehagen, das sich dann zuweilen in Gewalttätigkeit bemerkbar macht.

Auffallend ist auch, dass sich die Äußerungen zunächst vor allem auf die Stunden-Inhalte beziehen und z. B. im Sportunterricht bestimmten Inhalten (Spielen) eine statische Qualität zugewiesen wird (»Das Spiel ist auch sehr uninteressant/langweilig« etc.), während die Prozesse, Abläufe von Stunden ebensowenig in den Blick geraten, wie die Tatsache, dass die Qualität einer Stunde nicht nur von Inhalten, sondern in starkem Maße von Methoden, Aktions- bzw. Sozialformen und der in ihnen zum Ausdruck kommenden Einstellung, Motivation und Interaktion der Beteiligten abhängig ist.

Ich gehe von folgenden Prämissen aus:

1. Schule bietet für Lehrende wie Lernende aus verschiedenen Gründen nur in unzureichendem Maß Gelegenheit zur Kommunikation über Unterricht.
2. An die Stelle *direkter* Kommunikation über Unterricht, Schülerverhalten, etc. z. B. durch Fragen und Rückmeldungen treten häufig Deutungen, Erklärungen und gegenseitige Interpretationen des Verhaltens der Interaktionspartner.
3. Schülern wird oft die Kompetenz über Unterricht zu urteilen abgesprochen und der Zeitaufwand wird als nicht gerechtfertigt angesehen.

Nach meinem Verständnis von Unterricht, sollte in regelmäßigen Abständen ein Erfahrungs- und Gedankenaustausch über das von den Beteiligten Erlebte ermöglicht werden.

»Das eigene Lernen planen kann nur, wer sich über sein eigenes Lernen Gedanken machen kann.« (Denkschrift der Kommission »Zukunft der Bildung – Schule der Zukunft, S. 97)

Eine Möglichkeit zur positiven Veränderung besteht für mich in der gemeinsamen Betrachtung und Reflexion von Unterricht durch Lehrende und Schüler; sie gewährleistet die gegenseitige Wahrnehmung der Interaktionspartner bezüglich ihrer Befindlichkeit und ermöglicht die Wahrnehmung und Beurteilung von Lern- und Arbeits-Prozessen und die Einsicht in eigene und fremde Verhaltensweisen.

Anfänglich eignet sich dafür ein kurzes Reflexions-Gespräch in Form eines »Blitzlichts« z. B. am Stundenende, später können ausführlichere Methoden eingesetzt werden, die ich weiter unten darstellen werde.

Was leistet die gemeinsame Reflexion von Unterricht für Lehrende und Lernende?

Der Lehrende nimmt unmittelbar die Erfahrungen, Einschätzungen der Gruppe zur Kenntnis und bleibt durch die Schüler-Rückmeldungen nicht auf seine Interpretation davon beschränkt, wie Schüler die Stunde erlebt haben, sondern wird direkt mit den Erfahrungen konfrontiert, d. h., kann seine Eindrücke unmittelbar überprüfen. Er kann seine eigenen Einschätzungen ggfls. relativieren, indem deutlich wird, dass das, was aus Sicht des Lehrenden als mißlungen erschien, von den Schülern evtl. viel weniger problematisch gesehen wurde und er hat die Möglichkeit, eventuelle Unzufriedenheit über Schüler-Verhalten zu einem sehr frühen Zeitpunkt zu äußern, wohingegen sonst oft die Gefahr besteht, Kritik aufzuschieben, bis sie zu einem sehr viel späteren Zeitpunkt in einer häufig sehr viel schärferen Form oder überhaupt nicht artikuliert wird.

Die Schüler erleben sich in diesem Prozeß wirklich als Personen wahrgenommen und werden zu einer Reflexion ihres Lern-Verhaltens angeregt. Sie erleben den Lehrenden mit seinem Bemühen Unterricht interessanter zu machen bzw. werden sich dessen möglicherweise überhaupt erst jetzt bewußt. Sie werden auf Fragen gelenkt, die sonst eher unberücksichtigt bleiben wie: »Wie verhalte ich mich im Unterricht, in diesem Fach, bei diesem Lehrer? Was motiviert mich mehr, was weniger? Wann lerne ich gut, was brauche ich dazu? Was behindert mich? etc., etc. Und: Wie sehen es die anderen?, Wie sehen mich die anderen?

Im Unterricht erleben nach meinem Eindruck Schüler die Situationen am spannendsten, in denen sie etwas über sich selbst, ihr Verhalten und ihre Wirkung nach außen erfahren, d. h., direktes und fundiertes Feed-back erhalten. Und auch für mich als Lehrer sind Rückmeldungen an mich spannend, auch wenn sie die Gefahr einschließen, dass nicht nur Positives gesagt wird.

Unterrichtsreflexion bietet die Gelegenheit, Unterrichtserfahrungen nicht einfach möglichst schnell zu »vergessen« (Altrichter), sondern sie sich im Nachhinein noch einmal bewußt zu machen. Wenngleich sicherlich schon viel gewonnen ist, wenn Lehrer dies nach dem Unterricht tun, und sich evtl. im Einzelfall mit KollegInnen im Pausengespräch oder etwas systematischer im

Rahmen einer kollegialen Fallberatung besprechen/beraten, so spricht doch sehr viel dafür, Unterrichtsanalysen, d. h., Besprechungen von Unterricht in der Lerngruppe und damit gemeinsam mit allen Beteiligten vorzunehmen. In diesem Fall bleibt die Einschätzung des Erlebens und Verhaltens von Schülern nicht auf Interpretation beschränkt, sondern kann unmittelbar überprüft werden.

Eine solche gemeinsame Betrachtung und Reflexion von Unterricht setzt jedoch auf seiten des Lehrenden die Bereitschaft voraus:

- Unterrichtszeit dafür zu »opfern«,
- Schülern/Lernern die fachliche Kompetenz, über Unterricht zu urteilen, zuzugestehen und ihnen ein Mitspracherecht einzuräumen,
- Unterricht – als das eigene Produkt – und damit sich selbst (?) zur Diskussion zu stellen,
- sich damit einer kritischen Beurteilung auszusetzen,
- feed-back annehmen zu können,
- und sich mit je nach persönlicher Empfindlichkeit möglicherweise unangenehmen (kritischen) Rückmeldungen konfrontieren zu lassen und setzt vor allen Dingen voraus, dass der Lehrende wirklich an der Wahrnehmung bzw. Zurkenntnisnahme der Befindlichkeit seiner Schüler und an deren Einschätzungen des erlebten Unterrichts interessiert ist.

Das wird nur der Fall sein, wenn der Lehrende Unterricht nicht als Informationsvermittlung von A nach B versteht, sondern als gemeinsamen Prozeß, selbst dann, wenn er ihn weitgehend allein gestaltet. Er wird dann auch interessiert sein, wie sein Unterricht ankommt, wo Schüler Schwierigkeiten haben und in welchen Situationen sie besser lernen, als in anderen. Unterrichtsreflexion bewirkt bei Schülern, dass der Blick auf die methodische Gestaltung von Unterricht in den Blick genommen wird und mit der Zeit ein Verständnis dafür entsteht, unter welchen Bedingungen, d. h., mit welchen Methoden, Aktions- bzw. Sozialformen sie besser lernen und wie sich Unterricht attraktiver und motivierender gestalten läßt. So beinhaltet Unterrichtsreflexion immer auch die Suche nach Veränderung bzw. Verbesserung von Lernen und schafft zugleich die Voraussetzungen dafür.

Unterrichtsreflexion muß der Sache und den personalen wie interpersonalen Prozessen gleichermaßen Aufmerksamkeit schenken.

Gleichzeitig geht es in dem Prozeß um gegenseitige Information und die Herstellung von Transparenz bezüglich Verhalten, Einstellungen, Erwartungen, etc.

Bei der Entscheidung, Unterricht gemeinsam mit den Lernern zu reflektieren und zu besprechen, handelt es sich nicht um ein relativ beliebiges methodisch-didaktisches Vorgehen, sondern um eine ganz bewußte Entscheidung für eine personen-orientierte Pädagogik.

Unterricht, der abweicht von Frontalunterricht und Lehrgang setzt ein z. T. hohes Maß an Bereitschaft voraus, selbst zurückzutreten und den Lernenden größere »Spiel«-Räume zuzugestehen und den Prozessen mindestens ebensoviel Aufmerksamkeit zu schenken, wie der Sache, dem Stoff und dessen Bearbeitung.

Methoden/Formen

Ich zeige weiter unten einige Methoden auf, die geeignet sind, mit den Gruppenteilnehmern ins Gespräch über ihr Erleben des Unterrichts, ihre Befindlichkeit, ihre Veränderungsvorschläge, etc, zu kommen. In vielen Fällen wird es ausreichend sein, ein paar Fragen zu stellen, um ein solches Gespräch anzuregen. In der Mehrzahl der Fälle wird es hilfreich sein, eine dieser Methoden einzusetzen, da es für viele Gruppen sehr ungewohnt sein dürfte, ihre Lern- und Arbeitsprozesse zu untersuchen, zu besprechen und mit Kritik umzugehen. Die Methoden bieten über ihre vorgegebene Struktur Sicherheit mit ihnen umzugehen, d. h., sie einzusetzen.

Gegenstand der Betrachtung kann die Einzelstunde wie auch der gesamte bis dahin erlebte Unterricht bzw. Kurs sein; in weniger erfahrenen Gruppen dürfte es sich anbieten, zunächst mit einer kurzen Unterrichts-Reflexion am Stundenende zu beginnen. Dies kann z. B. mit einem Reihum-Statement in Form kurzer Äußerungen (sog.»Blitzlicht«) auf die Frage:»Wie habe ich die heutige Stunde erlebt? – was fand ich gut, was fand ich weniger gut?« geschehen.

Sehr wichtig ist in jedem Fall, die Motive für die Unterrichtsreflexion offenzulegen; der Lehrende muß glaubhaft vermitteln können, dass sein Anliegen darin besteht, Unterricht interessanter, besser zu machen und Anregungen zur Veränderung von den Kursteilnehmer zu bekommen und dass es ihm darum geht, einen Austausch darüber, wie alle Beteiligten diesen Unterricht erleben, zu ermöglichen.

Gut eignet sich auch als Einstieg das Punkten auf einem Lernerfolg-Klima-Diagramm. Hier entsteht durch die Visualisierung der individuellen Einschätzungen ein Produkt, an dem sich das Gespräch festmachen läßt.

Sehr viel umfangreicher und tiefgehender wird die Erhebung, wenn Einschätzungsbögen zu Unterrichtsmethoden oder Unterrichts-Prozessen (Prozeßanalyse) eingesetzt werden, bei denen Fragen schriftlich beantwortet und anschließend ausgewertet werden.

Mögliche Formen:

Blitzlicht, Stimmungskurve, Diagramm Lernen – Klima (Punkten), Stummes Schreibgespräch, Karusselldiskussion, Kurskritik (schriftlich), Prozeßreflexion, Rückmeldung zu Unterricht/Lehrendem.

Im folgenden stelle ich ein paar **Formen/Methoden zur Unterrichts-Reflexion** vor:

Reflexionsgespräch (»Blitzlicht«)
Durchführung:

Die Teilnehmer äußern sich kurz zu einer vorgegebenen Frage, z.B:

- Wie habe ich die heutige Stunde erlebt?
- Wie ging es mir mit den Inhalten, Methoden, Arbeitsformen, -aufträgen, etc.?
- Was fand ich gut, was weniger gut?

Alle Teilnehmer geben nacheinander eine Stellungnahme ab, dürfen die Aussagen der anderen jedoch nicht kommentieren. Eine weiterführende Diskussion kann sich anschließen.

Das »Blitzlicht« eignet sich, um den Kommunikationsprozeß innerhalb einer Gruppe, besonders bei aufgetretenen Unklarheiten, zu thematisieren.

Diagramm Kurseinschätzung
Durchführung:

Die Teilnehmer erhalten Klebepunkte und markieren in dem Koordinatensystem wie sie Lernerfolg, Klima, Lernatmosphäre einschätzen.

Dieses Verfahren sollte nicht nur am Kursende eingesetzt werden, da dann keine Veränderungsmöglichkeit mehr besteht und die Rückmeldungen dann schlimmstenfalls nur »Abrechnungscharakter« haben.

Klima/Atmosphäre
Ich fühle mich wohl
in diesem Kurs

Lernerfolg / Lernzuwachs
Ich lerne viel in diesem Kurs

Stummes Schreibgespräch

Durchführung:

Auf verschiedenen Tischen werden große Plakate mit jeweil einer Frage bzw. einem Schreibimpuls ausgelegt, z. B.:

- ■ die Arbeit in unserer Gruppe . . . .
- ■ ich finde den Kurs z. Zt. . . . .
- ■ in diesem Kurs fehlt mir . . . .

Die Teilnehmer gehen um die Plakate herum bzw. von einem zum anderen und nehmen schriftlich Stellung. Aufgeschriebene Äußerungen können kommentiert und ergänzt werden. Gespräche sind nicht erlaubt. Eine Besprechung/Diskussion der Statements in der Gruppe kann sich anschließen.

Karusselldiskussion

Durchführung:

Die Teilnehmer werden auf einen Innen- und einen Außenkreis verteilt. Der Innenkreis erhält die Liste mit den Fragen. Die jeweiligen Innenkreisteilnehmer-Innen wählen eine Frage aus und diskutieren sie mit ihrem Gegenüber im Außenkreis etwa 3 bis 5 Minuten.

Auf ein gemeinsames Signal geben sie das Blatt mit den Fragen nach außen. Der Außenkreis rückt einen Platz zur Seite, die Außensitzenden wählen ein Thema aus und diskutieren mit ihrem Gegenüber.

(Ende nach 3–4 Gesprächen.)

Hinweis:

Da die Diskussionen im Lauf der Zeit intensiver werden, sind die Zeiteinheiten zu vergrößern (anfangs 3, dann 5, evtl. sogar 7 Minuten).

Anmerkung:

Die Teilnehmerinnen und Teilnehmer kommen untereinander ins Gespräch. Sie sprechen mit mehreren Teilnehmerinnen und Teilnehmern, ohne auf diese zugehen zu müssen. Die Redebereitschaft ist höher als im Plenum.

Kritik muß noch nicht sofort öffentlich geäußert werden, sondern kann zunächst unter den Partnern bleiben.

Die Teilnehmerinnen und Teilnehmer erhalten eine Vorgabe für ihr Gespräch, haben aber die Möglichkeit zur Auswahl eines Themas.

Mögliche Fragen:

(1) Wie geht es dir in diesem Kurs?
Was findest du gut, was nicht so gut?
(2) Wieviel tust du für diesen Kurs? Wie sieht die zeitliche Belastung für dich aus?
(3) Womit würdest du dich in diesem Kurs gern mehr beschäftigen?
(4) Was sollte in diesem Kurs verändert werden, anders sein, damit er dir besser zusagen würde?
(5) Was erwartest du in diesem Kurs?
Wann wäre der Kurs für dich gelungen?

Fach/Kurs: . . . .   Datum: . . . .

Kurskritik

1. Dieser Kurs war . . . .

. . . .

2. Besonders gut gefallen hat mir . . . .

. . . .

3. Weniger gut gefallen hat mir . . . .

. . . .

4. Unsere Kursgruppe schätze ich ein als . . . .

. . . .

5. Zum Kursleiter möchte ich sagen: . . . .

. . . .

6. Zur Verbesserung der Kursarbeit schlage ich vor: . . . .

. . . .

Prozeßanalyse/Stundenreflexion

	Zustimmung			Ablehnung	
1. Ich fühle mich in dieser Gruppe wohl.	1	2	3	4	5
2. Das Thema war klar und ansprechend formuliert.	1	2	3	4	5
3. Wir waren uns im klaren darüber, was wir erreichen wollten.	1	2	3	4	5
4. Ich war mit der Art, wie wir an dem Problem arbeiteten, zufrieden.	1	2	3	4	5
5. Wir hörten uns gegenseitig aufmerksam zu.	1	2	3	4	5
6. Wir überprüften am Stundenende unser Arbeitsergebnis.	1	2	3	4	5
7. Die Gruppe wurde nicht durch ein oder mehrere Gruppenmitlieder dominiert.	1	2	3	4	5
8. Ich konnte mich heute in der Stunde gut einbringen.	1	2	3	4	5
9. Ich glaube, einige Teilnehmer haben Schwierigkeiten, sich auf die inhaltliche Arbeit einzulassen.	1	2	3	4	5
10. Das Interesse der Gruppe an der Arbeit war groß.	1	2	3	4	5
11. Meine Motivation zu lernen, wird durch die Atmosphäre im Kurs unterstützt.	1	2	3	4	5
12. Ich glaube, dass der/die GruppenleiterIn die Gruppe als überdurchschnittlich leistungsfähig einschätzt.	1	2	3	4	5
13. Der/die GruppenleiterIn fühlt sich verantwortlich für den Lernfortschritt in unserer Gruppe.	1	2	3	4	5
14. Er/sie unterstützt unser Lernen durch geeignete Unterrichts-Methoden.	1	2	3	4	5

EINSCHÄTZUNGSBOGEN
(zu Unterricht, Lehrperson)

Der/die Lehrende in diesem Kurs ....

	Zustimmung			Ablehnung

1. ist an seinem Fach persönlich interessiert   1 2 3 4 5

2. zeigt wirkliches Interesse an meinen
Lernfortschritten   1 2 3 4 5

3. ermittelt mir das Gefühl, dass ich wichtig bin   1 2 3 4 5

4. ermutigt die Kursteinnehmer zur
Entwicklung von Eigeninitiative   1 2 3 4 5

5. gibt Raum für Kurskritik und ermutigt
die Teilnehmer dazu   1 2 3 4 5

6. hält die Regeln und Vereinbarungen,
deren Einhaltung er von uns fordert
(z. B. Pünktlichkeit, Verläßlichkeit),
auch selbst ein   1 2 3 4 5

7. setzt im Unterricht unterschiedliche
Methoden (z. B. Gruppenarbeit, etc.) ein   1 2 3 4 5

8. bemüht sich um einen interessanten,
abwechslungsreichen Unterricht   1 2 3 4 5

9. trägt dazu bei, dass ein angenehmes
(Lern-)Klima im Kurs entsteht   1 2 3 4 5

10. läßt widerstreitende Interessen zu Wort kommen   1 2 3 4 5

11. ermutigt Kursteilnehmer, ihre Meinung zu sagen   1 2 3 4 5

12. traut der Kursgruppe etwas zu   1 2 3 4 5

13. geht auf inhaltliche Schwierigkeiten ein und
bemüht sich darum, sie auszuräumen   1 2 3 4 5

14. stellt klare, nicht zu hohe Leistungsanforderungen und fordert sie auch ein   1 2 3 4 5

2.10 Umgang mit schwierigen Unterrichtssituationen, mit Störungen/Widerstand

Selbsterkundung »Widerstand«

■ was bedeutet für Sie Widerstand im beruflichen Alltag?

. . . .

■ überwiegen Ihres Erachtens in Ihrem Verhalten eher Tendenzen zu Übereinstimmung, Harmonie oder zu Abgrenzung, Opposition?

. . . .

■ wie schwer fällt es Ihnen in Opposition zu jemandem zu gehen?

. . . .

■ denken Sie über mögliche Folgen nach, bevor Sie eine abweichende Meinung vertreten?

. . . .

■ kennen Sie eine Person, deren Bereitschaft, unbequeme Positionen zu beziehen, Sie anerkennenswert finden?

. . . .

■ welche Personen/Situationen verstärken/verringern Ihre Tendenzen, oppositionelle Positionen zu beziehen?

. . . .

■ kennen Sie insgeheime Wünsche bei sich öfters einmal »Nein« zu sagen, sich zu verweigern, anderen die Stirn zu bieten?

. . . .

■ wie gehen Sie mit solchen Situationen um?

. . . .

■ was beeinflußt Sie, diesen Wünschen nachzugeben, bzw, nicht nachzugeben?

. . . .

■ wie oft bzw. wie ausgeprägt erfahren Sie Widerstand in Ihrem Beruf?

. . . .

■ wie erleben Sie Widerstand, Verweigerung Ihnen gegenüber? Wie fühlen Sie ich in solchen Situationen?

. . . .

■ welches Bild haben Sie von einem Menschen, der sich nicht sofort auf eine vorgeschlagene Vorgehensweise einlassen will, sie in Frage stellt und damit den Prozeß aufhält?

. . . .

■ welcher Strategien bedienen Sie sich, um Widerstand aufzulösen, zu verringern oder gar nicht erst aufkommen zu lassen?

. . . .

Schwierigkeiten, Störungen, Konflikte gehören zum menschlichen Zusammenleben; sie können nicht vermieden, wohl aber so gehandhabt werden, dass sie nicht übermäßig Zeit und Kraft in Anspruch nehmen und die Arbeit über die Maßen behindern.

»Störungen haben Vorrang«

»Beachte Hindernisse auf deinem Weg, deine eigenen und die von anderen. Störungen und Betroffenheit haben Vorrang; ohne ihre Lösung wird Wachstum verhindert oder erschwert«. (Cohn, 1975)

»Störungen haben Vorrang. Denn wenn innere und äußere Widerstände, innere oder äußere Unterdrückung und Zwang, Betroffenheit wie Schmerz, Freude, Angst, Zerstreuung, Frustration, Antipathie oder ein unerträglicher Lärm von außen, giftige Dämpfe etc. im Weg sind, wird Wachstum und Lernen verhindert oder gehemmt; dann muß die Störung Vorrang haben. Jede Ablenkung und Störung ist ernstzunehmen – und zwar als Realität, die Anerkennung und Auseinandersetzung beansprucht und nicht mit Verleugnung und Abwehr aus der Welt geschafft werden kann.« (Cohn/Farau, 1983)

Unter Unterrichtsstörungen werden im allgemeinen ausschließlich von Schülern inszenierte Vorfälle verstanden, die das Ziel haben, die Aufmerksamkeit der Mitschüler in Anspruch zu nehmen und den Lehrenden in seiner Arbeit zu stören. Es sind jene hinlänglich bekannten Formen von Albereien, mit denen entweder einzelne versuchen, die Aufmerksamkeit oder die Lacher für sich zu gewinnen oder von mehreren oder der ganzen Klasse geplante kleine Aktionen, mit denen die Reaktion oder evtl. der Humor des Lehrenden getestet werden soll. Diese Formen von Unterrichtsbeeinträchtigung sind hier jedoch nicht gemeint; es widerspräche der Intention von Ruth Cohn jede Form von Schabernack oder Papierkügelchen-Werfen eine derartige Bedeutung zu geben.

Reaktionen/Rückmeldung

Machen Sie bei Störungen, die eher aus einer Laune heraus entstehen, deutlich, dass Sie dieses Verhalten nicht akzeptieren und gehen Sie auf das Schülerverhalten vor der Klasse nicht näher ein, sondern bitten Sie den betreffenden Schüler nach der Stunde zu einem kurzen Gespräch zu sich, wenn Sie der Auffassung sind, dass Sie doch noch etwas deutlicher werden wollen.

Führen Sie die Auseinandersetzung nicht vor der Klasse, wozu man leicht in Versuchung gerät und und enthalten Sie sich einer moralischen Bewertung der Störung als »Unverschämtheit oder Disziplinlosigkeit«. Sie ist lediglich Ausdruck Ihrer Verärgerung und schafft Resentiments.

Schon Freud hat deutlich gemacht, dass »das Schlagen eines einzelnen Kindes vor einer versammelten Klasse alle vorhanden Kinder zur Identifizierung zwingt, wenn auch auf ambivalente Weise, d. h. sowohl mit dem Schlagenden wie mit dem Geschlagenen.« (Brocher, S. 73)

»Der häufigste Denkfehler, der noch lange beim Umgang mit Gruppen – gleich welcher Art – unterlaufen wird, ist die durch nichts gerechtfertigte Annahme, die Beziehung zwischen dem Kursleiter und dem einzelnen Teilnehmer sei jeder Form einer anderen dialogischen Beziehung zweier Individuen gleichzusetzen. Diese Annahme übersieht das Vorhandensein von Zeugen. Die anderen Gruppenmitglieder haben jedoch nicht nur die Bedeutung von Zeugen jeder unter sich entwickelnden Individualbeziehung, sondern sie beziehen Stellung und nehmen vom ersten Augenblick an innerlich Partei für oder gegen den jeweiligen einzelnen Vorgang.« (Brocher, S 110)

Die auch bei einer Rüge vor der Klasse offensichtlich als Machtungleichheit erlebte Situation führt also in aller Regel zu einer Solidarisierung in der Klasse, selbst wenn die Einschätzung vorherrschen sollte, dass das betreffende Verhalten des Schülers nicht o.k. gewesen sei. Schüler erleben die Zurechtweisung häufig als unangemessen und sprechen dann leicht von dem Versuch den oder jenen »fertigzumachen«.

Häufig entstehen aus solchen Situationen, wenn Störungen angesprochen werden, die vielleicht nicht einmal von allen Klassenmitgliedern wahrgenommen wurden oder zumindest sehr unterschiedlich erlebt wurden, zeitaufwendige und gleichzeitig sehr unergiebige Diskussionen, von denen nicht zu erwarten ist, dass sich irgendetwas ändert.

Das Ansprechen des Vorfalls mit zeitlichem Abstand nach der Stunde als Gespräch unter vier Augen hat in jedem Fall den Vorteil, dass Ihre Kritik weniger harsch ausfällt, als wenn Sie unmittelbar aus der möglichen Verärgerung regieren.

Führen Sie mit dem betrefenden ein möglichst ruhiges klärendes Gespräch, bzw. geben Sie ihm Rückmeldung bezügl. seines Verhaltens in Ihrem Unterricht, fragen Sie ihn nach den Gründen seines Verhaltens und inwiefern er gewillt ist, es zu ändern und teilen Sie ihm mit, welches Verhalten Sie in Zukunft von ihm erwarten.

Wenn es sich aber nicht um Einzelfälle handelt, sondern die Störungen sich auf das gesamte Klima in der Klasse oder Lerngruppe beziehen, dann sollten Sie mit allen Beteiligten, also der ganzen Klasse ein klärendes Gespräch führen.

Auch hier kann es von Vorteil sein, das nicht aus der unmittelbaren Störung heraus zu tun, sondern eine bestimmte Stunde bzw. einen Teil einer Stunde dafür festzulegen und dieses Gespräch durch 1–2 Fragen zur von den Schülern erlebten Unterrichtssituation vorzubereiten.

Widerstand ernstnehmen

Häufig werden Störungen übergangen, in der Annahme, dass das Eingehen auf sie die Probleme nur verstärke und eine Lösung erschwere. Das Gegenteil ist jedoch der Fall: in vielen Fällen lassen sich Störungen schon allein dadurch beheben, dass die Bedenken ernstgenommen werden, indem den Betroffenen die Gelegenheit geboten wird, sie anzusprechen.

Sehen Sie den Ausdruck von Widerstand als ein Indiz dafür an, dass der Sachverhalt noch nicht völlig geklärt ist und versuchen Sie nicht, ihn einfach zu übergehen. In vielen Fällen drückt eine Person mit ihrem Verhalten den Widerstand aus, der in der Gruppe vorhanden ist, aber von ihr nicht artikuliert wird. Somit übernimmt die Person, über die Lehrer oder Gruppenleiter oftmals schnell verärgert sind, weil sie den Prozeß aufhalten, eine wichtige »seismographische« Funktion für die Gruppe. Häufig sind es Menschen, die ein ausgeprägtes Spürbewußtsein haben, die so reagieren und die mutig genug sind, sich nicht angepaßt zu verhalten, sondern sich ggfls. auch gegen die Mehrheitsmeinung zu stellen.

Störungen drücken sich oft in Form von Widerstand aus; Widerstand, sich auf etwas einzulassen, etwas gerade jetzt oder in der vorgeschriebenen Art und Weise zu tun und kann so häufig der Ausdruck von Protest oder Opposition sein.

Widerstand zeigt sich aber nicht nur in offener Verweigerung, sondern kann sich auch in verdeckteren Formen wie Zögern, in Frage stellen, umfängliches Problematisieren, Unruhe, Unaufmerksamkeit, Seitengesprächen, nicht-bei-der-Sache-Sein, etc., etc. manifestieren.

Betrachten Sie die betreffende Person nicht als den Störenfried, Quertreiber oder Behinderer, sondern versuchen Sie herauszufinden, inwiefern der Widerstand einen Hinweis auf ein verborgenes Problem geben könnte, bzw. inwiefern die Bedenken begründet sind und ernstgenommen werden sollten.

Nehmen Sie aber auch Ihre Störungen ernst und versuchen Sie, genauer herauszufinden, worin sie begründet liegen und was Sie ganz konkret stört; teilen Sie den anderen mit, was Ihre Arbeitsfähigkeit, Aufmerksamkeit oder Motivation beeinträchtigt.

Werden diese Situationen nicht angesprochen bzw. bearbeitet, so führen sie zu atmosphärischen Störungen, zu gegenseitigen Zuschreibungen, Ablehnung des betreffenden Lehrenden oder Faches, häufig dann in der Folge zu verstärktem Widerstand in Form von Leistungsverweigerung oder entwickeln sich zu einem schwelenden Konflikt, der zu einer Verhärtung der Situation beiträgt und mit zunehmender Zeitdauer immer weniger leicht klärbar wird. Führen Sie Gespräche, um Klärungen herbeizuführen.

Das Konfliktgespräch

Machen Sie deutlich, dass Sie offen sind für die Erörterung von Schwierigkeiten und mit sich über Ihren Unterricht reden lassen und dass Ihnen daran gelegen ist, diese Schwierigkeiten zu überwinden.

■ Treten Sie Macht ab, etwa schon dadurch, dass Sie Ihren Platz vor der Klasse gegen einen anderen eintauschen.
■ Delegieren Sie nach Möglichkeit die Gesprächsführung.
■ Nehmen Sie sich in der Diskussion nach Möglichkeit zurück, achten Sie darauf, nicht ein Übermaß an Redezeit zu beanspruchen.
■ Hören Sie zu, ohne sofort etwas »richtigstellen« zu wollen. Lassen Sie eine Äußerung zunächst einmal so stehen, auch wenn Sie sie als etwas »schief« ansehen oder sich ungerecht beurteilt fühlen.
■ Bemühen Sie sich feedback anzunehmen.
■ Dosieren Sie Ihre Äußerungen in bezug auf Umfang und Intensität.
■ ermuntern Sie Schweiger und achten Sie auf ein ruhiges Gesprächsklima, erst langsam wird sich bei Schülern die Sicherheit einstellen, dass ihre Äußerungen nicht gegen sie verwendet werden.

Fallen beim Umgang mit Störungen

Verhaltensweisen, die sich als Fallen herausstellen können:

Sie übergehen die Störung, indem Sie sie nicht zur Kenntnis nehmen oder ihre Bedeutung herunterspielen. Sie reden sich ein, dass Sie das Verhalten der Klasse nicht weiter störe,

■ Sie übergehen die Störung, weil Sie der Auffassung sind, dass Sie die Angelegenheit nur aufwerten, wenn Sie sie jetzt ansprechen.
■ Sie legitimieren das Verhalten, zeigen Verständnis, »es ist halt die 6. Stunde« (Sekundäre Rationalisierung).
■ Sie glauben, dass nur Sie Schwierigkeiten mit bestimmten Klassen oder dieser Klasse haben, dass das nur bei Ihnen im Unterricht geschieht.
■ Sie denken, dass Sie sich nicht gut genug vorbereitet haben und investieren noch mehr Zeit in die Vorbereitung.
■ Sie lassen ein richtiges Donnerwetter los und hoffen, dass die Situation sich dadurch bereinigt.
■ Sie resignieren und halten das Verhalten für typisch für die heutige Jugend.
■ Sie glauben, dass die Schüler Ihnen persönlich eins auswischen wollen.
■ Sie glauben, dass Sie durch Ihr Verhalten alles ausgelöst haben.
■ Sie glauben, dass alles nichts mit Ihrem Verhalten zu tun hat.
■ Sie entscheiden sich für Gegenmaßnahmen, greifen zu Sanktionen, machen Druck oder erhöhen die Leistungsanforderungen.

Konstruktiver Umgang mit Schwierigkeiten

Alle angeführten »Lösungen« zeichnen sich dadurch aus, dass sie auf den aktiven Einbezug der Gegenseite verzichten.

Sprechen Sie also die Störung an, führen Sie ein Gespräch mit der Klasse, statt Verhalten zu interpretieren und dann eine Entscheidung zu treffen bzw. eine Maßnahme zu ergreifen. Vermeiden Sie, Aussagen über die Gegenseite zu machen, sondern drücken Sie Ihre persönliche Betroffenheit aus, teilen Sie der Gruppe mit, was Sie stört und wie es Ihnen dabei geht, d. h., was Sie gefühlsmäßig dabei empfinden.

Das Problem benennen (»Schubkarren-Prinzip«).

Das »Schubkarren-Prinzip« besteht darin, dass Sie Ihr Problem vor sich hertragen, d. h. es nicht verbergen, sondern offenlegen. Machen Sie deutlich, was Sie stört und dass Sie so nicht weitermachen wollen. Machen Sie Ich-Aussagen und vermeiden Sie Du-Aussagen (d. h. Aussagen über die anderen).

2.11 Unterrichtserfahrungen aufarbeiten

Vielfach sind Unterrichtsprobleme nicht sehr schnell eindeutig einzuordnen, weil sie verschiedene Ursachen haben bzw. weil mehreres zusammenkommt. In Fällen, in denen es sich nicht um einen Konflikt handelt, sondern in denen Sie eher ein vages Unbehaglichkeitsgefühl spüren oder in denen Sie den Eindruck haben, dass es atmosphärisch nicht so optimal läuft, es viel Leerlauf gibt oder das Klima zwischen Ihnen und der Gruppe beeinträchtigt ist, ist es von Vorteil, wenn Sie das Problem nicht schon gleich vor der Lerngruppe ansprechen, sondern selbst zu einer möglichst genauen Einschätzung der Situation kommen. Versuchen Sie, die Situation gründlich zu analysieren, indem Sie sie aus verschiedenen Blickwinkeln betrachten, vor allem aber auch nachzuempfinden versuchen, wie Sie sich in der Situation fühlen.

»Tagebuch« schreiben bzw. Notizen machen nach dem Unterricht

Halten Sie – evtl. nur stichwortartig und nicht notwendigerweise in bezug auf alle Klassen – fest, was Sie tagsüber erlebt haben. Notieren Sie Negatives wie auch Positives und notieren Sie neben den Fakten auch Ihre Gefühle.

Häufig herrscht die Einstellung vor, unangenehme oder belastende Erfahrungen aufzuschreiben und sie dadurch stärker zur Kenntnis zu nehmen, bedeute, diesen negativen Eindrücken mehr Einfluß auf einen selbst zu geben und sich selbst innerer Kraft zu berauben. Die unverstandene Übernahme des Prinzips vom »Positiven Denken«, vom »halb vollen, statt halb leeren Glas« mag dazu auch beigetragen haben.

Allzuoft verdrängen wir Unangenehmes lieber, als es uns näher anzuschauen und schützen uns dadurch, dass wir dem »Prinzip Hoffnung« huldigen, der Erwartung, dass nächstes Mal alles besser werde. Hierbei haben wir aber keinen Einfluß darauf, dass sich die Änderung tatsächlich auch einstellt.

Ganz anders verhält es sich, wenn man sich das Erlebte z. B. durch Aufschreiben noch einmal vergegenwärtigt. (Erstaunlich ist die Tatsache, dass das Aufschreiben von negativen Erfahrungen, Gefühlen und Sorgen sogar eine positive Auswirkung auf den Gesundheitszustand hat wie die »Ärzte-Zeitung« (1999) unter Berufung auf eine Studie – untersucht wurden Asthma- und Arthritis-Patienten – an der Universtät in Stony Brook im Bundesland New York berichtet.)

Notizen zum Unterricht

Klasse: .... Datum: ....

Stundenthema: ....

Stundenablauf/Arbeitsformen/Methoden: ....

Stundenbeginn: ....

Stundenmitte: ....

Stundenende: ....

Unterrichtsklima bzw. Veränderung: ....

Besondere Vorkommnisse: ....

Wie ging es mir in bzw. mit der Stunde?: ....

Anmerkungen: ....

Selbstsupervision nach dem Unterricht

Nehmen Sie sich nach der Stunde Zeit, um die folgenden Fragen durchzugehen und Ihre Antworten evtl. stichwortartig festzuhalten.

ICH-Aspekt

- wie erging es mir mit der Stunde (Gefühle, Stimmung, etc.)?
- wie ging es mir mit mir selbst?
- wie ging es mir mit einzelnen in der Gruppe?
- wie ging es mir mit der Gruppe?
- wie ging es mir mit dem Thema?
  (interessant, lastend, ergiebig, zäh)
- wie ging es mir mit der Struktur?
  (wäre ich als Teilnehmer gern in ihr gewesen?)

WIR-Aspekt

- wie habe ich die einzelnen Personen erlebt?
- wie fühlten sie sich in der Gruppe?
- wie ging es ihnen mit dem Thema?
- wie ging es ihnen mit der Struktur?
- wie habe ich die Gruppe erlebt?
- wie verhielt sie sich mir gegenüber?
- wie verhielt sie sich den anderen Gruppenmitgliedern gegenüber?
- wie wirkte die Atmosphäre, das Klima auf mich?
- wodurch wurde es entscheidend beeinflußt? (durch welche Personen?)
- wie wirkte die Gruppe hinsichtlich ihres Arbeitsverhaltens auf mich?
  (motiviert, gelangweilt, uninteressiert?)

ES-Aspekt

- wie lautete das Thema genau?
- wie wirkte es auf mich?
- welches Interesse brachten die Teilnehmer an dem Thema zum Ausdruck?
- welche Aspekte wurden angesprochen, bearbeitet, übergangen, abgelehnt, blieben »unbelichtet«?
- was war das Neue, das Wichtige, das ich als Gesprächsleiter/Sitzungsleiter übermitteln, erreichen wollte? Kam es an, war die Sitzung in diesem Sinn erfolgreich?

Struktur

- wie war die Struktur in dieser Stunde? (Arbeitsformen, Zeiteinteilung?)
- wäre ich selbst gern in dieser Struktur gewesen?

■ wie wurde die Struktur von den Teilnehmern erlebt?
(hilfrcich, lähmend, verunsichernd, anregend?)
■ konnten sie sich gut auf sie einlassen?
■ wurde sie verändert? (Wenn ja, weshalb, an welchem Punkt, durch welchen Einfluß?)

(vgl. M Kroeger: Modelle der Selbstsupervision in TZI)

Austausch mit anderen – Kollegiale Fallberatung

In der Einleitung habe ich versucht, das Wesen von Supervision deutlich zu machen und Supervision von Coaching abzugrenzen. Im vorigen Kapitel habe ich eine Form der Selbstreflexion dargestellt, die anhand der TZI-Aspekte Sache, Ich, Wir Gruppenprozesse reflektiert. Im Grunde genommen handelt es sich bei allen Übungen in diesem Buch um Selbst- und Prozess-Reflexion mit dem Ziel der Situationsklärung durch intensivierte Wahrnehmung. In der kollegialen Fallberatung erfährt der/die Protagonist(in) (= der-/diejenige, der/die einen Fall vorstellt), Fremdwahrnehmung und Rückmeldung durch *unbeteiligte* Dritte, bekommt aber nicht die Wahrnehmung der Beteiligten übermittelt. Deshalb ist es wesentlich, immer wieder die Gelegenheit dazu zu nutzen, um nicht auf eigene Spekulationen und Interpretationen angewiesen zu sein.

In der kollegialen Fallberatung trifft sich eine kleine Gruppe von Kollegen/Kolleginnen, um gemeinsam Schwierigkeiten und problematische Fälle aus der beruflichen Praxis anzusprechen und gemeinsam zu klären, wobei die Rolle des Supervisors nur kurzfristig, d. h. für die Bearbeitung eines Falles von einem Gruppenmitglied übernommen wird. Die Supervisionsarbeit wird dabei gemeinsam von der Gruppe geleistet, was aber in der Regel auch für Gruppensupervision gilt.

Kollegiale Fallberatung sollte in festen Gruppen erfolgen, in denen sich die Mitglieder nach genauer Kenntnis des Vorhabens bzw. Vorgehens zusammengefunden haben. Wichtig dabei ist, dass die Gruppenmitglieder sich gegenseitig akzeptieren, d. h., sich am besten gegenseitig kooptiert haben, um mit einer möglichst großen Vertrauensbasis zu beginnen. Das setzt auch voraus, dass sich die Mitglieder zu einer längeren, kontinuierlichen Mitarbeit bereiterklären.

Die Vereinbarung regelmäßiger Treffs mit festgelegter Zeitdauer – ca. $2^1/_2$ bis 3 Stunden – sollte ebenso eine Voraussetzung sein.

Die Gruppenmitglieder verpflichten sich, Verschwiegenheit zu wahren und nichts, was in dem Raum während der Arbeit angesprochen wurde, nach draussen zu tragen.

Der Ablauf der Fallarbeit erfolgt nach relativ festen Formen, die folgendermaßen aussehen:

Einstimmung und Vorab-Klärungen

Die Sitzung beginnt mit einem Reihum-Statement etwa zu den Impulsen:

Wie geht es mir im Augenblick?

Was war in der Zwischenzeit wichtig?

Möchte ich heute einen Fall bearbeiten?

Die Gruppe einigt sich auf einen »Fall«; sie entscheidet nach Brisanz für den/die Betroffene(n) und nach dem Interesse der Gruppenmitgieder bzw. danach, wie stark sie sich von der Thematik angesprochen fühlen.

Beschreibung des Problems

Kurze Situationsbeschreibung so genau wie möglich. Keine Generalisierungen: »X macht immer ....«

Keine Rückfragen, keine Unterbrechungen, die Teilnehmer hören lediglich zu.

Blitzlicht

Die Gruppenmitglieder äussern sich spontan, kurz und prägnant zum Bericht, ohne zu bewerten oder zu kommentieren.

Welche Gedanken, Gefühle hat der Bericht bei mir ausgelöst?

Was habe ich gehört, wahrgenommen (z. B. in bezug auf Stimme, Tonfall, Diktion, Körperhaltung)?

Nachfragen

Es sind nur Informationsfragen zugelassen; »Was muss ich noch wissen, um mir ein genaues Bild von der Situation bzw. dem Verhalten der Interaktionspartner machen zu können?

Keine in Frageform verkleideten Lösungsvorschläge: »Haben Sie denn versucht, ... zu tun?«

Perspektiven-Wechsel

Wie mag Ihr Interaktionspartner die Situation gesehen haben?

Wie würde ich als Interaktionspartner reagieren, wie hätte ich reagiert?

Ich als ....

Zielklärung

Worum geht es mir?
Was möchte ich ändern?

Suche nach Lösungsmöglichkeiten und Entscheidung für eine der Alternativen

Welche Lösungen erscheinen mir möglich?
Welchen Lösungsweg werde ich verfolgen?
Was werde ich ganz konkret tun, um zum Ziel zu kommen?

Abschluss-Blitzlicht

▪ Des/der Protagonisten/in:»Ich fühle mich jetzt . . . .
▪ Der übrigen Teilnehmer:»Für mich war folgendes wichtig, ...

3. Kommunikation

Selbsterkundung »Kommunikation«

Intention:

Klärung des Verständnisses von Kommunikation.

1. Was verstehe ich unter Kommunikation?

....

2. Wann empfinde ich Kommunikation als negativ?

....

3. Wie reagiere ich dann?

....

4. Wann empfinde ich Kommunikation als positiv?

....

5. Wie reagiere darauf?

....

6. Ich kommuniziere gern mit Menschen, die

....

7. Ich kommuniziere ungern mit Menschen, die

....

8. Meine größte Stärke in der Kommunikation ist:

....

9. Welcher Mensch ist für mich der ideale Kommunikationspartner?

....

10. Was zeichnet diesen Menschen aus?

....

11. Für die Kommunikation in meinem Unterricht wünsche ich mir:

....

12. möchte ich selber zum Erreichen dieses Ziels beitragen?

....

3.1 Die Bedeutung von Kommunikation

Nach Einschätzung von Kommmunikationstheoretikern macht Kommunikation bis zu 80% der täglichen Betätigung eines Menschen in der Industriegesellschaft aus. Ein mindestens ebenso hoher Prozentsatz an Kommunikation dürfte für Schule und Ausbildung gelten. Die Berücksichtigung von Kommunikation im Unterricht besitzt jedoch für mich nicht nur aufgrund seines quantitativen Aspektes große Bedeutung, sondern vor allem deswegen, weil Kommunikation eine der wesentlichsten zwischenmenschlichen Kontaktfunktionen darstellt. Kommunikation berührt in vielfältiger Weise unsere sozialen Beziehungen und unsere Arbeit. Der Förderung der kommunikativen Kompetenz kommt m. E. eine wichtige Funktion im Zusammenhang mit der Entfaltung der Persönlichkeit und der Entwicklung von Selbstausdruck und Emanzipation zu.

Ich gehe von folgenden Prämissen aus:

■ die Wirkung von Lernen durch Zuhören ist gegenüber anderen Lernformen sehr gering;
■ wir lernen weitgehend das und durch das, was wir tun (learning by doing): wenn jemand schweigt, lernt er zu schweigen, wenn jemand redet, lernt er zu reden;
■ Klarheit (Verstehen) entsteht oft erst dann, wenn Gedanken versprachlicht (ausgesprochen) worden sind;
■ jeder Mensch hat etwas zu sagen und hat das Bedürnis sich zu äußern; das Selbstwertgefühl ist in hohem Maß von der Fähigkeit, das zu realisieren, abhängig;
■ die »Stillen« haben früher einmal ihre Entscheidung getroffen, nichts zu sagen; werden sie nicht unterstützt, sich zu äußern, verfestigt sich die Haltung;
■ jemand, der sich nicht in ihm vertrauten Gruppen äußern kann/will, wird es kaum im gesellschaftlich-politischen Bereich tun; (diese Fähigkeit ist m. E. gerade in einer Zeit, in der Politikverdrossenheit und Rückzug beklagt werden und in der die Bereitschaft, sich einzumischen und Zivilcourage zu zeigen, erwünscht ist, von großer Bedeutung);
■ lebendiger Unterricht beruht für mich auf Mit-**teil**-ung, Be-**teil**-igung, Austausch, d. h. viele (eigentlich: alle) müssen ihren **Teil** dazu geben und alle solltem Teil des Ganzen sein.

Vor diesem Hintergrund kommt der Fähigkeit, sich im Unterricht äußern zu können, eine lernpsychologische, unterrichtsdidaktische und emanzipatorische Bedeutung zu. Diese Fähigkeit kann aber nicht einfach vorausgesetzt werden, sondern muß durch vielfältige Sprechanlässe, die weit unterhalb von Referatvortrag und Diskussion liegen, geschult bzw. entfaltet werden. M.E. gibt es vor allem 2 Sprechsituationen, die z. T. außerordentliche Widerstände mobilisieren bzw. Angst hervorrufen, die aber geradezu schulische Standardsituationen darstellen:

■ Sprechen vor einer »größeren« Zuhörerschaft, wobei diese Situation für manche Personen schon bei 5–6 Zuhörern gegeben ist,
■ Aussagen, die eine Bewertung zulassen und nach »richtig – falsch« oder »verstanden – nicht verstanden«, »vollständig – nicht vollständig (wiedergegeben)« beurteilt werden können.

Weitere Gründe können allerdings auch darin bestehen, dass

■ Fragen keinen genügend großen Aufforderungscharakter besitzen oder aber
■ Gruppenteilnehmer schon über viele Jahre hinweg die Rolle des Schweigers übernommen haben.

Auf die Förderung kommunikativer Kompetenz, vor allem die Bereitschaft zur mündlichen Beteiligung werde ich weiter unten eingehen (vgl. auch Kullmann, 1997a).

»Hören mit 4 Ohren«, »Die Botschaft ist das Machwerk des Empfängers«

Aufbauend auf der Erkenntnis Watzlawicks entwickelt Schulz v. Thun ein Kommunikationsmodell, das auf dem »Hören mit vier Ohren« basiert. Eine seiner Grundüberzeugungen lautet: »Die Botschaft ist das Machwerk des Empfängers«, womit er hinter der Auffassung Watzlawicks bzw. des Konstruktivismus steht, dass wir uns unsere Realität und d. h. eben auch unsere in der Kommunikation wahrgenommene Realität konstruieren, dass sie von unserem Verstehen und Verstehen-Wollen abhängig ist.

Nach Schulz v. Thun enthält jede Aussage 4 unterschiedliche Botschaften mit denen der Sprecher etwas über die Sache, sich selbst und die Beziehung zwischen ihm und dem Empfänger aussagt und ausserdem einen Appell an ihn richtet. Für ihn sind das

die Sachinformation,
die Selbstoffenbarung
die Beziehungsklärung und
der Appell.

Alle 4 Botschaften sind zwar in der Aussage enthalten, der Empfänger »entscheidet« aber nach Schulz v. Thun, was er hört, bzw., was er hören will.

Daher ist es für die Partner in einem Kommunikationsprozess notwendig, sich immer wieder zu vergewissern, ob das Gesagte so verstanden wurde, wie es gemeint war.

Übung: »Hören mit 4 Ohren«

Intention, Anlass:

Mit dieser Übung können Sie feststellen, mit welchem »Ohr« sie evtl. bevorzugt hören.

Durchführung:

Nehmen Sie einen kleinen Zettel und schreiben Sie ganz spontan Ihre Reaktion auf die 1. Frage auf; wie würden Sie antworten?

Legen Sie dann den Zettel auf das entsprechende Ohr in der Abbildung »Der vierohrige Empfänger«. Überprüfen Sie auf welche der 4 Kategorien Sie geantwortet haben.

Verfahren Sie bei der Beantwortung der folgenden Fragen wie bei der 1. Frage.

Schreiben Sie, wenn Sie möchten, auch eine zweite Möglichkeit, wie Sie reagieren könnten, auf und legen Sie diese dann ebenso auf die Abbildung.

Was ist das für einer?
Was ist mit ihm?

Wie redet der
eigentlich mit mir?
Wen glaubt er vor
sich zu haben?

Wie ist der Sachverhalt
zu verstehen?

Was soll ich tun,
denken, fühlen
auf Grund seiner
Mitteilung?

Der »vierohrige Empfänger«

Schuleiter(in) zu Ihnen:

»Letzte Stunde war es sehr laut in Ihrem Untericht!«

Schüler(in) zu Ihnen:

»Ich habe nicht verstanden, was Sie da eben erklärt haben!«

Kollege/Kollegin zu Ihnen:

»Was ist eigentlich mit Ihrer Klasse los? Herr Mohl meint auch, dass die im Augenblick furchtbar unruhig ist!«

Vater zu Ihnen am Elternsprechtag:

»Ich kann mir überhaupt nicht erklären, warum mein Sohn eine 5 in Mathematik hat bei Ihnen, der stand letztes Jahr noch auf einer glatten 3 bei Ihrem Kollegen Sehring!«

3.2 »Das hast du gesagt« – »das hab' ich nicht gesagt« oder: Die Bedeutung des Zuhörens

Wenn wir von Kommunikation sprechen, denken wir vor allem an Sprechen, Aussagen, sich Mitteilen und erst in zweiter Linie an, sich Informieren, Aufnehmen, Zuhören. Wir sind aber sehr viel häufiger mit Zuhören beschäftigt, als uns bewußt ist. Folgt man der Auffassung Schulz v. Thuns, dass »die Botschaft das Machwerk des Empfängers« ist, so ist dies ein weiterer Grund dafür, dem Zuhören mehr Aufmerksamkeit zu schenken.

»Eines der überraschendsten Erlebnisse für die Teilnehmer eines Kommunikationsseminars ist immer wieder die Erkenntnis, dass sie nicht zuhören können. Wenn man bedenkt, dass 45% der 10–11 Stunden, die der Einzelne im Durchschnitt mit Kommunikation verbringt, aus Zuhören besteht, dann ist diese Erkenntnis besonders erschreckend«. (Zoechbauer, S.32)

»Was die kleine Momo konnte wie kein anderer, das war: Zuhören. Das ist doch nichts Besonderes, wird nun vielleicht mancher Leser sagen, zuhören kann doch jeder. Aber das ist ein Irrtum. Zuhören können nur ganz wenige Menschen. Und so wie Momo sich aufs Zuhören verstand, war es ganz und gar einmalig.

Momo konnte so zuhören, dass dummen Leuten plötzlich sehr gescheite Gedanken kamen. Nicht etwa, weil sie etwas sagte oder fragte, was den anderen auf solche Gedanken brachte, nein, sie saß nur da und hörte einfach zu, mit aller Aufmerksamkeit und aller Anteilnahme. Dabei schaute sie den anderen mit ihren großen, dunklen Augen an, und der Betreffende fühlte, wie in ihm auf einmal Gedanken auftauchten, von denen er nie geahnt hatte, dass sie in ihm steckten.«

(Ende, M. Momo, 1982, S.86)

Die Gründe für die schwach ausgeprägte Fähigkeit zuzuhören sind vielfältig. Zuhören und das heisst wirkliches Verstehen, setzt ein Sich-Einlassen auf den oder die andere voraus und ist anstrengend, weil dies einen sehr direkten Kontakt darstellt und sich keinesfalls beiläufig ereignet, sondern einen aktiven, bewußten und konzentrierten Wahrnehmungsprozeß darstellt, der die volle Aufmerksamkeit verlangt. Zuhören wird aber auch von vielen Menschen vermieden, weil sie es gleichsetzen mit »nichts zu sagen oder nichts erlebt zu haben«. Viele Menschen befürchten auch, dass Zuhören so ausgelegt werden könne, keine eigene Meinung zu der anstehenden Frage zu haben oder keine Lösung des Problems zu wissen.

Die häufigste Ursache für mangelhaftes Zuhören besteht wohl in dem Grund, dass beim Zuhören ein Teil der Aufmerksamkeit abgezogen und darauf verwendet wird, sich eine Entgegnung oder Antwort zurechtzulegen, weil sie Angst haben, keine Antwort geben zu können. Das führt dazu, dass der Gesprächspartner die Aussage des anderen nicht oder nur sehr unzulänglich aufnimmt, weil er durch das Nachdenken gar nicht frei für ein wirkliches Zuhören ist; er hört »*nur mit einem Ohr hin*« und formuliert schon die Antwort.

»Zuhören – Nachdenken und Aussagen sind unterschiedliche Tätigkeiten. Gleichzeitigkeit senkt ihr Niveau (z. B. wenn ich über meine Gegenaussage nachdenke, wenn der andere spricht.) Erlaube dir und anderen Pausen und Schweigen; sie gehören zu echter Kommunikation.« (Cohn/Matzdorf, S.1298)

In vielen Fällen handelt es sich jedoch nicht nur um Ungeduld, sondern um eine Form von Widerstand, wie sie in Gestalt der bekannten **Ja, aber-Haltung** zum Ausdruck kommt. Die Zustimmung erfolgt nur scheinbar; oder anders ausgedrückt, das »aber« hebt sie wieder auf. Der Sprecher stimmt nicht nur nicht zu, sondern hört auch nicht zu und wartet nur auf ein Signalwort, um daran seine Gegenargumentation aufzuhängen.

In vielen Situationen hören Menschen aber auch nicht zu, weil sie befürchten, von der Meinung desjenigen, der sie äusserte, abhängig zu sein. Aber: **»Zuhören heißt nicht zustimmen.«** (Gordon, S. 83)

Zuhören

etwa bei einem klärenden Gespräch mit einer Klasse oder einem Schüler oder einer Schülerin

- Versuchen Sie Ihrem Gesprächspartner zuzuhören, ohne ihn zu unterbrechen,
- Lassen Sie ihn seine Sichtweise des Problems im Zusammenhang darstellen,
- Üben Sie sich in Geduld und lassen Sie ihn zu Ende kommen,
- Ihre Gegenargumente werden Ihnen nicht abhanden kommen, auch wenn Sie ihn nicht unterbrechen,
- Trachten Sie nicht danach, Sachverhalte, die Sie anders sehen, richtigstellen zu wollen,
- Vermeiden Sie »Ja, aber-Wendungen. Ihr Gesprächspartner erkennt daran Ihr Bemühen, ihn zu verstehen, seine Argumente aufzunehmen, d. h., auf sie einzugehen und sie nicht einfach mit einem schnellen »Ja, aber« vom Tisch zu wischen oder zu übergehen,
- Rekapitulieren Sie wichtige Aussagen, fragen Sie nach, ob Sie den Sachverhalt richtig verstanden haben,
- Ermuntern Sie Ihre(n) Gesprächspartner, mir der Schilderung fortzufahren,
- Günstig für ein entkrampftes Gesprächsklima ist auch, wenn Sie Ihrem Gesprächspartner zu Beginn des Gesprächs mitteilen, wieviel Zeit Sie dafür haben bzw. wieviel Zeit Sie vom Unterricht dafür bereitstellen wollen, Hierdurch wird vermieden, dass sich eine Klärung endlos in die Länge zieht, andererseits lässt sich vermeiden, dass etwa dadurch Druck entsteht, dass der/die Gesprächspartner meinen, sie müssten sich sehr beeilen mit der Darstellung des Problems.

Aktives Zuhören

Entwickeln Sie die Kunst aktiv zuzuhören. »Aktiv« bedeutet z. b., dass Sie Ihren Gesprächspartner zum Weiterreden ermutigen, indem Sie zwischendurch Bemerkungen einfließen lassen, die deutlich machen, dass Sie ihm Ihre Aufmerksamkeit schenken und innerlich beteiligt sind. Dies kann durch kurze Einschübe, Floskeln, einfühlende Nachfragen oder kommentierende Rückmeldungen wie »das war dann sicherlich nicht ganz leicht in diesem Augenblick«, »aber Sie hatten da auch keine andere Alternative, oder?« geschehen.

Auf diese Weise lassen Sie Ihren Gesprächspartner erkennen, dass Sie seinen Ausführungen folgen und daran interessiert sind, was er zu sagen hat und dass Sie die Geduld aufbringen ihn berichten zu lassen, ohne sofort ungeduldig zu werden.

Durch »aktives Zuhören« wird nach Auffassung Gordons die Bejahung des anderen übermittelt. Deutlich teilen Sie mit:

■ Ich höre, was du fühlst.
■ Ich verstehe, wie du die Dinge im Moment siehst.
■ Ich begreife dich so, wie du im Moment bist.
■ Ich bin interessiert und nehme Anteil.
■ Ich verspüre keinen Wunsch dich zu verändern.
■ Ich fälle kein Urteil über dich.
■ Du brauchst keine Angst vor meiner Kritik zu haben.« (S. 71)

»Die ganze Kunst des »aktiven Zuhörens« besteht darin, dass der Empfänger dem Sender die Ergebnisse seiner Dekodierung häufig und laufend zurückmeldet. Wir können nie ganz sicher sein, dass wir einen anderen vollständig oder genau verstanden haben. Deshalb müssen wir die Genauigkeit unseres Verstehens unbedingt überprüfen, um so die Gefahr der in der interpersonellen Kommunikation üblichen Mißverständnisse und Verzerrungen so gering wie möglich zu halten. .... Das »aktive Zuhören« liefert den Beweis, dass der Hörer wirklich verstanden hat. Dieser Beweis veranlaßt den Sender weiterzusprechen, um tiefer in das Problem einzudringen. (Gordon, S. 68 ff)

Erschwernisse für Kommunikation, Kommunikationssperren / Killerphrasen

Ganz im Gegensatz zum »aktiven Zuhören«, bei dem der Sprecher ermutigt werden soll, weiterzureden, steht bei bestimmten anderen Reaktionen des Empfängers sein Wunsch im Vordergrund, den Sender zu beeinflussen, sein Kommunikationsverhalten zu steuern oder letztlich sogar sein Verhalten zu verändern. Reaktionen des Empfängers, die die Intention verfolgen, den Sprecher so zu verunsichern, dass er nicht weiterargumentiert, werden **Killerphrasen** genannt; sie töten das Gespräch, weil sie eine wirkliche Auseinandersetzung und Problemlösung unmöglich machen.

Kommunikationssperren

Gesprächspartner können die Kommunikation auf unterschiedlichste Weise bremsen bzw. unterdrücken, z. B. durch Redewendungen, Reaktionen folgender Art:

Beispiel:

Es geht um die Frage der Mitbeteiligung von Schülerinnen und Schülern an Unterrichtsentscheidungen. Auf den Wunsch von Schülerinnen und Schülern, über den Unterricht der nächsten Wochen mitentscheiden zu wollen, reagiert ein Kollege/eine Kollegin folgenderweise:

■ damit sind Sie als Schülerinnen und Schüler halt ganz allgemein überfordert,
■ das haben wir Lehrer ja nicht umsonst 12 Semester studiert,
■ da bin ich übrigens durch die Fachkonferenz gebunden, das liegt gar nicht in meiner Entscheidungsgewalt,
■ das wollen dann alle anderen Klassen auch,
■ das geht nicht, das habe ich schon vielfach versucht.

Fragebogen

Nachfolgend finden Sie Aussagen von Lehrerinnen und Lehrern als Antwort auf Äusserungen von Schülerinnen und Schülern, die Sie nach Grad der Wertschätzung beurteilen sollten. Sie haben dazu 4 Möglichkeiten; von + + bis - -

	+ +	+	-	- -
Das ist ziemlicher Quatsch, ich glaube, das meinen Sie selbst nicht so.	☐	☐	☐	☐
Also, das entbehrt jetzt wirklich jeglicher Logik.	☐	☐	☐	☐
Sie widersprechen; wahrscheinlich sind Sie anderer Auffassung; wollen Sie die uns mal vermitteln?	☐	☐	☐	☐
Ihre Meinung finde ich interessant, da müsste ich aber noch genauer darüber nachdenken.	☐	☐	☐	☐
Naja, schlecht ist's nicht, überzeugen tut's mich aber auch nicht.	☐	☐	☐	☐
Ich habe das jetzt zum dritten mal erläutert, das möchte ich nicht noch mal alles wiederkäuen.	☐	☐	☐	☐
Glauben Sie das eigentlich selbst, was Sie da sagen?	☐	☐	☐	☐

Die Verantwortung, ob Sie durch die
Abiturprüfung fallen wollen, müssen
Sie schon selbst tragen.

+ +	+	-	- -
☐	☐	☐	☐

Sie schauen mich so fragend an,
interpretiere ich das richtig?
Kann ich Ihnen da noch was erklären?

+ +	+	-	- -
☐	☐	☐	☐

Machen Sie doch mal zur nächsten Stunde
einen konkreten Vorschlag dazu, dann
sage ich Ihnen, was ich davon halte.

+ +	+	-	- -
☐	☐	☐	☐

3.3 Kommunikation im Unterricht

Selbsterkundung

	Zustimmung		Ablehnung		
	1	2	3	4	5

Wie beurteile ich die Redeanteile in meinem Unterricht?
eigener Redeanteil ... %
Redeanteil der Schülerinnen und Schüler ... %

Wie beurteile ich das Verhältnis
Vielredner – Schweiger ... % : ... %

	1	2	3	4	5
Mir ist es wichtig, Schweiger am Unterricht zu beteiligen	1	2	3	4	5
Ich nehme nur Schülerinnen und Schüler dran, die sich melden	1	2	3	4	5
Ich nehme auch Schülerinnen und Schüler dran, die sich nicht melden					
▪ Ich möchte, dass sie sich am Unterrichtsgespräch beteiligen	1	2	3	4	5
▪ Ich möchte ihnen so die Redeangst nehmen	1	2	3	4	5
▪ Ich möchte überprüfen					
Das Motiv der eher Stillen im Unterricht für ihre Nichbeteiligung sehe ich vor allem in	1	2	3	4	5
▪ Rede-/Sprechangst/Schüchternheit	1	2	3	4	5
▪ Bequemlichkeit/Desinteresse	1	2	3	4	5
▪ Charakterzug	1	2	3	4	5
▪ Kenntnismangel	1	2	3	4	5

Ich bemühe mich die mündliche Beteiligung
einzelner zu erhöhen   1   2   3   4   5

Ich spreche das Problem mit der Klasse an   1   2   3   4   5

Ich spreche die Betroffenen einzeln nach
dem Unterricht an   1   2   3   4   5

Welche Methoden bzw. Aktionsformen setze ich ein, um die mündliche
Beteiligung zu erhöhen?

....

....

Beteiligung am Unterricht und die Fähigkeit, sich zu äussern.

In seinem Roman »Zen in der Kunst ein Motorrad zu warten«, der autobiographische Züge trägt, beschreibt Pirsig seine Bemühungen als amerikanischer
Hochschuldozent Studenten und Studenrinnen dazu zu bringen, sich stärker an
den Sitzungen mündlich zu beteiligen. Die folgende Textpassage macht die Auffassung Pirsigs deutlich, dass Aufgaben, die darin bestehen, schon einmal Gehörtes oder Gelesenes zu wiederholen oder vorher sich selbst Zurechtgelegtes
wiederzugeben, eine Blockade auslösen. Sie macht in meinen Augen aber auch
deutlich, dass die Studentin erst fähig ist, sich auszudrücken, nachdem sie einen
eigenen Zugang zu der Aufgabe gefunden hat.

»Er hatte tiefgreifende Neuerungen eingeführt. Er hatte oft Schwierigkeiten mit Studenten,
die nichts zu sagen wußten. Anfangs dachte er, es sei Faulheit, aber dann zeigte sich, dass
es etwas anderes war. Es fiel ihnen einfach nichts ein, was sie hätten hinschreiben können.

Eine Studentin, ein Mädchen mit dicken Brillengläsern, wollte einen Aufsatz von fünfhundert Wörtern über die Vereinigten Staaten schreiben. Wie immer bei solchen Ankündigungen hatte er ein flaues Gefühl und schlug ihr vor, sich auf Bozeman zu beschränken.

Als der Ablieferungstag gekommen war, hatte sie den Aufsatz nicht und war todunglücklich darüber. Sie hatte es immer wieder versucht, aber es war ihr einfach nichts eingefallen.

Er hatte schon mit ihren früheren Lehrern über sie gesprochen, und die hatten denselben
Eindruck von ihr gehabt wie er. Sie war sehr gewissenhaft, diszipliniert und fleißig, aber
völlig unbegabt. Nicht die leiseste Spur von Kreativität. Ihre Augen hinter den dicken
Brillengläsern waren die Augen eines Kulis. Sie machte ihm nichts vor, sie wußte wirklich
nicht, was sie schreiben sollte, und fand es schrecklich, dass sie nicht in der Lage war das
zu tun, was man von ihr erwartete.

Er war ratlos. Jetzt wußte *er* nicht, was er sagen sollte. Eine Pause trat ein, und dann kam
eine bemerkenswerte Antwort: »Grenzen Sie es auf die *Hauptstraße* von Bozeman ein.«
Es war eine plötzliche Einsicht.

Sie nickte pflichteifrig und ging hinaus. Aber kurz vor der nächsten Stunde kam sie wieder, völlig niedergeschlagen und in Tränen aufgelöst, und es war ihr anzusehen, dass der Kummer sie schon lange plagte. Sie wußte immer noch nicht, was sie schreiben sollte, und sah nicht ein, wieso sie, da sie doch über ganz Bozeman nichts zu schreiben wußte, in der Lage sein sollte, über eine bestimmte Straße zu schreiben.

Er war wütend. »Sie machen eben die Augen nicht auf!« sagte er. Er dachte daran, wie er selbst von der Universität geflogen war, weil er *zuviel* zu sagen gehabt hatte. Für jede Tatsache gibt es eine unendliche Anzahl von Hypothesen. Je genauer man hinsieht, umso mehr sieht man. Diese Studentin sah wirklich nicht hin, aber aus irgendeinem Grunde begriff sie das nicht.

Ärgerlich sagte er zu ihr: »Grenzen Sie es auf die Fassade eines einzigen Gebäudes in der Hautstraße von Bozeman ein. Meinetwegen des Opernhauses. Fangen Sie mit dem ersten Ziegelstein oben an.«

Ihre Augen wurden groß hinter den dicken Brillengläsern.

Mit einem verwirrten Ausdruck im Gesicht kam sie in die nächste Stunde und überreichte ihm einen fünftausend Worte langen Aufsatz über die Fassade des Opernhauses auf der Hauptstraße von Bozeman, Montana. »Ich saß in der Imbißstube gegenüber«, berichtete sie, »und fing an, etwas über den ersten Ziegelstein zu schreiben, dann über den zweiten, und beim dritten lief es dann auf einmal ganz von selbst und ich konnte nicht mehr aufhören. Die anderen dachten, ich sei verrückt geworden, und zogen mich andauernd auf, aber der Aufsatz ist fertig. Ich versteh' das nicht.«

Er verstand es so wenig wie sie, aber auf langen Spaziergängen durch die Straßen der Stadt dachte er darüber nach und kam zu dem Schluß, dass sie offenbar eine ganz ähnliche Blockade gehabt hatte wie er an seinem ersten Unterrichtstag. Sie war blockiert, weil sie versuchte, mit eigenen Worten Dinge zu wiederholen, die sie schon einmal gehört hatte, genau wie er am ersten Tag versucht hatte, Dinge zu wiederholen, die er sich vorher schon zurechtgelegt hatte. Sie wußte nicht, was sie über Bozeman schreiben sollte, weil sie sich an nichts erinnern konnte, was einer Wiederholung wert gewesen wäre. Sie kam sonderbarer Weise nicht auf den Gedanken, dass sie sich beim Schreiben selbst umschauen, mit eigenen Augen sehen konnte, ohne sich darum zu kümmern, was andere vor ihr gesagt hatten. Die Eingrenzung auf einen Ziegelstein beseitigte die Blockade, weil da endlich offenkundig wurde, dass sie nur etwas schreiben konnte, was sie mit eigenen Augen gesehen hatte.

Er experimentierte weiter. In einer Klasse ließ er die Studenten eine Stunde lang über die Rückseite des eigenen Daumens schreiben. ... In einer anderen Klasse ließ er die Studenten statt des Daumens eine Münze beschreiben, und sie schrieben alle die ganze Stunde lang. Dieselbe Erfahrung machte er in anderen Klassen. Einer fragte einmal: »Müssen wir beide Seiten beschreiben?« Wenn sie sich erstmal mit dem Gedanken vertraut gemacht hatten, dass sie selbst direkt hinsehen konnten, merkten sie auch, dass sie unbegrenzt viel schreiben konnten. Solche Aufgaben hoben auch das Selbstbewußtsein, weil das, was sie schrieben, zwar scheinbar trivial, immerhin aber eine eigene Leistung war und kein bloßes Nachplappern fremder Gedanken.«

(Pirsig, S. 194 ff)

Die Bereitschaft, sich zu äußern, sich anderen mitzuteilen – aber auch anderen zuzuhören – ist ohne Zweifel von dem Grad des Bezuges abhängig, den der einzelne zu dem Thema entwickelt. Je dichter das Thema an der Erfahrungswelt jedes einzelnen bzw. der Gruppe ist, desto größer ist die Bereitschaft, sich dazu zu äußern.

Zur Förderung der Bereitschaft bzw. Fähigkeit, sich angstfrei vor Zuhörern zu äussern, sind m. E. verschiedene vielfältige und variationsreiche Sprechanlasse erforderlich, ebenso wie die Schaffung eines vertrauensvollen, kommunikativen Klimas. Bei den Teilnehmern muss einerseits das Interesse bzw. das Bedürfnis, sich zu äußern, unterstützt werden, andererseits müssen Sprechhemmungen verstanden und reduziert werden. Sicherheit und Vertrauen – ohne die freie Kommunikation nicht gedeihen kann – und mit ihnen die Äußerungsbereitschaft wachsen in dem Maße, in dem ein für die Kommunikation förderliches Klima entsteht und die Kommunikationsstrukturen ganz langsam komplexer werden, z. B. durch folgende Steigerung:

(1) Partner-Gespräche,
(2) Gespräche in der 3-er, dann 4-er und 5-er Gruppe,
(3) Einzelbericht in einer Kleingruppe,
(4) Team-Bericht vor einer größeren Gruppe,
(5) Einzelbericht oder – Vortrag vor einer größeren Gruppe.

Sicherheit entsteht u. a. auch durch klare strukturelle Vorgaben für Inhalt und Form der Kommunikation, durch »ritualisierte« Äußerungen, z. B. Reihumstatements, Blitzlicht, währenddessen alle Teilnehmer etwas sagen und sei es nur: »ich will jetzt dazu nichts sagen«. Diese Statements können besonders gut am Stundenende, in der Reflexionsphase, aber auch am Stundenanfang oder zwischendurch eingeholt werden.

Sicherheit im Sinne von Vertrauen in die Gruppe bzw. die einzelnen Gruppenmitglieder entsteht m. E. durch klare strukturelle Vorgaben für Inhalt und Form der Kommunikation, z. B. durch Regeln oder Übereinkünfte, die den vertrauensvollen und verantwortlichen Informations- und Meinungsaustausch sicherstellen.

Dabei könnten etwa die Gesprächsregeln der TZI als Kommunikationshilfen dienen.

Dass diese Regeln nicht als starre Vorgaben betrachtet und benutzt werden sollten, hat Ruth Cohn explizit herausgestellt.

TZI-Regeln als Kommunikationshilfen

1. Vertritt dich selbst in deinen Aussagen: sprich per »ich« und nicht per »wir« oder »man«.

2. Wenn du eine Frage stellst, sage, weshalb du fragst und was deine Frage für dich bedeutet. Sage dich selbst aus und vermeide das Interview.

3. Sei authentisch und selektiv in deinen Kommunikationen. Mache dir bewusst, was du denkst und fühlst und wähle, was du sagst oder tust.

4. Halte dich mit Interpretationen von anderen so lange wie möglich zurück. Sprich statt dessen deine persönlichen Reaktionen aus.

5. Sei zurückhaltend mit Verallgemeinerungen.

6. Zuhören, Nachdenken und Aussagen sind unterschiedliche Tätigkeiten. Gleichzeitigkeit senkt ihr Niveau.

7. Wenn du etwas über eine Person oder die Charakteristik eines anderen teilnehmers aussagst, sage auch, was es die bedeutet, dass er so ist, wie er ist, d. h., wie du ihn siehst.

8. Seitengespräche haben Vorrang. Sie stören und sie sind wichtig. Sie würden nicht geschehen, wenn sie nicht wichtig wären.

9. Es spricht jeweils nur eine Person. Wenn mehrere sprechen wollen, verständigt euch in Stichworten, worüber ihr sprechen wollt.

»Es geht gegen den Gesit der TZI, solche Hilfsregeln an die Wandtafel zu schreiben oder als Poster anzuschlagen (wie das oft geschehen ist). Sie sind nur *selektiv* und *situationsgemäss* zu vermitteln; am besten dadurch, dass ein Gruppenleiter sie selbst anwendet. Es ist missverständlich und pädagogisch-therapeutisch nachteilig, wenn Gruppenleiter Regeln vorschreiben, die sie selbst nicht in das humanistische Konzept der TZI integriert haben. Ohne humane Haltung und ohne Rückbindung an Axiome und Postulate dienen die Hilfsregeln dem Antigeist, den sie bekämpfen wollen: dem Dogmatismus.«

(Matzdorf/Cohn, a.a.O. S. 1287 f)

3.4 Feedback/Rückmeldung

Selbsterkundung

Wie wichtig ist für mich Rückmeldung im privaten Bereich?

. . . .

Wie oft und von wem hauptsächlich erhalte ich Rückmeldung?

. . . .

Wie erlebe ich solche Situationen, welche Gefühle, Empfindungen sind dabei
vorherrschend?

. . . .

Wie gut kann ich das Gesagte annehmen?

. . . .

Wie häufig gebe ich anderen Menschen Rückmeldung? Wie fühle ich mich dabei?

. . . .

Wie kann der Feedback-Nehmer meinem Eindruck nach meine Rückmeldungen
annehmen?

. . . .

Kann ich mich an eine Feedback-Situation erinnern, die ich als unangenehm
wahrgenommen habe?

. . . .

Wie häufig gebe ich Schülerinnen und Schülern Rückmeldung?

. . . .

Bezieht sich diese nur auf den Sach-Aspekt oder schließt sie den persönlichen Bereich
(z. B. Motivation, Interesse, Verhalten, Fähigkeiten, etc.) mit ein?

. . . .

Wie können Schülerinnen und Schülern diese Rückmeldungen m. E. annehmen?

. . . .

Schaffe ich Unterrichtssituationen, in denen sich Schülerinnen und Schülern
Rückmeldung geben?

. . . .

Wie werden diese Rückmelde-Situationen von den Schülerinnen und Schülern
aufgenommen?

. . . .

Wie werden diese Situationen von mir wahrgenommen?

. . . .

Umgang mit Feedback

Unter Feedback in Gruppenprozessen versteht man die Reaktion von Gruppenmitgliedern auf das Verhalten oder eine Aktion eines Gruppenmitglieds, durch
die der/die Betreffende erfährt, wie sein Verhalten auf die übrigen Mitglieder
wirkt. Feedback ist ein wichtiges Steuerungsmittel für Gruppenprozesse, mit
dem es möglich ist, die mit der Arbeit am Sachthema einhergehenden psycho-
sozialen Themen anzusprechen und zu bearbeiten. (vgl. die Ausführungen zu
»Eisberg«-Phänomen.) Feedback ermöglicht Lernen und die Veränderung von
Verhalten dadurch, dass Selbstwahrnehmung durch Fremdwahrnehmung ergänzt, bzw. kontrastiert wird.

Wegen der auf Personen und ihr Verhalten bezogenen Äusserungen erfordert der
Umgang mit Feedback eine hohe Sensibilität. Um persönliche Kränkungen zu
vermeiden und um es nicht zum »Schlagabtausch« kommen zu lassen, ist die
Einhaltung bestimmter Regeln oder besser von Grundsätzen, die den verantwortlichen Umgang mit Feedback gewährleisten unumgänglich.

Im Umgang mit Feedback sind einige Dinge zu beachten: feedback sollte nur
dann gegeben werden, wenn der Empfänger von Feedback dies wünscht, d. h.,
wenn er auch offen dafür und in der Lage ist, es anzunehmen. Und es sollte so
formuliert sein, dass es annehmbar ist. Zwei Dinge sind in diesem Zusammenhang wichtig: das erste nannte Ruth Cohn »selektive Authentizität«: der Betreffende muss nicht alles sagen, was er sagen könnte; das, was er sagt, muss
aber das sein, was er wirklich meint.

In vielen Fällen wird beim Feedback zu viel erwähnt oder mit dem Feedback eine
Generalabrechnung vorgenommen (z. B.»das machst du immer«, »das kenne ich
gar nicht anders von dir«), so wird das feedback zu umfangreich oder zu massiv.
Der Empfänger kann es nicht mehr verarbeiten oder will es nicht annehmen,
weil er sich angegriffen oder herabgesetzt fühlt.

Das kann auch geschehen, wenn nur Kritikwürdiges geäussert wird, während
das Positive unerwähnt bleibt. In den 70er-Jahren gab es einmal die »geflügelte«
Frage, um auf diesen Missstand hinzuweisen:

»Hast Du heute schon Dein Kind gelobt?«

Häufig wird das Positive vergessen, es wird als selbstverständlich angesehen, als
etwas, um das man keine Worte mehr machen muss. Damit ist aber die negative
Anmerkung die einzige Rückmeldung und bleibt umso nachhaltiger im Bewusstsein.

Um Rückmeldung nicht zu massiv werden zu lassen, kann z. B. auch der Feed-
back-Empfänger festlegen, von wievielen und von welchen Mitschülerinnen und
Mitschülern er Feedback haben möchte.

Hinweise zum Geben von Feedback

■ machen Sie nur Aussagen, die sich auf das unmittelbar zuvor Erlebte beziehen;
■ nennen Sie konkrete Besispiele und vermeiden Sie Verallgemeinerungen;
■ machen Sie deutlich, dass Sie von ihrem Erleben und von ihren Eindrücken sprechen und keine Tatsachen darstellen;
■ machen Sie »Ich«-Aussagen (»auf mich hat das einschüchternd gewirkt«), statt »Du«-Aussagen (»Du überfährst hier die Leute«) oder »man«-Aussagen (»Man kommt hier gegen dich nicht an«);
■ bieten Sie dem Empfänger ihre Rückmeldung an, versuchen Sie nicht, sie ihm aufzuzwingen – machen Sie deutlich, dass es ausschliesslich an ihm ist, es zuzunehmen oder zurückzuweisen;
■ machenSie deutlich, dass Sie Ihr gegenüber nicht verändern wollen, ihm wohl aber mitteilen wollen, wie es Ihnen mit ihm/ihr gegangen ist;
■ erwähnen Sie neben negativen, kritischen Punkten auch das Positive; irgendetwas, das Sie angesprochen hat oder das Sie positiv fanden, gibt es in jeder Situation;

Hinweise zum Empfangen von Feedback

■ hören Sie aufmerksam zu, was Ihnen Ihr Gegenüber sagen möchte; es ist nicht *die* Wahrheit, aber es enthält möglicherweise ein Stück Wahrheit;
■ verteidigen Sie sich nicht, versuchen Sie nicht etwas »richtig stellen« zu wollen;
■ machen Sie sich bewusst, dass Ihnen mit dem Feedback gerade eine Lerngelegenheit geboten wird;
■ seien Sie dankbar dafür, dass Ihr Gegenüber Ihnen seine Meinung, seine Einschätzungen und Empfindungen mitteilt und sagen Sie das Ihrem Gegenüber auch – fagen Sie nach, wenn Ihnen etwas nicht ganz klar ist; dieser Person, mit der Sie eben in Kontakt sind, sind Sie nicht gleichgültig, sonst hörten Sie nichts von ihr;
■ machen Sie sich bewusst, dass niemand von Ihnen verlangt oder verlangen kann, sich zu ändern, sondern, dass das ganu allein Ihrer Verantwortung unterliegt. Es kann hilfreich sein, nach dem erhaltenen Feedback sich den folgenden Satz, der auf Rogers zurückgehen soll, etwa durch inneres Vorsprechen bewusst zu machen:
»Ich danke dir dafür, dass du mir das gesagt hast,
und ich werde darüber nachdenken.
Ich werde versuchen, das zu ändern, was ich kann,
aber ich bin nicht auf dieser Welt, um nach
deinen Vorstellungen zu leben.«

3.5 Selbstbild – Fremdbild

These: Wir brauchen andere als Spiegel, um uns selbst zu erkennen

In »Tagebuch« hat Max Frisch den Entwurf für sein späteres Werk »Andorra« niedergeschrieben, das eine sehr vielschichtige Problematik aufweist. Es geht in dem Drama um Antisemitismus, um Moral und Kleinbürgertum und um Gruppenverhalten gegenüber Minoritäten; es geht aber auch darum, dass der Protagonist das von der Gruppe gespiegelte Bild seiner selbst letztendlich als sein Selbstbild akzeptiert, obwohl es mit seinem Wesen nicht übereinstimmt. Insofern stellt der Text ein sehr negatives, geradezu makabres, aber doch realistisches Beispiel für die obige These dar.

»Der andorranische Jude«

In Andorra lebte ein junger Mann, den man für einen Juden hielt. Zu erzählen wäre die vermeintliche Geschichte seiner Herkunft, sein täglicher Umgang mit den Andorranern, die in ihm den Juden sehen: das fertige Bildnis, das ihn überall erwartet. Beispielsweise ihr Mißtrauen gegenüber seinem Gemüt, das ein Jude, wie auch die Andorraner wissen, nicht haben kann. Er wird auf die Schärfe seines Intellektes verwiesen, der sich eben dadurch schärft, notgedrungen. Oder sein Verhältnis zum Geld, das in Andorra auch eine große Rolle spielt: er wußte, er spürte, was alle wortlos dachten; er prüfte sich, ob es wirklich so war, dass er stets an das Geld denke, er prüfte sich, bis er entdeckte, dass es stimmte, es war so, in der Tat, er dachte stets an das Geld. Er gestand es; er stand dazu und die Andorraner blickten sich an, wortlos, fast ohne ein Zucken der Mundwinkel. Auch in Dingen des Vaterlandes wußte er genau, was sie dachten; sooft er das Wort in den Mund genommen, ließen sie es liegen wie eine Münze, die in den Schmutz gefallen ist. Denn der Jude, auch das wußten die Andorraner, hat Vaterländer, die er wählt, die er kauft, aber nicht ein Vaterland wie wir, nicht ein zugeborenes, und wie wohl er es meinte, wenn es um andorranische Belange ging, er redete in ein Schweigen hinein, wie in Watte. Später begriff er, dass es ihm offenbar an Takt fehlte, ja, man sagte es ihm einmal rundheraus, als er, verzagt über ihr Verhalten, geradezu leidenschaftlich wurde. Das Vaterland gehörte den andern, ein für allemal, und dass er es lieben könnte, wurde von ihm nicht erwartet, im Gegenteil, seine beharrlichen Versuche und Werbungen öffneten nur eine Kluft des Verdachtes; er buhlte um eine Gunst, um einen Vorteil, um eine Anbiederung, die man als Mittel zum Zweck empfand auch dann, wenn man selber keinen möglichen Zweck erkannte. So wiederum ging es, bis er eines Tages entdeckte, mit seinem rastlosen und alles zergliedernden Scharfsinn entdeckte, dass er das Vaterland wirklich nicht liebte, schon das bloße Wort nicht, das jedesmal, wenn er es brauchte, ins Peinliche führte. Offenbar hatten sie recht. Offenbar konnte er überhaupt nicht lieben, nicht im andorranischen Sinn; er hatte die Hitze der Leidenschaft, gewiß, dazu die Kälte seines Verstandes, und diesen empfand man als eine immer bereite Geheimwaffe seiner Rachsucht; es fehlte ihm das Gemüt, das Verbindende; es fehlte ihm, und das war unverkennbar, die Wärme des Vertrauens. Der Umgang mit ihm war anregend, ja, aber nicht angenehm, nicht gemütlich. Es gelang ihm nicht, zu sein wie alle andern, und nachdem er es umsonst versucht hatte, nicht aufzufallen, trug er sein Anderssein sogar mit einer Art von Trotz, von Stolz und lauernder Feindschaft dahinter, die er, da sie ihm selber nicht gemütlich war, hinwiederum mit einer geschäftigen Höflichkeit überzuckerte; noch wenn er sich verbeugte, war es eine Art von Vorwurf, als wäre die Umwelt daran schuld, dass er ein Jude ist.

Die meisten Andorraner taten ihm nichts.

Also auch nichts Gutes.

Auf der andern Seite gab es auch Andorraner eines freieren und fortschrittlichen Geistes, wie sie es nannten, eines Geistes, der sich der Menschlichkeit verpflichtet fühlte: sie achteten den Juden, wie sie betonten, gerade um seiner jüdischen Eigenschaften willen, Schärfe des Verstandes und so weiter. Sie standen zu ihm bis zu seinem Tode, der grausam gewesen ist, so grausam und ekelhaft, dass sich auch jene Andorraner entsetzten, die es nicht berührt hatte, dass schon das ganze Leben grausam war. Das heißt, sie beklagten ihn eigentlich nicht, oder ganz offen gesprochen: sie vermißten ihn nicht – sie empörten sich nur über jene, die ihn getötet hatten, und über die Art, wie das geschehen war, vor allem die Art.

Man redete lange davon.

Bis es sich eines Tages zeigte, was er selber nicht hat wissen können, der Verstorbene: dass er ein Findelkind gewesen, dessen Eltern man später entdeckt hat, ein Andorraner wie unsereiner.

Man redete nicht mehr davon.

Die Andorraner aber, sooft sie in den Spiegel blickten, sahen mit Entsetzen, dass sie selber die Züge des Judas tragen, jeder von ihnen.

Du sollst dir kein Bildnis machen, heißt es, von Gott. Es dürfte auch in diesem Sinne gelten: Gott als das Lebendige in jedem Menschen, das, was nicht erfaßbar ist. Es ist eine Versündigung, die wir, so wie sie an uns begangen wird, fast ohne Unterlaß wieder begehen – ausgenommen wenn wir lieben.« (Frisch, Tagebuch S. 35)

Das Selbstbild entsteht im Laufe des Lebens aus der Selbstwahrnehmung und aus der Wahrnehmung der Reaktionen der Kommunikations- bzw. Interaktionspartner. Auf diesem Bild ruht das Selbstverständnis, die Art und Weise wie sich jemand selbst interpretiert. Dieses Bild wird mit zunehmendem Lebensalter immer stabiler, ist jedoch auch stets veränderbar. Das Selbstbild stimmt meist nicht mit dem Fremdbild, d. h., dem Bild, wie einen der andere sieht, überein. Darüber hinaus gibt es noch ein drittes Bild, nämlich das, wie einer glaubt, dass ihn der andere sieht.

Selbstbild und Fremdbild oder »Gibt's mich gar dreimal?«

Feedback dient, wie gesagt, der Weitergabe unserer Wahrnehmungen vom anderen an ihn selbst – und zwar als Angebot zur Überprüfung, nicht als Wahrheit, denn wie wir als Menschen wirklich sind, bleibt schon uns selbst ein Geheimnis, erst recht einem Dritten. Eigentlich existieren wir, etwas salopp formuliert, als drei Personen (vgl. folgende Abbildung):

**Die Überdeckung von »Person B«
und »Person C« wird größer**

Person B

Nur mir
bekannt

Person C

Nur anderen
bekannt

**Bereich der mir und
anderen bekannt ist**

Wirkung von Feedback und Zusammenarbeit

Da ist zunächst die Person, die wir wirklich sind, ohne dass wir sie je vollständig kennenlernen werden *(Person A)*.

Dann gibt es uns als Person so, wie wir uns selbst sehen *(Person B)*. Dieses Selbstbild ist immer nur ein Teil der wirklichen Person, überlagert durch Wünsche und Vorstellungen, wie wir uns gern sehen würden. Anderes verdrängen wir, nehmen es nicht in unser Selbstbild auf, weil wir es nicht als einen Teil von uns akzeptieren können.

Und schließlich gibt es noch die Person von uns, die in der Wahrnehmung der anderen modelliert wird *(Person C)*. Auch dieses Bild ist eine Mischung aus Realität und Anteilen, die der andere hinzufügt, so z. B. seine Phantasien und Vermutungen über uns.

Langmaak/Braune-Krickau (1989), S. 109–111

Ich   Du

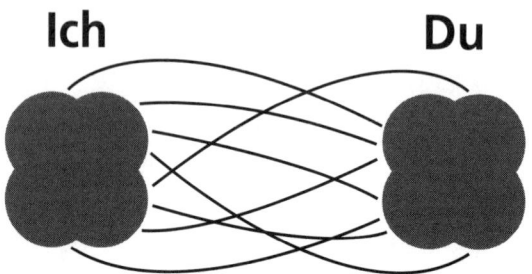

1. Selbstbild: Wie ich mich
   selbst sehe.
2. Wunschbild: Wie ich möchte,
   dass mich der andere sieht.
3. Vermutetes Fremdbild: Wie ich
   glaube, dass mich der andere sieht.
4. Fremdbild: Wie mich der andere
   tatsächlich sieht.

1. Selbstbild: Wie der andere
   sich selbst sieht.
2. Wunschbild: Wie der andere
   gesehen werden möchte.
3. Vermutetes Fremdbild: Wie der
   andere glaubt, dass ich ihn sehe.
4. Fremdbild: Wie ich den anderen
   tatsächlich sehe.

Aus: Zoechbauer, a. a. O., S. 30

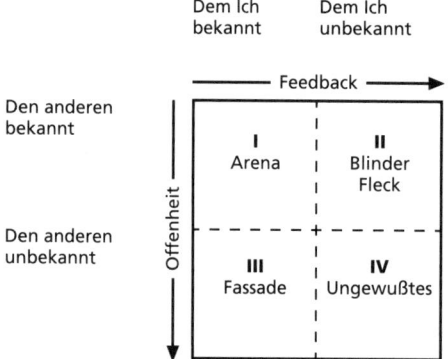

Das Johann Fenster

1. Dieser Quadrant steht für die Teile des Verhaltens eines Menschen (Gedanken, Gefühle, Werte, Einstellungen), die ihm bewusst sind und die er auch
   anderen mitteilen möchte;

2. Dieser Quadrant kennzeichnet einen Zustand, in dem eine Person Dinge unbewusst aus dem Bewusstsein verdrängt, diese aber unbewusst anderen
   (meist nichtverbal) kommuniziert, etwa durch Gesten, Klang der Stimme,
   Kleidung, Auftreten. Sie ist blind gegenüber diesem Teil ihres Auftretens.

3. Dieser Quadrant beschreibt den Teil des bewussten Selbst, den man vor anderen auf jeden Fall verbergen möchte. Dieser Teil ist zu Beginn eines Interaktionsprozesses und in der Aufbauphase von Gruppen besonders gross.

4. Dieser Quadrant steht für den Teil einer Person, der weder ihr noch den andren bekannt oder bewusst ist. Hierunter fallen etwa stark unterdrückte (kontrollierte) Bedürfnisse, verborgene Talente, ungenützte Begabungen.

(vgl. Staehle, a. a. O., S. 291)

4. Umgang mit Konflikten

Selbsterkundung

Was verstehe ich unter einem »Konflikt«?

....

Welche Assoziation löst der Begriff »Konflikt« bei mir aus?

....

Welche frühen Erinnerungen in bezug auf Konflikte sind mir noch erinnerlich

▪ in der Familie? ....
▪ in der Gruppe der Gleichaltigen? ....
▪ in Partner-Beziehungen? ....
▪ im Berufsleben? ....

Wie gehe ich mit Konflikten um? Wie reagiere ich?

....

Wie erlebe ich mich in der Regel und wie meine Konflikt-Partner?

....

Welches sind meine Strategien, mit denen ich mich sicher fühle?

....

Wo würde ich mich auf der Skala zwischen »harmoniebedürftig« und »konfliktbereit« einstufen?

....

Kennen ich einen Menschen, den ich für besonders konfliktfreudig halte?

....

Was zeichnet diesen Menschen meines Erachtens aus?

....

Wie bewerte ich diese persönlichen Züge?

....

Gab es einen Konflikt in meinem Unterricht, an den ich mich noch deutlich erinnere?

....

Was geschah damals?; wie kam es zu dem Konflikt?, wie war das Ergebnis?

....

Wie schätze ich meine Fähigkeiten ein, mit Konflikten umzugehen und sie »fruchtbar« werden zu lassen?

....

4.1   Konfliktverständnis

Ich bin im 2. Kapitel auf Störungen, schwierige Unterrichtssituationen und den Umgang mit ihnen eingegangen; Konflikte unterscheiden sich nicht wesentlich von den zuvor genennten Schwierigkeiten. Doch wird ihnen oft eine wesentlich stärkere Problematik zugesprochen. Für viele Menschen ist das Vorhandensein eines Konflikts etwas höchst Unbehagliches; es ist für sie gleichbedeutend mit Streit, Zank, Krach, Unversöhnlichkeit. Mit einem Konflikt wird häufig etwas Unlösbares, Schmerzhaftes assoziiert, wie der Verlust von Gemeinsamkeit und Übereinstimmung, manchmal auch etwas sehr Gefährliches, etwas das schwelt, das sich etnzünden kann und die ganze Umgebung bzw. Atmosphäre bedroht. So führen Furcht vor den Folgeerscheinungen und Gefühle von Ohnmacht und Überforderung bezügl. der Aufgabe, die Situation wieder zu bereinigen dazu, Konflikte zu verdrängen, ihnen auszuweichen oder sich nicht auf die Auseinandersetzung einzulassen und nachzugeben. Vielfach definieren Menschen einen Konflikt als etwas, das nicht sein dürfe und das eine menschliche Unzulänglichkeit darstellt.

Vom lateinischen Ursprung (conflingere) her gesehen bedeutet Konflikt lediglich »zusammenwerfen«; zwei oder mehrere Beteiligte haben ihre Interessen geäussert, in einen grossen Topf geworfen, es ist ein Durcheinander, ein Gewirr entstanden und was notwendig ist, ist, dass man dieses Durcheinander, die Verstrickung wieder entwirrt. Auf den Konflikt bezogen müßte das heißen, dass man sich auseinandersetzt; das Durcheinander bedarf der Klärung. Und so, wie man verknotete Schnüre oder Taue nur auseinanderbekommt, wenn man Einzelstränge verfolgt und durch Schlingen führt, lassen sich Konflikte nur lösen, wenn sich etwas bewegt, d. h., wenn sich die Konflikt-Partner bewegen.

Doch zunächst einmal: Konflikte gehören zum Leben; eine Welt ohne Konflikte ist nicht denkbar. Wir bezeichnen sie auch als Interessens-Kollision, und es ist ganz selbstverständlich, dass unterschiedliche Menschen unterschiedliche Interessen haben. Für die Beurteilung, ob eine Situation oder Interaktion als Konflikt empfunden wird oder nicht ist nicht die Bewertung durch Außenstehende, sondern die subjektive Bewertung der Beteiligten ausschlaggebend. Die persönlichen Einstellungen und Verhaltensmotive sind die einen Konflikt bestimmenden Faktoren, da sie – unabhängig von der im Einzelfall spezifischen Konfliktursache – die Grundlage jeglichen Handelns darstellen.

Konflikte werden häufig nur als zu vermeidende Störung angesehen; in diesem Fall wird aber übersehen, dass hinter dem Konflikt immer Menschen mit ihren Wünschen, Hoffnungen, Enttäuschungen, Ängsten, mit ihren Lebenseinstellungen und Werten, also ihren emotionalen Anteilen stehen.

> »Konflikt ist gesund, aber ein
> ungelöster Konflikt ist gefährlich«

Der Versuch Konflikte übersehen, negieren oder schnell »wegmachen« zu wollen, kann nicht die Lösung sein, weil Konflikte, selbst wenn sie nach außen hin unsichtbar sind, virulent bleiben und in der Regel viel Energie »verbrauchen«, gerade weil sie eben nicht offenliegen und weil es sich bei ihnen um »nicht geschlossene Gestalten« handelt, um Vorgänge, die immer wieder Aufmerksamkeit verlangen, gerade weil sie von den Betroffenen häufig als gefährlich angesehen werden.

Werden Konflikte nicht angesprochen und wird statt dessen versucht, sie unter der Decke zu halten, so ist die Gefahr groß, dass sie das Klima negativ beeinträchtigen oder sich auf andere Bereiche ausdehnen.

Deshalb sollten Störungen und Konflikte möglichst schnell angesprochen und bearbeitet werden.

Häufig werden Konflikte lange nicht angesprochen, weil bei den Konflikt-Partnern die Vorstellung vorherrscht, dass das Problem dann überhaupt nicht mehr in den Griff zu bekommen sei, dass nur noch »schmutzige Wäsche« gewaschen werde, das Sachproblem in einer allgemeinen gegenseitigen Schuldzuweisung und Abrechnung untergehe und nun überhaupt nicht mehr zu lösen sei.

In der Realität ist es jedoch in der Regel meist ganz anders. Das Aussprechen einer Schwierigkeit, eines Konfliktes oder Problems hat oft schon zur Folge, dass der Druck geringer wird und dass das Problem an Bedrohlichkeit verliert.

> **Konflikte bedeuten eine Lern-
> bzw. Entwicklungs-Chance**

4.2 Typische Verhaltensweisen im Umgang mit Konflikten

Die 4 gängigsten Verhaltensweisen beim Vorhandensein eines Konfliktes sind:

- ignorieren, »vermeiden«, flüchten,
- beschwichtigen, »wegreden«, unterdrücken, (Rückgriff auf Macht, Autorität),
- resignieren, nachgeben, einverstanden sein,
- Problem bearbeiten.

Von diesen ist aber nur die letzte Möglichkeit dazu angetan, den Konflikt zu beheben, die 3 übrigen Möglichkeiten lassen ihn erst gar nicht zu, bzw. akzeptieren nicht sein Vorhandensein, nach dem Motto: »Nicht sein kann, was nicht sein darf«.

Konfliktsituationen

Zur Veranschaulichung zähle ich ein paar Unterrichtssituationen bzw. Verhaltensweisen im Unterricht auf, aus denen sehr leicht ein Konflikt werden kann, bzw. die Ausdrucksform eines bereits bestehenden, nicht aber offen ausgetragenen Konfliktes sind, wie z. B.:

Unterrichtsstörungen,
Zuspätkommen,
Seitengespräche,
Essen und Trinken im Unterricht,
Kaugummi kauen,
Mützen aufbehalten,
Stricken,
Unterrichtsverweigerung (keiner macht mit),
Jede(r) will etwas anderes,
Aggressives Verhalten, Unterrichtsstörungen und verbale Angriffe,
Konflikt in der Gruppe (Fraktionierung),
Meinungsverschiedenheiten, Sachkonflikte, Spiel:»Wer hat Recht?«,
Spiel:»Wie gewinne ich Aufmerksamkeit?«,
Vielredner – Schweiger,
Konkurrenz mit der Leitungsperson,
Kritik an Lehrer-Verhalten,
Kritik an Verhalten von Gruppenmitgliedern durch die Leitungsperson.

In vielen Fällen und gerade bei den erstgenannten Verhaltensweisen besteht Grund zu der Vermutung, dass das Thema nicht das eigentliche, sondern ein »Stellvertreter«-Thema ist. Oft wird anhand eines solchen Themas der Konflikt artikuliert, weil das eigentliche Thema zu brisant ist und nicht anzusprechen gewagt wird oder eine Spannungslösung wird im Aus-Agieren des Konflikt gesucht, weil die Teilnehmer bzw. die Gruppe über keine Konfliktlöse-«Kultur« verfügt, d. h., über keine Strategien zur Bearbeitung und Klärung von Konflikten verfügt.

■ Machen Sie sich auch hier wieder das »Eisberg«-Phänomen bewusst; es wird scheinbar ein Sachthema verhandelt, während das »heimliche« Thema unter der Oberfläche bleibt.
■ Stellen Sie Sie sich die Frage:»worum geht es hier eigentlich?«
    » geht es hier wirklich um dieses Problem?«.
■ Stellen Sie auch in der Gruppe die Frage:»worum geht es hier eigentlich?«

Die häufigsten Konfliktursachen sind folgende:

1. Interessenskollision – jeder will etwas anderes
Die Gruppe befindet sich in der Phase des »Storming«, die einzelnen Gruppenmitglieder haben noch kein Sicherheitsgefühl entwickelt, in der Gruppe ist noch kein »Wir«-Gefühl vorhanden.

2. **Beziehungsprobleme zwischen den Teilnehmern oder Teilnehmern und Leiter(in)**

3. **»Klassen-Clown« und »Leithirsch«**
Kampf um Aufmerksamkeits-Zuwendung, Anerkennung und Positionen.

4. **Machtkämpfe**
Geht es um Macht und Einfluss, so kann die Ursache darin bestehen, dass die Leitungsperson sich zurücknimmt und der Gruppe Mitbestimmungsmöglichkeiten einräumt.

5. **Übertragung und Gegenübertragung**
Mangelnde Lehrer- und/oder Schüler-Motivation schaukeln sich gegenseitig auf und werden auf Schülerseite durch Störungen ausagiert.

6. **Störungen von aussen**
Vorfälle aus der früheren Vergangenheit, evtl. Konflikt mit Lehrer(in) aus der vorhergegangenen Stunde, (die Gruppe oder einzelne »hängen« noch dort).

7. **Meinungsverschiedenheiten, Sachkonflikte, Informationsmangel**
Gedankenaustausch nach dem »Sieg-Niederlage«-Prinzip.

8. **Unterrichtsgestaltung, Lehrer(innen)-Verhalten, Methoden-Monotonie**
Mangelnde Methoden-Passung, Lehrer(innen)-Dominanz, Ausübung von Druck und Vorhandensein von Unfreiwilligkeit.

9. **Über- oder Unterforderung**

10. **»Lehrer(in) prüfen« – »meint er/sie wirklich, was er/sie sagt?«**
Widerspruch zwischen Aussage und Handeln, bzw. Zweifel an der Übereinstimmung von beiden.

Konflikt-Lösungsstrategien

Unter den oben aufgeführten Verhaltensmustern kann nur das vierte (= Problem bearbeiten) als Konflikt-Lösungsstrategie angesehen werden. Doch auch hier gibt es unterschiedliche Formen der Konfliktbearbeitung.

Häufig sehen sich die Kontrahenten in einem Konflikt gegenseitig jeweils als das Problem an und geben sich gegenseitig die Schuld für das Entstehen bzw. Vorhandensein des Konfliktes.

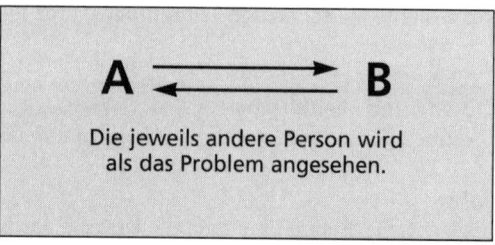

Bei so entstehenden Konflikten werden die unterschiedlichen Auffassungen als Grund genommen, Vorwürfe gegen die andere Person zu richten und Rückschlüsse auf ihren Charakter, ihre Absichten und Motive zu ziehen. Anstatt das gemeinsame Problem anzugehen, sieht man die andere Person als das Problem an. In der Regel nimmt jedoch keiner der Kontrahenten diese Zuweisung an, sondern wartet mit einer weiteren Schuldzuweisung auf.

Häufig ist folgendes zu beobachten:

■ die Streitinhalte verschieben sich auf neue, andersartige Probleme und Inhalte bei gleichzeitiger Intensivierung des Konflikts,
■ die Diskussion wird zunehmend unspezifischer und allgemeiner,
■ die Probleme erscheinen unlösbar und erzeugen ein Gefühl der Verwirrung,
■ Kommunikation wird allmählich immer indirekter und ungenauer,
■ die Kontakte zwischen den Konfliktparteien nehmen ab, Kontakt zu Personen, die die eigene Auffassung vertreten und die eigene Position bestätigen und rechtfertigen, weitet sich aus, die zunehmende Intensität und Emotionalität bewirkt, dass die Parteien sich immer weniger zuhören bzw. immer weniger kommunizieren, befriedigende Ergebnisse werden nicht mehr erreicht.

Wichtig ist auch Positionen von Interessen zu trennen, d. h., die Interessen deutlich zu machen, statt auf Positionen zu beharren. Dazu ein Beispiel:

Zwei Schwestern streiten sich über eine Orange, die sie beide haben wollen.

Jede der beiden reklamiert einen für sie selbst schlüssigen Anspruch (z. B.: »Ich habe eingekauft«), ohne dass sie zu einer Einigung finden. Schließlich kommen sie überein, die Frucht zu halbieren. Die eine nimmt nun ihre Hälfte, presst sie aus und wirft die Schale weg. Die andere wirft stattdessen das Innere weg und benutzt die Schale, weil sie damit einen Kuchen backen möchte.

Wie die Lösung hätte aussehen können, wenn sie dabei nicht auf den Positionen (»Ich will die Orange, weil ...«) beharrt, sondern ihre Interessen artikuliert hätten, (»Ich will Orangensaft trinken« und »Ich will die Schale zum Backen«) ist sicherlich leicht ersichtlich. Der Prozeß der konstruktiven Konfliktlösung führt zu beidseitiger Zufriedenheit und verbessert die Beziehung zueinander.

Konstruktiv Konflikte auszutragen bedeutet statt dessen, das Problem von den Personen zu trennen. Das Problem wird als ein Drittes, nämlich als der Interessenskonflikt, der zwischen A und B steht, angesehen.

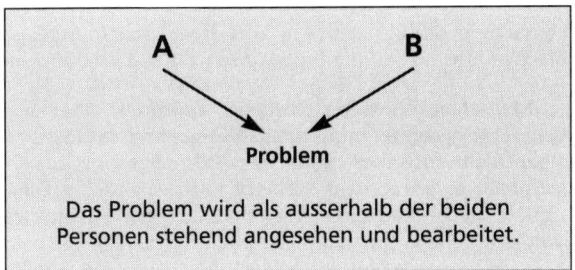

Konstruktive Konfliktaustragung bedeutet eine Lösung für das Problem zu suchen, ohne dass die Konfliktpartner sich gegenseitig angreifen; statt dessen übernehmen sie die gemeinsame Verantwortung für den Konflikt und lassen sich auf die gemeinsame Suche nach einer Lösung ein.

Das Problem wird anerkannt und gemeinsam gelöst.

In ihrem Buch »Das Harvard-Konzept« propagieren die beiden Autoren Fisher und Ury eine Konfliktlösung nach dem Prinzip »Ohne Sieg – Niederlage«. Um zu diesem Ziel zu gelangen, schlagen sie vor:

- ▪ **Menschen und Probleme getrennt voneinander zu behandeln,**
- ▪ **sich auf Interessen zu konzentrieren und nicht auf Positionen und**
- ▪ **Entscheidungsmöglichkeiten (Optionen) zu entwickeln.**

Für Fisher/Ury besteht ein ganz wesentliches Moment der Konflikt-Lösung darin, dass die Lösung des Konflikts nicht zu Lasten einer Seite geht. Wird ein Konflikt dadurch gelöst, dass eine Seite Druck auf die andere Seite ausübt oder ihre stärkere Position zu ihrem Vorteil ausnutzt, um dem Konfliktpartner ihre Lösung aufzuzwingen, so trägt ein solches Verhalten nicht zur Bewältigung des Konflikts bei, weil die unterlegenen Partei dies als Niederlage erlebt und bei nächster Gelegenheit versuchen wird, das Verhältnis von »Sieger« und »Besiegtem« umzukehren. Damit birgt diese »Lösung« bereits den Keim eines neuen Konfliktes in sich.

Der amerikanische Psychologe Rosenberg, der mit den Beteiligten bei der Schlichtung vieler internationaler Konflikte erfolgreich gearbeitet hat, macht das Prinzip, dass es bei Konflikten stets um den Interessenskonflikt von Personen geht und dass dahinter ein nicht erfüllter Wunsch oder eine nicht erfüllte Erwartung steht, zum Schwerpunkt seiner Stategie, indem er sein Vorgehen beim Schlichten von Konflikten auf den Kernsatz reduziert, der lautet:

> »Was ist es, was ihr von einander
> wollt und nicht bekommt?«

Er legt dar, dass die Konfliktpartner in aller Regel zuerst Aussagen über die Gegenseite machen, anstatt auf die Frage, die er ihnen stellt, einzugehen.

»Den meisten Menschen in den verschiedenen Kulturen, in denen ich arbeite, hat man beigebracht, sich gegenseitig zu analysieren und zu klassifizieren. Wenn ihrem Verlangen nicht entgegengekommen wird, neigen sie dazu, den Standpunkt einzunehmen, es wäre etwas verkehrt mit der anderen Person; und sie haben einen großartigen Wortschatz, um in verschiedenen Denkweisen zu erklären, was mit den anderen Leuten nicht stimmt.« (S.11)

»Gelingt es ihnen dann jedoch sich wirklich auf die Frage einzulassen, entfernen sich die Konfliktpartner von ihren gegenseitigen Schuldzuweisungen, statt Du-Aussagen lernen sie Ich-Aussagen zu machen und können über ihre Verletzungen, Enttäuschungen und Erwartungen an die Gegenseite sprechen. Das jedoch setzt eine ruhige, vertrauensvolle Atmosphäre voraus. »In dem Moment, wo man Menschen dazu bringen kann darüber zu reden, was sie möchten, anstatt was mit der anderen Person nicht stimmt, sieht man sofort eine Möglichkeit für den Beginn einer Lösung.« (S. 11)

Konflikt-Strukturen

In vielen Fällen ist die Klärung und Aufarbeitung der Entstehung des Konflikts nicht notwendig, in anderen jedoch ist sie angezeigt.

Kernfragen zum Erkennen von Konfliktstrukturen:

1. **Wer** (welche **Person**[en]) ist (sind) am Konfliktgeschehen beteiligt?
2. **Wie** verhalten sich die Konfliktpartner?
3. **Was** für ein **Inhalt** (**sachlicher** oder **emotionaler**) bestimmt das Konfliktgeschehen?

Eine gründlichere Analyse der Situation wie auch der Motive der Konfliktparteien ist anhand der folgenden Fragen aus Glasl, »Konflikt-Management«, möglich:

1. Um welche Streitfragen geht es den Konflikt-Parteien eigentlich?
2. Wie ist es dazu gekommen?
   Was spielt sich dabei gegenwärtig ab?
3. Wer streitet eigentlich mit wem?
4. Wie stehen die Parteien zueinander?
5. Worauf wollen die Konflikt-Parteien eigentlich hinaus?
   Warum und wozu begeben sie sich in den Konflikt?
   Was wollen sie damit gewinnen?
   Was setzen sie dafür ein? (S.21)

4.3 Vorschläge zum konstruktiven Umgang mit Konflikten

>»Immer wieder reden;
und nie davon ausgehen,
dass das Gesagte auch gehört wurde.«

Dieser Grundsatz, der ganz allgemein für menschliche Kommunikation gilt, hat große Bedeutung für den Umgang mit schwierigen Situationen, Problemen und Konflikten.

■ akzeptieren Sie, dass Ihr Plan, Vorschlag oder Vorgehen nicht reibungslos umzusetzen ist,
■ Ihre Gegenseite hat eine andere Vorstellung, verfolgt einen anderen Plan,
■ setzen Sie sich zusammen, um sich auseinander zu setzen,
■ legen Sie Ihre Interessen dar und bitten Sie die Gegenseite, das auch zu tun,
■ machen Sie sich auch Ihre emotionale Gestimmtheit klar, Ihre Emotionen können eine wichtige Energiequelle bei der Überwindung der Schwierigkeiten sein,
■ ergründen Sie die Bedenken und die Interessen der Gegenseite und finden Sie gemeinsame Interessen heraus,
■ fragen Sie, was die Gegenseite braucht, um mit Ihnen zu einer einvernehmlichen Lösung zu kommen,
■ formulieren Sie Ziele,
■ überlegen Sie sich Schritte auf das gemeinsame Ziel hin und legen Sie fest, wie erkennbar ist, dass Sie das Ziel erreicht haben,
■ und was beide Seiten tun können, um den Prozess nicht zu behindern.

| **Grundannahmen des Mediationskonzeptes** |

1. Ein Konflikt ist gesund, aber ein ungelöster Konflikt ist gefährlich.
2. Häufig resultiert ein Konflikt eher daraus, dass die Parteien nicht wissen, wie sie den Konfliikt lösen können, als dass sie ihn nicht lösen wollten.
3. Die an einem Streit Beteiligten können grundsätzlich bessere Entscheidungenüber ihr Leben treffen, als eine Autorität von ausserhalb wie etwa ein Schiedsrichter.
4. Menschen treffen vollständigere und deshalb bessere Entscheidungen, wenn sie die Gefühle, die durch die Konflikte entstanden sind, bewusst wahrnehmen und in die Entscheidung integrieren, ohne dass sie die rationalen Belange überwältigen.
5. Verhandlungen sind eher erfolgreich, wenn die Streitparteien ihre Beziehung nach dem Streit fortsetzen müssen, als wenn sie nach dem Streit keine Beziehung mehr zueinander haben.
6. Die Beteiligten der Übereinkunft halten sich eher an die Bestimmungen, wenn sie selbst für das Ergebnis verantwortlich sind und den Prozess, der zur Übereinkunft geführt hat, akzeptieren.
7. Der neutrale, vertrauensvolle und nicht-therapeutische Charakter der Mediationsitzungen ermutigt, daran teilzunehmen.
8. Die in der Mediation erlernten Verhandlungsfähigkeiten sind nützlich, um zukünftig Konflikte zu lösen.«

(Aus: Besmer, S. 37)

Mediation ist ein Verfahren der Konfliktlösung, das in den 60er und 70er Jahren in Amerika entwickelt wurde und bei dem Mediator(inn)en den Streitenden helfen, einvernehmliche Lösungen ihrer Konflikte zu finden. Dabei geht es für die Konfliktpartner darum, ihre Lösungen selbst finden und nicht etwa einen Schiedsspruch zu akzeptieren.

| **Problemlösung; Entscheidungsfindung** |

Vorgehensweise:

1. Beschreibung des Anlasses

Was ist geschehen?
Welche Personen waren an dem Vorfall beteiligt?
Worin genau besteht für Sie das Problem?
Welche Gedanken, Gefüle hat es bei Ihnen ausgelöst?
Wie sehen Sie das Problem heute?

....
....
....

2. Perspektivenwechsel

Versuchen Sie, sich in die Rolle Ihres/Ihrer Interaktionspartner(s), also in die Situation der Gegenseite zu versetzen:
Wie, glauben Sie, sieht diese das Problem?
Wie würde diese wohl Ihr Verhalten bzw. Vorgehen beurteilen?
Welche Interessen verfolgt Ihres Erachtens die Gegenseite?
Wie haben Sie bislang darauf reagiert?
Welche Empfindungen, Gefühle, Emotionen sind – erkennbar oder möglicherweise – bei Ihren Interaktionspartnern durch den Konflikt ausgelöst worden?

....
....
....

3. Formulierung des Ziels, d. h., der Veränderungs- bzw. Handlungsabsicht

Welchen Zustand möchten Sie erreichen?
Worin besteht für Sie das Ziel, welche Teilziele können Sie benennen?

....
....
....

4. Mögliche zielannähernde Handlungsweisen

Listen Sie auf, welche Handlungsmöglichkeiten Ihnen geeignet erscheinen, Ihr Ziel zu erreichen. Beurteilen Sie die Handlungsmöglichkeiten noch nicht nach ihrer Umsetzbarkeit oder Eignung, sondern suchen Sie bewußt nach den verschiedensten Möglichkeiten und Alternativen.

Welche Wege, die zum Ziel führen könnten, fallen Ihnen ein?

....
....
....

5. Entscheidung für einen der möglichen Wege

Schauen Sie sich die Alternativen noch einmal genau an und entscheiden Sie, welche der Alternativen Ihnen am erfolgversprechendsten erscheint und Ihnen selbst am ehesten zusagt.

Für welchen der möglichen Wege entscheiden Sie sich?

....
....
....

6. *Umsetzung des Handlungsplans; Festlegen der Teilziele und Planung der Einzelschritte*

Wie sehen die Schritte aus, die Sie zu Ihrem Ziel führen könnten? Mit welchen Maßnahmen, Vorgehensweisen, Verhaltensweisen können Sie welche Teilziele erreichen?

....

....

....

4.4   »Das Gute im Schlechten«

> **Ein Konflikt hat in vielen Fällen auch etwas Positives**

■ Sie haben sich mehr angestrengt, d.h, Sie haben sich intensiver auf Ihr Gegenüber eingelassen und sich vielleicht gegenseitig besser kennengelernt,
■ Sie haben sich selbst in einer schwierigen Situation erlebt und erfahren, dass Sie nicht Schiffbruch erlitten haben und untergegangen sind, sondern, dass Sie sich in der Situation behauptet haben, dass evtl. Ihr Selbstbewusstsein gestärkt wurde und Sie einiges dazu gelernt haben,
■ Sie haben möglicherweise eine viel bessere Sachlösung gefunden, als es ohne den Konflikt der Fall gewesen wäre und
■ Sie sind wirklich kreativ gewesen, Sie haben eine Lösung gefunden bzw. geschaffen, die es vorher noch nicht gab.

4.5   Kreativität und Problemlösen

Ich möchte zum Abschluss des Kapitels noch etwas ganz allgemein zum Thema Problem-Lösen sagen, bzw. wie Sie bei der Lösung eines Problems vorgehen sollten:

1. Versuchen Sie nicht, das Problem schnell zum Verschwinden zu bringen, z. B. dadurch, dass Sie Ihre anfänglichen Anstrengungen zur Begegnung des Problems intensivieren. Watzlawick hat an verschiedenen Beispielen deutlich gemacht, dass die Strategie: »Mehr desselben« in vielen Fällen gerade nicht zum gewünschten Erfolg führt, sondern das Problem noch verschärft oder es überhaupt erst hervorruft.

»Der Alkoholismus ist ein ernstes Sozialproblem. Aus diesem Grund ist es notwendig, den Alkoholkonsum einzuschränken. Wenn das Problem damit nicht behoben ist, führt *mehr derselben* Einschränkung schließlich zum extremen Lösungsversuch der Prohibition. Doch das »Heilmittel« der Prohibition erweist sich als das größere Übel als die zu behandelnde Krankheit: die Trunksucht steigt, illegale Schnapsfabriken kommen auf, die Unreinheit des dort gebrannten Fusels macht das Trinken noch mehr zu einem öffentlichen Gesundheitsproblem, eine eigene Polizei muß aufgestellt werden, ...

(Watzlawick, S. 51 f)

2. Akzeptieren Sie zunächst einmal, dass Sie ein Problem (griech. = das Vorgelegte) haben; um mit Pirsig zu sprechen, nehmen Sie zur Kenntnis, »dass die Schraube festsitzt«.

3. Analysieren Sie das Problem; schauen Sie sehr genau hin, worin das Problem besteht.

4. Gewinnen Sie Abstand, nehmen Sie einen Perspektivenwechsel vor;

»Man findet nur die Lösung, wenn man die alten Denkmuster aufgibt und wirklich Neues wagt. Dostojewski:»wovor der Mensch am meisten Angst hat, ist, einen neuen Weg zu gehen, ein persönliches, nie gehörtes Wort zu sprechen.«

(Jungk, S. 164)

Versuchen Sie (lernen Sie) anders bzw. neu zu sehen, indem Sie zurücktreten, Abstand gewinnen, die Perspektive wechseln, evtl. auch über (Denk-) Grenzen gehen. Versuchen Sie sich von ihren – bislang als einzig möglich erscheinenden Sichtweisen zu trennen und überlegen Sie, wie Unbeteiligte das Problem sehen und darauf reagieren würden oder Personen, die davon betroffen sind, die Sie aber nicht fragen können oder möchten. Oder stellen Sie sich vor, dass Sie ihre Probleme aus grosser Höhe von einem einsamen Stern aus beobachten. In dem Roman»Club der toten Dichter« fordert der Lehrer, der seinen Schülern eine andere Sichtweise Literatur gegenüber vermitteln will, sie dazu auf, auf sein Lehrerpult zu steigen.

»How do we strip ourselves of prejudices, habits, influences? The answer, my dear lads, is that we must constantly endeavor to find a new point of view. The boys listened intently. Then suddenly Keating leaped up on his desk. Why do I stand here?« he asked.

»To feel taller?« Charlie suggested.

»I stand on my desk to remind myself that we must constantly force ourselves to look at things differently. The world looks different from up here. If you don't believe it, stand up here and try it. All of you. Take turns.«

(Kleinbaum, S. 60)

(»Wie befreien wir uns von Vorurteilen, Gewohnheiten, Einflüssen? Die Antwort, liebe Jungen, ist, dass wir uns beständig bemühen müssen, einen neuen Blickwinkel zu finden. Die Jungen lauschten angespannt. Keating sprang plötzlich auf sein Pult.»Warum stehe ich hier?« fragte er.

»Damit Sie sich größer fühlen?« sagte Charlie.

»Ich stehe auf meinem Pult, um mich daran zu erinnern, dass wir uns ständig bemühen müssen, Dinge immer wieder auf andere Weise zu betrachten. Die Welt sieht anders von hier oben aus. Falls ihr es nicht glaubt, stellt euch hier auf das Pult und probiert es aus. Alle von euch; nacheinander.«)

(Übersetzung durch den Verfasser)

»Kreativität ist die Fähigkeit, zu sehen oder wahrzunehmen und zu reagieren. ... Eine der wichtigsten Voraussetzungen für dieses Verhalten ist dieFähigkeit »sich wundern« zu können.

(Landau, S. 49)

»... die Fähigkeit, Beziehungen zwischen unbezogenen Erfahrungen zu finden, die sich in der Form neuer Denkschemata als neue Erfahrungen, Ideen oder Produkte ergeben.«

(Landau, S. 14)

5. Lassen Sie sich Zeit mit der Lösung; lassen Sie sich auf die weiteren Schritte ein, Vertrauen Sie Ihrer Intuition, Sie »wissen« die Lösung bereits, Sie haben die Lösung im »Hinterkopf«
Sie wissen nur noch nicht, ob Sie es wagen sollen, diese Lösung anzugehen
Verlassen Sie sich auf ihren Instinkt, hören Sie auf ihre innere Stimme

»Die Gestalttheorie definiert Kreativität als eine Aktion, durch die eine neue Idee oder »Einsicht« geformt, hervorgebracht wird. Dieses Neue entsteht plötzlich, da es ein Produkt der Imagination und nicht der Vernunft oder der Logik ist.«

(Landau, S. 45)

6. Entwickeln Sie Lösungsalternativen:
Es gibt immer mehr als nur eine Lösung:»Viele Wege führen nach Rom«
Machen Sie ein Brain-storming
Stellen Sie unter den Alternativen eine Rangreihenfolge auf und prüfen Sie jede Alternative auf ihre PROs und CONs.

7. Entscheiden Sie sich für eine der Alternativen.
Prüfen Sie die Konsequenzen, die aus Ihrer Lösung entstehen
Was ist zu tun, um diese Entscheidung durchzusetzen?
Spielen Sie in Gedanken die Umsetzung in allen Details durch:
Für wie gut halten Sie die Entscheidung?
Wie geht es Ihnen emotional mit der Entscheidung?

Vielleicht haben Sie Lust, eine Lösung für die folgenden Aufgaben zu finden:

1. Hausumbau; versetzen Sie die Vorderseite des Hauses von links nach rechts; verändern Sie dabei so wenig Streichhölzer wie möglich.

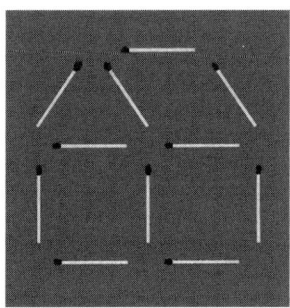

2. Bilden Sie aus den 4 Elementen diesen Ring. Es dürfen dabei nur 3 Ketten-
glieder aufgebogen (und geschlossen) werden;

3. Ziehen Sie – ohne mit dem Stift abzusetzen – 4 gerade Linien, so dass alle
Punkte miteinander verbunden sind.

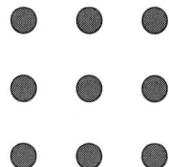

Auflösung:

Zu 1:

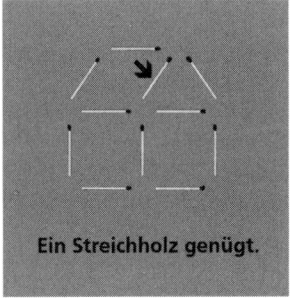

Ein Streichholz genügt.

Zu 2: Biegen Sie die Glieder eines Dreier-Elements auf und fassen Sie damit jeweils 2 andere Dreier-Elemente zusammen.

Zu 3:

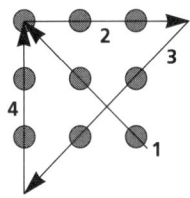

Wie auch bei Aufgabe 2 so setzt die Lösung von Aufgabe 3 voraus, den engeren Rahmen zu verlassen. Während in Aufgabe 2 die Lösung in der Verbindung der Nachbarglieder – durch Aufbiegen eines Kettenglieds – gesucht wird und das Auflösen einer ganzen Einheit nicht so schnell in Betracht gezogen wird, so ist in dieser Aufgabe die Lösung nur zu finden, wenn die durch nichts gerechtfertigte Annahme, dass die Lösung innerhalb des Quadrats zu finden sei – aufgegeben wird.

5. How to work better – Wie Sie besser arbeiten

Selbsteinschätzung

Auf welcher Stufe der Skala stufen Sie sich bei den folgenden Anforderungen ein?

	1 2 3 4 5	
	immer	niemals
1. Ich tue nur eine Sache zur jeweiligen Zeit	1 2 3 4 5	
2. Ich gehe den Problemen auf den Grund	1 2 3 4 5	
3. Ich kann gut zuhören	1 2 3 4 5	
4. Ich stelle im Gespräch häufig Fragen	1 2 3 4 5	
5. Ich trenne Wesentliches von Unwesentlichem	1 2 3 4 5	
6. Ich sehe Veränderung als unvermeidbar an	1 2 3 4 5	
7. Ich kann (eigene und fremde) Fehler gut zulassen	1 2 3 4 5	
8. Ich benutze einfache Formulierungen	1 2 3 4 5	
9. Ich behalte auch in schwierigen Situationen die Ruhe	1 2 3 4 5	
10. Ich bin in der Lage, auch wenn mir etwas schiefgeht zu lächeln, (ich lächle eher, als dass ich zornig werde)	1 2 3 4 5	

Vor ein paar Jahren las ich in einem Zeitungsartikel die folgenden 10 »Gebote«, die zwei Graphiker in Thailand auf einer Keramikplatte in einer Fabrik gelesen hatten und auf der Fassade eines Bürohauses in der Schweiz anbrachten. Diese 10 Regeln beeindruckten mich durch ihre Schlichtheit und durch die (Lebens-)Erfahrung, die für mich in ihnen zum Ausdruck kommt. Einige sind m. E. klärungsbedürftig, weil sie für manche Menschen sicherlich etwas fremd und sehr allgemein klingen. Ihr tieferer Sinn erschließt sich z. T. erst bei der genaueren Beschäftigung mit ihnen. Sie in der Praxis anzuwenden ist, möglicherweise gerade, weil sie so schlicht klingen, gar nicht so einfach.

1. Do one thing at a time	Tun Sie eins nach dem andern
2. Know the problem	Erkennen Sie das Problem
3. Learn to listen	Lernen Sie zuzuhören
4. Learn to ask questions	Lernen Sie Fragen zu stellen
5. Distinguish sense from nonsense	Unterscheiden Sie Sinn von Unsinn
6. Accept change as inevitable	Nehmen Sie Veränderungen als unausweichlich hin
7. Admit mistakes	Nehmen Sie Fehler in Kauf
	Hier ergibt sich noch eine weitere Bedeutung:
	Gestehen Sie Fehler ein
8. Say it simple	Sagen Sie es einfach
9. Be calm	Bleiben Sie ruhig
10. Smile	Lächeln Sie

Diese »10 Gebote« mögen beim ersten Blick ein wenig befremdlich wirken, vermitteln beim näheren Hinschauen aber m. E. Lebensweisheit und tiefes Verständnis für die Probleme des Lebens. Sie haben auf mehreren Ebenen Verbindlichkeit: sie gelten für praktisch wie für theoretisch arbeitende Menschen und dienen auch nicht ausschliesslich nur der Arbeit, die jemand zu tun hat, sondern in gleichem Maß der Person selbst, ihrem Wohlbefinden, ihrer Ausgeglichenheit, ihrem Selbstverständnis.

Zehn Regeln für Erfolg und Zufriedenheit im beruflichen und privaten Bereich

1. Do one thing at a time

**Tun Sie eins nach dem anderen;
tun Sie nur eine Sache zur jeweiligen Zeit**

(Vergleichen Sie dazu auch meine Ausführungen im 1. Kapitel unter »Konzentration und Bewusstheit«). Diese Aufforderung klingt sehr einfach, aber achten Sie einmal darauf, ob sie für Sie im Augenblick zutrifft, d. h., ob Sie sie im Augenblick befolgen. Sie lesen dieses Buch und möglicherweise ist in Ihrem Raum das Radio oder ein CD-Spieler angeschaltet, vielleicht schaut jemand Fernsehen im gleichen Raum oder es unterhalten sich zwei Personen.

»...auf das, was wir tun, konzentriert zu sein, fällt uns schwer. Dies kommt daher, dass wir vor dem Handeln denken und dass dieses Denken eine Spur hinterläßt. Unser Denken ist überschattet von irgendwelchen vorher ersonnenen Ideen. ...Diese Spuren und Vorstellungen machen unseren Geist sehr kompliziert. Wenn wir etwas mit einem ganz einfachen, klaren Geist tun, so haben wir keine Vorstellung oder Schatten, und unsere Tätigkeit ist ist kraftvoll und direkt. Wenn wir aber mit einem komplizierten Geist etwas tun, das Dinge, Menschen oder die Gesellschaft betrifft, dann wird unsere Handlungsweise sehr verwickelt.

Die meisten Leute haben eine doppelte oder dreifache Absicht in einer Tätigkeit. Es gibt die Redensart:»Zwei Vögel mit einem Stein treffen.« Das ist das, was die Leute gewöhnlich versuchen. Weil sie zu viele Vögel treffen wollen, finden sie es schwierig, sich auf eine Tätigkeit zu konzentrieren und so treffen sie schließlich gar keine Vögel.« (Suzuki, Sh., S. 65)

Bei der obigen Forderung geht es darum, der Sache und den beteiligten Personen seine ungeteilte Aufmerksamkeit zu widmen. Es geht um **Konzentration, Interesse und Präsenz**. **Inter-esse** (drinnen, dazwischen sein) und **Kon-zentr-ation** (sich auf das Zentrum, den Kern einlassen, das Umliegende ausblenden) veranschaulichen den Prozess semantisch sehr deutlich. Konzentration bedeutet Bündelung von Energie. Die ungeheure Energie der Laser-Strahlen beruht auf nichts anderem, als auf ganz normalem Licht, wobei die Strahlen aber im Gegensatz zum normalen Licht gebündelt,»konzentriert«sind, d. h., vollkommen parallel verlaufen. Die für uns Europäer vor einigen Jahren noch völlig unvorstellbare Kraftausübung, wie sie z. B. von Karate-Meistern demonstriert wird, beruht auf der geistigen Kraft, die sie aus der vollkommenen Konzentration auf die Sache beziehen.

Präsent zu sein bedeutet, der Sache und den beteiligten Personen seine ungeteilte Aufmerksamkeit zu widmen. Ich schaue immer wieder fasziniert Menschen zu, bei denen jeder Handgriff ihrer Arbeit sitzt und die sie meisterlich verrichten, deren Meisterschaft aber nicht nur auf Versiertheit und schon gar nicht auf Routine beruht, sondern bei denen spürbar wird, dass sie ihre Arbeit lieben und beherrschen und dass sie sich im Augenblick ganz auf sie einlassen.

Bewußtheit und Konzentration spielen in fernöstlichen Religionen bzw. Lebensauffassungen, wie z. B. im T'ai Chi oder im ihm zugrundeliegenden Taoismus oder im Zen-Buddismus eine große Rolle.

»Zen ist»das tägliche Bewußtsein«, wie Baso Matsu es ausdrückt. Dieses»tägliche Bewußtsein« ist nichts andres, als»schlafen, wenn man müde ist, essen, wenn man hungert«.

Sobald wir nachdenken, überlegen und Begriffe bilden, geht das ursprünglich Unbewußte verloren und ein Gedanke taucht auf. Wir essen nicht mehr, wenn wir essen, schlafen nicht mehr, wenn wir schlafen.« (Herrigel, S. 9)

Die Bedeutung der ständigen Bewußtheit im täglichen Leben auch den scheinbar unbedeutendsten Dingen gegenüber, wie der Zen-Buddismus sie fordert, macht folgende Begebenheit zwischen einem Zen-Meister und einem jungen

Mann, der ihn bittet, ihn als Schüler anzunehmen, deutlich. Der Meister schickt den jungen Mann zweimal wieder fort, um die Ernsthaftigkeit seines Ansinnens zu überprüfen. Als er zum dritten Mal seine Bitte vorträgt, fragt der Zen-Meister ihn nach der Angabe des genauen Ortes, an dem er seine Schuhe abgestellt hat. (In Japan wird ein Haus oder eine Hütte nie mit Schuhen betreten; die Schuhe werden vor der Tür abgestellt.)

Da der junge Mann nicht präzise beschreiben kann, wo er sie abgestellt hat, weist der Meister ihn endgültig ab, weil es diesem an Bewußtheit hinsichtlich seines Handelns und Erlebens fehlt.

Der Schüler ist nach Ansicht des Meisters nicht völlig bei der Sache und das bedeutet mit seiner Aufmerksamkeit und in seinen Gedanken woanders zu sein, bedeutet oft ein Anhaften an Vergangenem oder ein gedankliches Vorauseilen.

Dieses Vorauseilen (vgl. dazu ebenso Kapitel 1) stellt im Bereich sportlicher Wettkämpfe ein bekanntes Phänomen dar und hat vielfach zur Folge, dass trotz anfänglicher deutlicher Führung, Spiele plötzlich kippen und unerwartet verlorengehen, weil der oder die Spieler in Gedanken »schon in der Kabine« oder »schon beim nächsten Spiel« waren.

Fazit:

■ Konzentrieren Sie sich auf die eine Sache.
■ Tun Sie nichts Anderes gleichzeitig.
■ Lassen Sie sich nicht ablenken.
■ Wenn Sie nicht mehr weiterkommen – machen Sie eine Pause und starten Sie einen neuen Versuch oder:
■ Schliessen Sie ihre Beschäftigung mit der Sache (für heute) ab und
■ wenden Sie sich dann ebenso voll konzentriert einer neuen Aufgabe zu.

2. Know the problem
Erkennen Sie das Problem

to know kann bedeuten: kennen, verstehen, um etwas wissen, über etwas Bescheid wissen. Problema (griech.) bedeutet das Vorgelegte, die Aufgabe; das, was bewältigt werden muß. Es ist der Berg, das Hindernis, das überwunden werden muss.

Die Aufforderung heißt also: »Erkennen, ergründen, verstehen Sie das Problem.

Das bedeutet zunächst einmal, das Vorhandensein eines Problems, einer Schwierigkeit zu akzeptieren, es zu analysieren, nicht eine schnelle Lösung zu suchen, sondern erst der Sache auf den Grund zu gehen. Das wirkliche Problem ist oft verborgen, verborgen unter einer Schicht von Schwierigkeiten, die man für das wahre Problem halten könnte, es aber nicht sind. Es ist wie beim »Eisberg«-Phänomen, das Problem schaut oft nur zu höchstens einem Siebtel aus dem Wasser.

»Der Beginn einer Verbesserung ist das Erkennen ihrer Notwendigkeit, und dieses wieder beginnt mit dem Erkennen eines Problems. Solange ein Problem nicht erkannt wird, wird auch die Notwendigkeit einer Verbesserung nicht erkannt.« *(Imai, Kaizen, S. 30)*

Machen Sie sich sachkundig, eignen Sie sich das notwendige Wissen an, bieten Sie all Ihre Sachkenntnis auf. Vertiefen Sie sich in die Sache, durchdringen Sie gedanklich das Problem. Das heisst zugleich auch, Geduld, Ausdauer und Hartnäckigkeit und »Biss« aufzubringen und nicht gleich bei der ersten erkennbaren Schwierigkeit aufzugeben.

Für viele Menschen ist das Vorhandensein eines Problems eine äußerst beunruhigende Tatsache. Sie deuten die Situation als persönliche Unzulänglichkeit oder als ausgesprochenes Ärgernis, das es gilt, so schnell wie möglich zu beseitigen.

Damit steht weniger die Art oder die Qualität der Problemlösung im Vordergrund, als vielmehr das Bestreben das Problem zu beseitigen.

Probleme können aber auch als Herausforderung angesehen werden, als Möglichkeit kreative Lösungen zu finden. (Im 4. Kapitel »Umgang mit Problemen und kreatives Problemlösen« bin ich näher auf die Problematik eingegangen.

Die Konzentration auf die *eine Sache,* die in dem ersten »Gebot« gefordert wird, führt in vielen Fällen schon dazu, dass das Problem verstanden, erkannt wird.

Der Lösung des Problems kommen Sie durch das Befolgen der nächsten Forderung ein ganzes Stück näher: nämlich zuzuhören.

Fazit:

■ Erkennen Sie das Vorhandensein des Problems an.
■ Analysieren Sie es gründlich.
■ Versuchen Sie es zu verstehen, quasi mit den Sinnen zu begreifen.
■ Sammeln Sie soviel Informationen darüber wie nur möglich und
■ beherzigen Sie die beiden nächsten Forderungen:
  hören Sie zu und stellen Sie Fragen.

3. Learn to listen
Lernen Sie zuzuhören

» ... und auch danke ich dir dafür, Vaseduva, dass du mir so gut zugehört hast! Selten sind Menschen, welche das Zuhören so gut verstehen, und keinen traf ich, der es so verstand wie du.« *(Hesse, Siddhartha, S.86)*

I »Endlich

fand ich sie,

die Versicherung,

die erst mal

zuhört.«

Endlich eine Versicherung, die nicht einfach nur versichert, sondern partnerschaftlich zur Seite steht. Also haben Sie bei uns das Sagen, wir hören erst mal zu. Nur wer zuhört, kann verstehen. Nur wer versteht, kann gut und fair beraten. Wovon Sie sich bei unseren Generalvertretern vor Ort überzeugen können. Und – wie unser Name schon sagt – natürlich auch bei jeder Sparkasse.

Zuhören bedeutet:

- wahrzunehmen, was außerhalb einem selbst geschieht,
- Informationen aufzunehmen,
- Interesse zeigen (an der anderen Person, an Ihrer Meinung, Erfahrung, etc.

Zuhören ist ein Akt ausgeprägter Hinwendung und Kontaktaufnahme und ist damit zugleich eine Form der Achtung des Gegenübers, was durch eine Formulierung wie z. B. jemandem »seine Aufmerksamkeit schenken« zum Ausdruck gebracht wird. Der Gesprächspartner fühlt sich ernstgenommen, indem er spürt, dass ein Interesse an seiner Person oder an seiner Sachkompetenz, seinem Urteil oder seiner Einschätzung besteht. Gemeint sind hier vorrangig die Personen, die mit der Sache etwas zu tun haben oder hatten, die dabei waren, als etwas geschah, die es erlebten und von ihren Erfahrungen berichten können.Große Klassen, 45-Minuten-Stunden und kurze Pausen machen das Zuhören im Schulalltag schwierig. Machen Sie sich bewusst, dass es beim Zuhören nicht nur um die Aufnahme von Information geht, sondern vor allem auch um die Zuwendung anderen Menschen gegenüber. Das Gegenüber fühlt sich als gleichwertiger, wichtiger Gesprächspartner angesehen und fühlt sich dementsprechend ernstgenommen und anerkannt.

Fazit:

▪ Hören Sie zu, wenden Sie sich ihrem Gesprächspartner zu und vermitteln Sie so, dass Sie an seiner Meinung, seiner Person interessiert sind.
▪ Machen Sie durch kurze Bemerkungen (vgl. aktives Zuhören im Kapitel »Kommunikation«) deutlich, dass Sie zuhören und zu verstehen suchen.

4. Learn to ask questions
Lernen Sie Fragen zu stellen

Hierbei handelt es sich eigentlich nur um eine Weiterführung der Forderung nach »Zuhören lernen«.

»Wer viel fragt, bekommt viele Antworten«, heißt es im Volksmund. Damit wird in aller Regel darauf hingewiesen, dass es besser sei, nicht zu fragen und statt dessen lieber zu handeln, weil Fragen nur zur eigenen Verwirrung führten.

Man kann den Satz aber auch ganz anders verstehen: dass sich dem Fragenden eben die ganze Vielschichtigkeit des Problems auftut, und dass das Problem von vielen Seiten gesehen werden kann oder dass der Fragende viele Lösungen angeboten bekommt, weil es für jedes Problem immer mehr als nur eine Lösung gibt.

Ein bekannter Grundsatz bezüglich Führungskompetenz lautet:

Führen heißt fragen. In der Tat zeigen sich in der Fähigkeit fragen und zuhören zu können ganz wesentliche Kompetenzen, nicht nur der Informationsaufnahme, sondern auch der Interaktion und Kooperation. Fragen bedeutet u.a.:

▪ sich Informationen zu verschaffen,
▪ Offenheit dokumentieren,
▪ auf das Gegenüber eingehen,
▪ Interesse bekunden, Vertrauen schaffen,
▪ nachfragen, Verständnis überprüfen,
▪ sich kundig machen, statt interpretieren,
▪ Irrtümer ausschließen,

Durch Fragen überprüfen Sie, ob Sie das, was Sie verstanden haben, auch richtig verstanden haben.

Es gibt keinen Grund, Zuhören und Fragen stellen als Ausdruck von Schwäche und Unsicherheit anzusehen. Machen Sie Ihrem Gegenüber klar, dass Sie nicht unbedingt seinem Rat folgen werden, dass Sie aber daran interessiert sind, seine Meinung zu dem Sachverhalt zu hören. Zeigen Sie sich als Lernenden, als offen für Hinweise, Vorschläge oder Rat. Versuchen Sie, nicht zu den Menschen zu gehören, die keine Fragen (mehr) haben, sondern nur Antworten, weil sie alles wissen.

Wenn der Satz: »**Zuhören heißt nicht zustimmen**«, richtig ist, dann trifft das auch auf den Satz: »**Fragen stellen heißt nicht, keine eigenen Antworten zu finden oder die gegebenen Antworten zu befolgen**«.

Fragen bedeutet das Gegenüber ernst zu nehmen, als eine Person, die eine Meinung zu einem Sachverhalt oder einem Problem hat. Es ist eine einfache und zugleich sehr wirkungsvolle Form der Zuwendung und Kontaktaufnahme.

Durch Fragen überprüfen Sie, ob Sie das, was Sie verstanden haben, auch richtig verstanden haben und machen deutlich, dass Sie offen sind für andere Sichtweisen und nicht der Ansicht sind, Sie wüssten schon alles.

Die »richtigen«Fragen stellen können, heisst aber auch vor allem Sachkenntnis, bzw. den »Durchblick« zu haben, die wichtigen Punkte erkennen. Ganz gleich, ob Sie Arzt, Entwicklungsingenieur, Steuerberater oder Lehrer sind, die wesentlichen Fragen bringen das Problem auf den Tisch und schaffen die Voraussetung dafür, es zu bearbeiten.

Die »richtigen« Fragen sind häufig die einfachen Fragen: die Fragen nach dem »Wer?«, »Was?«, »Wie?«, »Wann?« sind wichtig, weil Sie die Begebenheit erhellen und die Zusammenhänge klären. Die Frage nach dem »Warum?«, nach der Kausalität wird oft sehr überschätzt; sie klärt im besten Fall wenig, meistens jedoch nichts, wie das Beispiel: »Warum machst Du nur immer soviel Blödsinn im Unterricht?« beweisen mag.

Fazit:

Wenn man davon ausgeht, dass die Forderung: »Lernen Sie Fragen zu stellen« als Grundlage bzw. Voraussetzung zum Verstehen des Problems gedacht ist und eine Lösung zu finden, dann müssten die Fragen etwa so lauten:

- ■ Was ist das Problem? Worum geht es wirklich?
- ■ Wodurch wurde es verursacht, ausgelöst?
- ■ Was hat sich ereignet? Was ist das Neue, das Besondere?
- ■ Was verhindert das Ereignis?
- ■ Was ist gut/schlecht an dem Ereignis?
- ■ Welche Veränderung ist anzustreben?

5. Distinguish sense from non-sense

Unterscheiden Sie Sinn von Unsinn

Auffallend ist, dass der Merksatz, den man nach den voraufgegangenen hier erwarten könnte nicht heisst:»Spielen Sie alle Möglichkeiten durch und suchen Sie nach Lösungen. Die dahinterliegende Auffassung ist wohl, dass sich Lösungen leicht finden lassen, dass aber die entscheidende Frage die nach der passenden, der »sinnmachenden« Lösung ist.

Diese Anweisung ist vielleicht am schwierigsten umzusetzen, weil sie so offen formuliert ist. Was bedeutet Sinn? Wie unterscheidet sich Sinn von Unsinn?

Die Frage muss vielleicht lauten: Was macht *(für mich)* Sinn, was macht *(für mich)* keinen Sinn? Sie lässt sich nur im Hinblick auf das angestrebte oder zu erreichende Ziel beantworten. Welche Handlungsweise dient diesem Ziel und unterstützt das Erreichen des Ziels, welche Handlungsweise dient diesem Ziel nicht?

Klären Sie, welchen Weg Sie einschlagen wollen und was die richtigen Entscheidungen und Handlungsstrategien sind. Das setzt voraus, sich gut zu kennen, zu wissen, welche Handlungsweise zu einem passt und es setzt voraus, bereit zu sein, auf seine innere Stimme zu hören und seiner Intuition zu vertauen.

Häufig ist es so, dass wir die Lösung schon »wissen«, lange bevor wir an ihre Umsetzung gehen . Wir suchen noch weiter, weil wir uns noch nicht mit der Lösung »angefreundet« haben, sie überrascht uns seilbst, ist so neu und scheint evtl. auch riskant zu sein. Wir wissen nicht, ob die anderen sie akzeptieren können und was sie von uns halten, wenn wir eine solche Lösung präsentieren.

Fazit:

Vertauen Sie ihren Gefühl, ihrer inneren Stimme, ihrer Intuition. Wenn Sie vorher das Problem gründlich analysiert haben, kann nichts schiefgehen.

Dass die Fähigkeit Probleme zu lösen oft nicht rational geprägt ist, weist Watzlawick nach, der mit seinen Mitarbeitern Untersuchungen dazu anstellte und zu dem Ergebnis kommt: »Wir fanden (was rückblickend nicht gerade überraschend ist), dass ein Talent für ungewöhnliche Problemlösungen meist Hand in Hand mit der Unfähigkeit geht, sich selbst darüber ins klare zu kommen, geschweige denn anderen zu erklären, welche Überlegungen zu der Lösung führten.« (S. 100)

6. Accept change as inevitable

Nehmen Sie Veränderungen als unausweichlich hin

>»Ja, mach mal einen Plan
>und sei ein grosses Licht,
>dann mach noch einen Plan
>geh'n tun sie beide nicht.«
>
>*(Brecht, Dreigroschenoper)*

Wir leben zwischen den Bedürfnispolen Stabilität und Veränderung, häufig jedoch verunsichert uns Veränderung und Wandel eher. Bekanntes ist uns vertraut und enthebt uns der Notwendigkeit zu dauernder neuer Entscheidung. Routine im Alltag macht das Leben zwar sicher und »verlässlich«, aber auch langweilig.

Leben bedeutet aber Wandel, Bewegung, Veränderung und erfordert Beweglichkeit, sich auf Neues einzulassen.

Auch das Neue ist dem ständigen Wandel unterworfen und erfordert beträchtlichen Energieaufwand, um es nicht schnell veralten zu lassen.

»In der Realität gibt es keine statische Konstante. Jedes System ist ab dem Zeitpunkt seiner Etablierung dem Verfall preisgegeben. Eins der berühmten Parkinsonschen Gesetze besagt, dass der Niedergang einer Organisation mit der Fertigstellung seines Gebäudes, in dem sie untergebracht wird, beginnt. In anderen Worten: Bereits zur Erhaltung des Status quo bedarf es schon beständiger Anstrengungen.« *(Imai, Kaizen, S. 50)*

Stabilität entsteht aber nicht durch Statik, sondern durch permanente Bewegung.

Der menschliche Stand ist nur durch die kontinuierliche abwechselnde Spannung von Agonisten und Antagonisten (Streckern und Beugern) in den Gelenken möglich. Und die Stabilität zwischenmenschlicher Beziehungen beruht ebenso wenig auf Stabilität, sondern auch auf Bewegung, Dynamik und dem Wechsel zwischen Polaritäten, wie dem zwischen Nähe und Distanz.

Lebendig sein, auf das Leben angemessen zu reagieren bedeutet, Wandel zu akzeptieren; d. h., die Tatsache zu akzeptieren, dass wir uns permanent verändern, ebenso wie unsere Umwelt und dass diese Veränderung unbemerkt von uns, aber unaufhörlich weitergeht.

Die Evolution hat sich nach Darwin im »survival of the fittest« gezeigt, was eben nicht die jeweils Kräftigsten, Stärksten oder Grössten im Naturreich waren, sondern die Flexibelsten, die sich am besten an die jeweils veränderten Bedingungen anpassen konnten.

Lebendig sein heisst, sich auf Neues einzulassen, auf Überraschendes, Nicht-Er-wartetes. »**To connect the unexpected**« sei seine Lebensmaxime, die ihn zugleich auch erfolgreich gemacht habe, wird von Herbert Burda gesagt. *(DIE ZEIT, 1996)*

Fazit:

■ Bereiten Sie sich gut vor, aber seien Sie sich der Tatsache bewusst, dass alles möglicherweise ganz anders kommt. Dadurch erhalten Sie sich ihre Fähigkeit, flexibel auf die jeweiligen Anforderungen reagieren zu können.

Ruth Cohn berichtet in ihrem Buch »Von der Psychoanalyse zur Themenzen-trierten Interaktion«, dass sie es sich zur Gewohnheit gemacht habe, einen Vor-trag gründlich vorzubereiten und dann das Manuskript wegzuwerfen, um so besser auf die Erwartungen der Zuhörer und Zuhörerinnen und auf Stimmun-gen im Saal reagieren zu können.

7. Admit mistakes

Lassen Sie Fehler zu – gestehen Sie Fehler ein

Im Bereich der Wirtschaft, wo die Angst vor Fehlern sehr gross ist, weil sie meist gleichbedeutend mit Fehlentscheidungen sind, die dann oft gravierende ökono-mische Folgen haben, wird von weitblickenden Führungskräften versucht, der Auffassung entgegenzutreten, Fehler seien per se etwas Fatales. Für Phil Knight, den Gründer der Firma Nike scheinen Fehler geradezu selbstverständlich zu sein, weil sie Ausdruck eines unverzichtbaren Innovationsstrebens sind:

»Es wird so sein, dass wir weiterhin einige Fehler machen werden. Wenn wir keine machen, heißt das, dass wir nicht genug neue Dinge ausprobieren.« *(ZEIT-Magazin, Nr. 30, 19. Juli, 1996)*

Im Büro Ed Land's, des Gründers von Polaroid soll auf einer Metallplatte an der Wand geschrieben stehen:

»**Ein Fehler ist ein Ereignis, dessen großer Nutzen sich noch nicht zu deinem Vorteil ausgewirkt hat.**« *(Senge, S. 189)*

Viele Menschen leben in dem Glauben, sie müßten immer alles richtig machen und das auch schon beim ersten Mal. Sie gehen davon aus, dass ihre Umwelt das einfach von ihnen erwartet oder eher noch, sie wollen sich gern so darstel-len, als ginge ihnen nichts daneben.

Je stärker der Impuls bzw. das Bestreben ist, keinen Fehler zu machen, desto wahrscheinlicher ist es, dass der Fehler eintritt.

Kennen Sie Beispiele von sich, wo Sie mit einer Bierflasche zuviel unter dem Arm über die Kellertreppe gingen und sich innerlich vorsagten, nur keine Flasche fallen zu lassen? Und was war die Folge?

Angst führt zu Verkrampfung, Anspannung und macht Leistungen, die im entspannten Zustand ohne weiteres gelingen, unmöglich.

Kennen Sie Situationen, vielleicht als Kind, wo Sie vor einem großen Bogen Papier saßen und etwas malen oder aufschreiben wollten und aus Ängstlichkeit kaum zu beginnen wagten, den ersten Strich zu führen, weil es der falsche hätte sein können?

Und wie leicht oder schwer fällt es Ihnen, z. B. in eine große Stoffbahn zu schneiden oder einen Teppichboden oder ein Kabel zu kürzen, das Sie vorher (vielleicht sogar mehr als einmal) abgemessen haben?

Aus Angst einen Fehler zu machen, treffen viele Menschen eine Entscheidung nicht oder schieben sie so weit es nur geht hinaus. Sie unterliegen dem Fehlglauben, der da heißt:»Wer nichts macht, kann auch nichts falsch machen.«

Doch genauso wie der Satz von Watzlawick:»Man kann nicht nicht kommunizieren« richtig ist, ist es auch der Satz:»Man kann nicht nichts machen.« Es wäre sicherlich interessant, einmal die finanziellen Verluste festzuhalten, die dadurch entstanden sind, dass Entscheidungen aus Angst das Falsche zu tun, nicht oder viel zu spät getroffen wurden und sie mit den Einbußen zu vergleichen, die wirklich aus falschen Entscheidungen – aus Fehlern eben – entstanden sind. Nun läßt sich das aber nicht nachprüfen. Handeln schließt nun einmal immer die Gefahr ein, Fehler zu machen.»Fehler sind dazu da, dass sie gemacht werden«, sagt der Volksmund.»Fehler« kommt von Fehl (»ohne Fehl und Tadel«, Fehlschuß, Fehlversuch, Fehlfarbe) und bedeutet Mangel, nicht treffen, danebengehen. Und nur sehr selten sind Fälle, in denen es nicht möglich ist, den Mangel auszugleichen oder den »Fehler« zu korrigieren. Das bedeutet aber gerade, den Fehler einzugestehen, zuzugeben, dass man die Situation »falsch« bzw. anders eingeschätzt hat. Wahrscheinlich entstehen die gravierenderen Nachteile weniger aus »Fehlern«, sondern aus dem starrsinnigen Festhalten an einmal getroffenen Entscheidungen und der Unfähigkeit diese zu revidieren.

Fazit:

Die Konsequenz kann nicht sein, fehlerfrei werden zu wollen, sondern nur die Fehlerquote durch gründliche Erwägungen so gering wie möglich zu halten und aus den Fehlern, die dennoch entstehen, zu lernen.

»Umwege sind keine Umwege, sie bedeuten oft nur ein gründlicheres Herangehen« und »Sackgassen zwingen dazu, zweimal an der selben Stelle vorbeizugehen«.

8. Say it simple

Sagen Sie es einfach

Einen schwierigen Sachverhalt gut verständlich beschreiben zu können, stellt hohe Anforderungen an den Betreffenden; basiert auf der Fähigkeit zur Reduktion von Komplexität und setzt daher ein tiefes Verständnis voraus.

Häufig wird Einfachheit mit Banalität gleichgesetzt und daher vermieden, oft ist es aber so, dass entweder beim Sprecher die Klarheit bezügl. des Verständnisses nicht gegeben ist oder dass die Aussage kachiert werden soll. Das macht sich an Schachtelsätzen und Einschüben bemerkbar und an der Verwendung von Wörtern, die die Dinge eher verunklaren als klären, wie z. B. »im Prinzip«, »eigentlich«, »in der Regel«, »halt« bemerkbar oder an einer gesucht wissenschaftlich-theoretischen Ausdrucksweise mit vielen Fremdwörtern.

Die Forderung nach Einfachheit von Sprache (Wortwahl, Satzbau) sowie nach Einfachheit bezügl. der Struktur einer Aussage oder Rede (z. B. Gliederung) ist auch in der Rhetorik eine allgemein anerkannte Forderung. Hier spricht man von den vier **Dimensionen der Verständlichkeit** oder den vier »**Verständlichmachern**«, womit die folgenden Kriterien gemeint sind:

1. Einfachheit

= einfache Darstellung, kurze, einfache Sätze, gebräuchliche Wörter, Fachbegriffe erläutern, konkret, anschaulich;

2. Kürze/Prägnanz

= knappe Darstellung, aufs Wesentliche konzentriert, verständlich, gut nachvollziehbar, jedes Wort ist wichtig;

3. Ordnung/Gliederung

= gegliedert/folgerichtig, übersichtlich, Unterscheidung von Wesentlichem und Unwesentlichem, der »rote Faden« bleibt gut sichtbar, alles kommt schön der Reihe nach;

4. Anregung/Stimulanz

Beispiele, Bilder, Vergleiche, abwechslungsreiche Ausdrucksweise, Zuhörer-Interesse wecken: Zuhörer ansprechen, Bezüge zu Erfahrungen oder Wissen der Zuhörer herstellen, persönliche Beiträge.

Fazit:

■ Sprechen Sie so, dass man Sie auch versteht. Und wenn überhaupt,
■ beeindrucken Sie durch das, was Sie sagen und nicht dadurch, wie Sie es sagen.

9. Be calm

Seien Sie ruhig, gelassen

Diese Forderung ist in starkem Maße temperamentsabhängig und ist daher für viele Menschen schwer zu erfüllen. Gemeint ist nicht, so zu tun, als sei man nicht berührt von dem Problem oder zu versuchen, es nicht zu sein, sondern bedeutet in der Reaktion kontrolliert und massvoll zu sein. Es bedeutet Abstand, innere Distanz aufzubauen. Der Volksmund kennt den Rat erst mal »durchzuatmen« oder »bis drei zu zählen«, bevor man reagiert und der Volksmund kennt auch die Tatsache, dass man »sich selbst in Rage bringen kann«. Dampf abzulassen hat manchmal einen gewissen Reiz und besitzt auch ein psycho-hygienisches Moment, führt aber in einer solchen Situation in der Regel nicht weiter. Aufregung, Anspannung und Ärger blockieren Energie und Kreativität, die gerade zur Lösung notwendig sind.

Nehmen Sie ihr Gefühl der Verärgerung oder der Empörung als vorhanden wahr und halten Sie sich nicht für zu emotional, dass Sie so empfinden, aber versuchen Sie, dieses Gefühl bei der Bewertung des Vorfalls bzw. bei der Reaktion auf diesen, aussen vor zu lassen.

Fazit:

Die obige Forderung setzt Gelassenheit und Zuversicht voraus, dass Sie die richtige Entscheidung treffen werden, dass es die richtige Lösung gibt und dass sich die Dinge in die richtige Richtung entwickeln werden.

Abwarten können und Vertrauen in die Situation und in das Kommende zu haben, sind hier wohl die wichtigsten Voraussetzungen.

Eine Möglichkeit die Bedeutung des Ereignisses oder Vorfalls zu relativieren ist eine gute Möglichkeit ruhig(er) zu bleiben, etwa durch die Einstellung, die als irisches Lebensprinzip gilt, sich zu sagen: »it could be worse« oder das vergleichbare »es gibt nur Kleinigkeiten« oder »es war schon kälter«.

10. Smile

Lächeln Sie

Diese Forderung ist die Fortführung der vorhergehenden, die sich in Ruhe und Gelassenheit – und in ihrer ausgeprägtesten Form in einem inneren Lächeln – zeigt. Wie viele der übrigen Regeln oder Forderungen, basiert diese auf Vertrauen und Zuversicht, ja auf der Überzeugung, dass die Dinge ihren (richtigen) Gang gehen und dass bei allem Engagement und aller Aktivität auch das Korrelat dazu, nämlich das Akzeptieren- und Zulassenkönnen ihren Platz haben und gelebt werden müssen.

Ruhe und Gelassenheit sind Ausdruck von Souveränität und Heiterkeit und zeigen sich z. B. im Lächeln des Buddha, das nicht das »irdische Entrücktsein« widerspiegelt, sondern die Akzeptanz der Realität, so wie sie ist, deutlich macht.

»Der Heiterkeit entspricht eher das Lächeln als das Lachen. Das Lächeln ist vielleicht kaum wahrnehmbar, wahrnehmbar ist lediglich das nicht umwölkte Gesicht, das seit jeher als Ausdruck der Heiterkeit gilt. Beim Lächeln stellt das Subjekt seine Souveränität unter Beweis, die es beim Lachen kaum aufrechtzuerhalten vermag. Charakteristisch für die Heiterkeit ist das Bewusstsein des Abgründigen. Das lächelnde Antlitz vermag sich auch angesichts eines Abgrunds an Traurigkeit zu zeigen. Traurigkeit ist der Kontrastbegriff zur Fröhlichkeit, nicht jedoch zur Heiterkeit, denn deren Subjekt weiss, dass die Abgründigkeit des Lebens nicht einzuebnen ist.

Übelgesinntheit tritt nicht ein, wenn man grundsätzlich annimmt, dass ohnehin nichts reibungslos vonstatten geht. Werkzeuge sind krumm und schief, und es kommt darauf an, sie so zu gebrauchen, wie sie nun einmal beschaffen sind. Dies gilt erst recht für den Umgang mit Menschen: Sie sind, wie sie sind. Wer sich mithilfe asketischer Einübung daran gewöhnt, Eigenarten und Merkwürdigkeiten Anderer als gegeben hinzunehmen, der erreicht anstelle von Missmut Wohlgestimmtheit.« *(Schmid, S.51)*

Bitte um Rückmeldung:

Wenn Sie in der Lektüre bis hierher vorgedrungen sind, haben Sie sicherlich eine ganze Reihe von Erfahrungen im Umgang mit diesem Buch gesammelt: wie hat es Sie angesprochen, wie nützlich fanden Sie es?

Um es nicht bei der Einweg-Kommunikation von mir zu Ihnen zu belassen, würde ich mich freuen, wenn Sie mir Ihre Eindrücke mitteilen würden. Gern stehe ich Ihnen auch mit Anregungen hinsichtlich der Verwendung einzelner Elemente für die Arbeit im kleineren Kollegen-/Kolleginnen-Kreis oder bei der kollegiumsinternen Fortbildung (Pädagogischer Tag o. Ä.) zur Verfügung.

Vielen Dank

Volker Jost E. Kullmann

Anschrift:
Heinr.-Kraak-Str. 44
33617 Bielefeld

eMail: volker.kullmann@t-online.de
website: http://home.t-online.de/home/volker.kullmann

Angaben zum Verfasser:

Akad. Dir., wissenschaftlicher Mitarbeiter am Oberstufen-Kolleg des Landes NRW an der Universität Bielefeld, TZI-Gruppenleiter (WILL), Trainer und Supervisor in der ModeratorInnen-Ausbildung im Landesinstitut für Schule und Weiterbildung, NRW, (Soest).

Literaturverzeichnis

Altrichter, Herbert, u.a. Lehrer als Forscher, Klagenfurt, 1989.
Bennis, Warren Führen lernen. Frankfurt, New York, 1990.
Besemer, Christoph Mediation – Vermittlung in Konflikten, Darmstadt, 1994.
Bühler, Ch., Psychologie im Leben unserer Zeit, München/Zürich, 1962.
Brocher, Tobias Gruppendynamik in der Erwachsenenbildung, Tübingen, 1967.

Cohn, Ruth C. Von der Psychoanalyse zur themenzentrierten Interaktion: von der Behandlung einzelner zu einer Pädagogik für alle. Stuttgart, 1975.
Cohn, Ruth/Matzdorf, Paul Themenzentrierte Interaktion; In: Handbuch der Psychotherapie, Corsini, J.R. (Hrsg.) Weinheim, Basel, 1983

Dalin, P./Rolff, HG. Institutionelles Schulentwicklungs-Programm. Soester Verlagskontor, 1990.

Ende, Michael Momo, Frankfurt/M., 1982

Frisch, Max Tagebuch, Frankfurt/M, 1968.

Gallwey, W. Timothy The Inner Game of Tennis, New York, 1972.
Glasl, Friedrich Konflikt-Management, ein Handbuch für Führungskräfte und Berater, Verlag Paul Haupt, Bern, 1992.
Gordon, Thomas Manager-Konferenz, München 1989.

Herrigel, Eugen Zen in der Kunst des Bogenschießens, Barth-Verlag, 1978.
Huber, Ludwig Den eigenen Stil finden. In: Lernbox, S. 3; Beilage zum Friedrich-Jahresheft: Lernmethoden, Lehrmethoden, 1997.

Jungk, Robert Mit Phantasie gegen Routine und Resignation. In: Zukunftswerkstätten, S. 161–189)

Kabat-Zinn, J. Psychologie heute, Okt. 1991, S. 32-39.
Kleinbaum, N.H. Dead Poet's Society, New York, 1995. S. 60
Klippert, Heinz Methoden-Training, Weinheim und Basel, 1995.
Kopp, Sheldon B. Triffst Du Buddha unterwegs, Frankfurt/M, 1979.
Kroeger, Matthias Themenzentrierte Seelsorge, Stuttgart, 1993.
Kullmann, Volker Referatsthemen finden und formulieren. In: Lernbox, S. 6; Beilage zum Friedrich-Jahresheft: Lernmethoden, Lehrmethoden, 1997.
Kullmann, Volker Kommunikationstraining: Das Wort ergreifen ohne Angst... Unterrichtsmaterialien des Oberstufen-Kollegs, Band 80, Bielefeld, 1997a.

Landau, Erika Kreatives Erleben. München-Basel, 1984.
Langmaak, B./Braune-Krickau, M. Wie die Gruppe laufen lernt. Anregungen zum Planen und Leiten von Gruppen. München 1989.

Meyer, H. Unterrichtsmethoden, 3 Bde., Frankfurt/M., 1987.
Miller, R. Schule selbst gestalten, Weinheim, 1994.

Pirsig, Robert M. Zen und die Kunst ein Motrrad zu warten, Frankfurt/M., 1974.

Reiber, Wolfgang Teamentwicklung in der Schule. Typoskript 1996.
Rosenberg, Marshall Gewalt gewaltfrei begegnen. In: Themenzentrierte Interaktion. Heft 1/1995. S. 9–21.

Schmid, Wilhelm, Heiterkeit – Rehabilitierung eines philosophischen Begriffs; DIE ZEIT, Nr, 41, 1999.
Schulz v. Thun, Miteinander reden, Bd.1, Reinbek, 1991.
Friedemann Staehle, Wolfgang H. Management, München, 1991.
Stevens, John O., Die Kunst der Wahrnehmung, München, 1975.
Suzuki, Shunryu, Zen-Geist, Anfänger-Geist, Schrobenhausen, 1982.

Tepperwein, Kurt Die hohe Schule der Hypnose, Genf 1977.

Vester, Frederic Denken, Lernen, Vergessen, München, 1975.

Watzlawick/Weakland/Fisch, Lösungen, Bern, Göttingen, Toronto, 1992.
Watzlawick, Paul Anleitung zum Unglücklichsein, München, 1983.

Zoechbauer, F./Hoekstra, H. Kommmunikationstraining, Darmstadt, 1974.
Ziehe, Thomas Adieu 70er Jahre. In: Pädagogik 7–8/1996, S. 35–39.